COLEÇÃO **DEFENSORIA PÚBLICA**

PONTO A **PONTO**

Direito Constitucional

COORDENADOR
MARCOS VINÍCIUS MANSO LOPES GOMES

www.editorasaraiva.com.br/direito
Visite nossa página

PONTO A PONTO

Direito Constitucional

COORDENADOR
MARCOS VINÍCIUS MANSO LOPES GOMES

- ATENDE ÀS PROVAS OBJETIVAS, DISSERTATIVAS E ORAIS DA DEFENSORIA PÚBLICA

Guilherme Krahenbuhl Silveira Fontes Piccina

2ª edição
2019

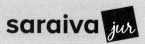

ISBN 978-85-536-1157-7

DADOS INTERNACIONAIS DE CATALOGAÇÃO NA PUBLICAÇÃO (CIP)
ANGÉLICA ILACQUA CRB-8/7057

Av. Doutora Ruth Cardoso, 7.221, 1º andar, Setor B
Pinheiros – São Paulo – SP – CEP 05425-902

 sac.sets@somoseducacao.com.br

Piccina, Guilherme Krahenbuhl Silveira Fontes

Direito constitucional / Guilherme Krahenbuhl Silveira Fontes Piccina ; coordenação de Marcos Vinícius Manso Lopes Gomes. – 2. ed. – São Paulo : Saraiva Educação, 2019. – (Coleção defensoria pública: ponto a ponto)

1. Direito constitucional 2. Direito constitucional – Brasil I. Título II. Gomes, Marcos Vinícius Manso Lopes III. Série.

19-1485   CDU 342(81)

Índices para catálogo sistemático:
1. Direito constitucional   342(81)
2. Direito constitucional : Brasil   342(81)

Direção executiva	Flávia Alves Bravin
Direção editorial	Renata Pascual Müller
Gerência editorial	Roberto Navarro
Gerência de produção e planejamento	Ana Paula Santos Matos
Gerência de projetos e serviços editoriais	Fernando Penteado
Consultoria acadêmica	Murilo Angeli Dias dos Santos
Planejamento	Clarissa Boraschi Maria (coord.)
Novos projetos	Melissa Rodriguez Arnal da Silva Leite
Edição	Liana Ganiko Brito Catenacci
	Mayara Ramos Turra Sobrane
Produção editorial	Verônica Pivisan Reis
Arte e digital	Mônica Landi (coord.)
	Amanda Mota Loyola
	Camilla Felix Cianelli Chaves
	Claudirene de Moura Santos Silva
	Deborah Mattos
	Fernanda Matajs
	Guilherme H. M. Salvador
	Tiago Dela Rosa
Projetos e serviços editoriais	Juliana Bojczuk Fermino
	Kelli Priscila Pinto
	Marília Cordeiro
	Mônica Gonçalves Dias
Projeto gráfico	Mônica Landi
Diagramação	Markelangelo Design e Projetos Editoriais
Revisão	Amélia Kassis
Capa	Tiago Dela Rosa
Produção gráfica	Marli Rampim
	Sergio Luiz Pereira Lopes
Impressão e acabamento	Gráfica Paym

Data de fechamento da edição: 12-8-2019

Dúvidas? Acesse www.editorasaraiva.com.br/direito

Nenhuma parte desta publicação poderá ser reproduzida por qualquer meio ou forma sem a prévia autorização da Editora Saraiva. A violação dos direitos autorais é crime estabelecido na Lei n. 9.610/98 e punido pelo art. 184 do Código Penal.

CL 605949   CAE 661780

AGRADECIMENTOS

Antes mesmo da idealização deste livro, seus agradecimentos já estavam escritos para três pessoas. Não no papel, mas em meu coração. Obrigado Fefê, Gabi e Rafa, por me ensinarem todos os dias, cada um de seu jeitinho especial, que a essência da felicidade não reside no extraordinário, mas nas coisas mais simples da vida.

SUMÁRIO

Agradecimentos 5

Nota do Coordenador (Coleção Defensoria Pública – Ponto a Ponto) 15

Prefácio da Coleção 17

Apresentação 19

■ EDITAIS PONTO A PONTO ■

Tópicos dos Editais[1]
São Paulo – Paraná – Rio de Janeiro[2]

1. `SÃO PAULO` Direito constitucional: conceito e objeto, origem, formação, conteúdo, fontes, métodos de trabalho 21

---

[1] A presente coleção é escrita com base em editais de concursos. Cada volume possui um ou mais editais como ponto de partida. Os volumes, não necessariamente, possuirão os mesmos editais de concursos como fundamento. Além disso, importante ressaltar que a escolha do edital e a organização dos pontos, inclusive juntando-os quando necessário, por questões didáticas – resultando em sumário estruturado de maneira diferenciada –, ficarão a critério dos escritores, os quais irão procurar selecionar os editais que espelhem a realidade dos concursos da Defensoria Pública.

[2] Este volume baseou-se nos editais do **VI Concurso da Defensoria Pública do Estado de São Paulo, realizado em 2013, pela Fundação Carlos Chagas**, do **II Concurso da Defensoria do Estado do Paraná, realizado em 2014, pela Universidade Federal do Paraná** e do **XXV Concurso da Defensoria Pública do Estado do Rio de Janeiro, com início em 2014** (pontos 1 a 5), que foram aglutinados em conformidade com os temas tratados por cada um dos pontos neles previstos. É conveniente anotar que a **segunda edição** deste livro foi atualizada levando-se em conta os **últimos editais** de tais certames, as **principais questões de Direito Constitucional exigidas nas últimas provas para ingresso nas Defensorias Públicas estaduais** e também os **recentes e mais relevantes julgados dos Tribunais do País.** Em se tratando dos últimos editais acima mencionados em comparação com os anteriores, vale salientar que **não houve qualquer alteração substancial** nos pontos de Direito Constitucional dos editais do **III Concurso da Defensoria Pública do Estado do Paraná realizado em 2017 pela Fundação Carlos Chagas** e do **XXVI Concurso da Defensoria Pública do Estado do Rio de Janeiro realizado em 2018**, enquanto que houve **alguns acréscimos importantes** no edital do **VIII Concurso da Defensoria Pública do Estado de São Paulo realizado em 2019 pela Fundação Carlos Chagas**, os quais foram inseridos no presente livro.

2. SÃO PAULO Constituição: tipologia, classificação, concepções, legitimidade, pauta normativa e pauta axiológica. A força normativa da Constituição. PARANÁ Constituição. Conceito, acepções, objeto e elementos. Classificações 32

3. SÃO PAULO A constitucionalização simbólica: a constitucionalização, texto constitucional e realidade constitucional. Efetividade das normas constitucionais 43

4. SÃO PAULO Do sistema constitucional: a Constituição como um sistema de normas. Os valores na Constituição. Dos preceitos fundamentais. Fins e funções do Estado. PARANÁ Princípios fundamentais. Fundamentos da República Federativa do Brasil. Objetivos da República Federativa do Brasil. Princípios adotados pelo Brasil nas relações internacionais. Preâmbulo constitucional: conteúdo e natureza jurídica 50

5. SÃO PAULO Normas constitucionais: natureza, classificação, lacunas na Constituição, espécies e características, princípios jurídicos e regras de direito. Aplicação da Constituição no tempo e no espaço. Eficácia das normas constitucionais e tutela das situações subjetivas. Eficácia vertical e horizontal dos direitos fundamentais. Orçamento e reserva do possível. O princípio da proibição do retrocesso social. PARANÁ Aplicabilidade e eficácia das normas constitucionais. Normas constitucionais no tempo e no espaço 57

6. SÃO PAULO Hermenêutica e interpretação constitucional. Métodos e conceitos aplicados à interpretação. Princípios de interpretação especificamente constitucionais. A sociedade aberta dos intérpretes da Constituição. Criação judicial do Direito. PARANÁ Hermenêutica Constitucional. Interpretação das normas constitucionais, métodos e princípios 73

7. SÃO PAULO Constitucionalismo e neoconstitucionalismo. Jurisdição constitucional e consequências da interpretação. Constitucionalismo Latino-americano e descolonização. Plurinacionalidade e pluralismo jurídico. PARANÁ Teoria da Constituição. Constitucionalismo e neoconstitucionalismo. Supremacia da Constituição 86

8. SÃO PAULO Poder constituinte: a) Perspectivas históricas; b) Poder constituinte originário: caracterização, função, finalidade, atributos, natureza; c) Espécies de poder constituinte derivado: atuação e limitações; d) Poder constituinte supranacional. PARANÁ Poder constituinte. Perspectivas históricas. Espécies e características. Poder constituinte originário: características, natureza e finalidades. Poder constituinte derivado: espécies, características, finalidades, natureza e limites. Reforma constitucional e mutação constitucional. Poder de reforma constitucional: emendas e revisões. Emendas na Constituição Federal de 1988. Cláusulas pétreas. Poder constituinte supranacional... 93

9. **SÃO PAULO** Controle de constitucionalidade. Supremacia da Constituição Federal. Teoria da inconstitucionalidade. Teoria da recepção. O controle difuso da constitucionalidade. O controle concentrado da constitucionalidade (ADI, ADI por omissão, ADC, ADPF). Mutações constitucionais. Técnicas de decisões nos tribunais constitucionais. Controle de constitucionalidade do direito estadual e do direito municipal. Bloco de constitucionalidade. **PARANÁ** Controle de constitucionalidade. Histórico do controle de constitucionalidade. Espécies de controle de constitucionalidade. Controle de constitucionalidade no Brasil. Inconstitucionalidade e recepção no sistema jurídico brasileiro. O controle difuso: características, efeitos, natureza. O controle concentrado: características, efeitos, natureza. Ações do controle concentrado: ação direta de inconstitucionalidade, ação direta de inconstitucionalidade por omissão, ação declaratória de constitucionalidade, arguição de descumprimento de preceito fundamental. O controle de constitucionalidade de normas estaduais e municipais. Bloco de constitucionalidade. **RIO DE JANEIRO** Controle de constitucionalidade. Interpretação constitucional 103

10. **SÃO PAULO** Organização do Estado: a) Formação, desenvolvimento, evolução, soberania, globalização, comunidades internacionais; b) Estado Federal: conceito, surgimento, evolução e características, vedações; c) Federação brasileira: componentes e intervenção. Competências e sua repartição. Conflitos jurídicos no Estado Federal brasileiro. Princípio da simetria e autonomia dos entes federativos; d) Federalismo cooperativo, princípio da solidariedade e igualação das condições sociais de vida; e) Federalismo assimétrico. **PARANÁ** Organização do Estado. Teoria do Estado. Elementos do Estado. Formação, evolução e desenvolvimento do Estado. Globalização e novos atores políticos. Organização do Estado brasileiro. Federalismo brasileiro. Autonomia dos entes. Repartição de competências na Constituição Federal de 1988. Intervenção federal. Intervenção estadual. **RIO DE JANEIRO** Intervenção nos Estados e Municípios 111

11. **SÃO PAULO** União: natureza jurídica, competências e bens. Territórios. Estados federados: natureza jurídica, competências, autonomia, capacidade de auto-organização e seus limites, Constituição Estadual e seus elementos e organização política do Estado de São Paulo.

Municípios: natureza jurídica, criação, competências, autonomia, capacidade de auto-organização e seus limites, lei orgânica e seus elementos, regiões metropolitanas, aglomerações urbanas e microrregiões. Distrito Federal. **PARANÁ** Da organização político-administrativa. União. Estados membros. Distrito Federal. Municípios. Territórios. **RIO DE JANEIRO** Constituição do Estado do Rio de Janeiro. Da Defensoria Pública 120

12. **SÃO PAULO** Organização administrativa do Estado: a) Administração Pública: noção, normas e organização; b) Princípios constitucionais da Administração Pública; c) Servidores públicos civis e militares: regime jurídico constitucional; d) Responsabilidade civil do Estado. **PARANÁ**: Administração Pública. Disposições gerais. Servidores Públicos. Dos militares. Das regiões 128

13. **SÃO PAULO** Organização funcional do Estado: a) Princípio da separação dos poderes: essência, evolução, significado e atualidade; b) Controles interorgânicos e funções típicas e atípicas de cada poder. **PARANÁ** Organização dos poderes. Princípio da separação dos poderes. Evolução do princípio da separação dos poderes. Mecanismo de freios e contrapesos 132

14. **SÃO PAULO** Poder Legislativo: a) Funções, organização e funcionamento; b) Atos parlamentares; c) Espécies normativas; d) Processo legislativo; e) Estatuto dos congressistas; f) Tribunal de Contas. **PARANÁ** Poder Legislativo. Estrutura, atribuições, funções, funcionamento. Congresso Nacional. Câmara dos Deputados e Senado Federal. Poder Legislativos estadual, municipal e distrital. Reuniões, comissões e sessões. Comissões parlamentares de inquérito. Processo legislativo. Procedimento legislativo. Espécies normativas. Estatuto dos congressistas. Fiscalização contábil, financeira e orçamentária. Tribunal de Contas. **RIO DE JANEIRO** Processo legislativo. Repartição de competências 136

15. **SÃO PAULO** Poder Executivo: a) Presidente da República, Governadores e Prefeitos: eleição, reeleição, perda do mandato, impedimento, substituição, sucessão, vacância, responsabilidade e atribuições; b) Ministros de Estado, Conselho da República e Conselho de Defesa Nacional. **PARANÁ** Poder Executivo. Composição, estrutura, atribuições, eleições, imunidades. Presidente da República e Vice-Presidente da República. Governadores e Prefeitos. Responsabilidades do Chefe do Poder Executivo. Ministros de Estado. Conselho da República e Conselho de Defesa Nacional 137

16. SÃO PAULO Poder Judiciário: a) Funções, organização, competências e funcionamento; b) Estatuto da magistratura e seus princípios informativos; c) Garantias institucionais da função judicial; d) Precatórios; e) Jurisdição constitucional do Supremo Tribunal Federal e do Tribunal de Justiça do Estado de São Paulo; f) Súmula vinculante; g) Conselho Nacional de Justiça; h) Responsabilidade do Estado por atos jurisdicionais; i) O papel do tribunal constitucional na efetivação da Justiça; j) Políticas públicas e controle jurisdicional. PARANÁ Poder Judiciário. Disposições gerais. Órgãos do Poder Judiciário brasileiro. Organização e competências. Supremo Tribunal Federal. Superior Tribunal de Justiça. A Justiça Federal. A Justiça do Trabalho. A Justiça Militar. A Justiça Eleitoral. A Justiça Estadual. O Conselho Nacional de Justiça. Estatuto da Magistratura. Súmula vinculante 141

17. SÃO PAULO Funções essenciais à Justiça: a) Ministério Público: regime jurídico constitucional; b) Defensoria Pública: enquadramento constitucional, princípios, garantias institucionais e funcionais, Defensoria Pública na Constituição do Estado de São Paulo; c) Advocacia Pública: Advocacia da União e Procuradorias; d) Advocacia. PARANÁ Funções essenciais à Justiça. Conceito e composição. A Defensoria Pública. A Defensoria Pública na Constituição Federal de 1988. A Defensoria Pública na Constituição do Estado do Paraná. O Ministério Público: regime jurídico constitucional. Conselho Nacional do Ministério Público. Advocacia. Advocacia Pública. RIO DE JANEIRO Funções essenciais à Justiça. Da Defensoria Pública 148

18. SÃO PAULO Sistema constitucional das crises: a) Estado de defesa; b) Estado de sítio; c) Forças armadas; d) Segurança pública. PARANÁ Da Defesa do Estado e das instituições democráticas. Estado de defesa. Estado de sítio. Disposições gerais. Forças Armadas. Segurança pública. RIO DE JANEIRO Estado de defesa e Estado de sítio 172

19. SÃO PAULO Finanças públicas: a) Normas gerais; b) Orçamentos: princípios, elaboração, gestão, fiscalização e controle da execução orçamentária. PARANÁ Da tributação e do orçamento. Sistema tributário nacional. Princípios gerais. Limitações ao poder de tributar. Dos impostos da União, dos Estados membros, do Distrito Federal e dos Municípios. Repartição das receitas tributárias. Finanças públicas. Normas gerais sobre finanças públicas. Orçamentos 178

20. SÃO PAULO Ordem econômica e financeira: a) Princípios gerais e fins da ordem econômica; b) Atuação e posicionamento do Estado no domínio econômico; c) Das propriedades na ordem econômica; d)

Política urbana: bases constitucionais do direito urbanístico; e) Política agrícola fundiária e reforma agrária; f) Sistema financeiro nacional; g) A justiça social. PARANÁ Ordem econômica e financeira. Princípios gerais da atividade econômica. Política urbana. Política agrícola e fundiária e reforma agrária. Sistema financeiro nacional 186

21. SÃO PAULO Ordem social: a) Fundamentos e objetivos; b) Seguridade social; c) Educação, cultura e desporto; d) Comunicação social; e) Meio ambiente; f) Família, criança, adolescente e idoso; g) Índios; h) Pessoas com deficiência; i) A justiça social. PARANÁ Ordem social. Disposição geral. Seguridade social. Saúde. Previdência social e assistência social. Educação, cultura e desporto. Ciência e tecnologia. Comunicação social. Meio ambiente. Família, criança, adolescente, jovem, idoso e pessoas com deficiência. Índios. RIO DE JANEIRO Ordem social. Princípios. Meio ambiente na Constituição Federal. Lei Federal n. 9.985 de 18 de julho de 2000. Decreto Federal n. 4.340 de 22 de agosto de 2002 187

22. SÃO PAULO Direitos e garantias fundamentais: conceito, evolução, estrutura, características, funções, titularidade, destinatários, colisão e ponderação de valores. Teoria geral das garantias. Direitos fundamentais em espécie. Conflito de direitos fundamentais. Restrições a direitos fundamentais. Teorias interna e externa. O princípio do respeito ao conteúdo essencial dos direitos fundamentais. Teorias objetiva e subjetiva. Teorias absoluta e relativa. O princípio da proporcionalidade: conceito, origem, conteúdo, elementos e subprincípios. O princípio da proibição do excesso. O princípio da proibição da proteção insuficiente. O princípio da razoabilidade: conceito, origem e conteúdo. PARANÁ Direitos fundamentais. Direitos e garantias fundamentais. Direitos e deveres individuais e coletivos. Direitos individuais: conceito, evolução, classificação, destinatários, características e espécies. Dimensões ou gerações de direitos fundamentais. Colisão de direitos fundamentais e teoria da ponderação de valores. Limitação aos direitos fundamentais. Proporcionalidade e razoabilidade. Direitos fundamentais e relações privadas. Direitos individuais em espécie. RIO DE JANEIRO Direitos e garantias constitucionais... 191

23. SÃO PAULO Proteção judicial dos direitos fundamentais: as ações constitucionais. PARANÁ Garantias constitucionais. Ações constitucionais: *habeas corpus*, *habeas data*, mandado de segurança, mandado de segurança coletivo, ação popular, mandado de injunção, ação civil pública 211

24. SÃO PAULO Proteção não judicial dos direitos fundamentais: direito de resistência e direito de petição 223

25. SÃO PAULO : Direitos sociais. Teoria geral dos direitos sociais. Classificação. Efetivação. Intervenção do Poder Judiciário em tema de implementação de políticas públicas. PARANÁ Direitos sociais. Teoria dos direitos sociais. Teoria do mínimo existencial. Princípio da reserva do possível. Princípio do não retrocesso social. Intervenção do Poder Judiciário na implementação de direitos sociais. Direitos sociais em espécie 225

26. SÃO PAULO O direito ao mínimo existencial: origem, conceito, fundamento e objeto 261

27. SÃO PAULO Direito de nacionalidade. Condição jurídica do estrangeiro no Brasil. PARANÁ Direitos de nacionalidade 265

28. SÃO PAULO Direito de cidadania: direitos políticos positivos e negativos, partidos políticos. PARANÁ Direitos políticos. Partidos políticos 268

29. SÃO PAULO Tratados internacionais de direitos humanos e direito interno. Direito Constitucional Transnacional. Supraconstitucionalidade. Constitucionalismo multinível. PARANÁ Direito Internacional e Direito Constitucional 270

30. SÃO PAULO Ato das Disposições Constitucionais Transitórias. PARANÁ Disposições constitucionais gerais e transitórias 274

Referências 277

NOTA DO COORDENADOR (COLEÇÃO DEFENSORIA PÚBLICA – PONTO A PONTO)

Esta coleção é **inovadora**! Um magnífico avanço em matéria de concursos públicos, principalmente para o da Defensoria Pública. Sem dúvida, trata-se de obras que se tornarão livros de cabeceira de qualquer concurseiro dessa nobilíssima carreira.

O objetivo da **Coleção Defensoria Pública – Ponto a Ponto** é facilitar e sistematizar os estudos dos candidatos que se dedicam ao concurso da Defensoria Pública. Para abordar cada matéria, foram selecionados pontos de editais referentes a um ou mais estados, os quais, muitas vezes, servem de base para a elaboração de outros editais.

Assim, separaram-se os editais por matérias. Após, a ideia é abordá-las **ponto a ponto**, facilitando o candidato a encontrar o conteúdo de cada tópico do edital, bem como a bibliografia para cada assunto.

Sem medo de errar, a **organização** e a **otimização** do tempo de estudos são surpreendentes! Nesse sentido, em cada tópico, destaca-se, objetivamente, aquilo que se considera importante em determinado ponto do edital, sem ter a pretensão de esgotar o assunto, o que seria, de todo modo, impossível.

A coleção é escrita por **ex-concurseiros aprovados**, todos Defensores Públicos, muitos deles com anos de experiência. Por isso, de forma pragmática, demonstram-se conceitos básicos, questões controvertidas, entendimento de doutrinadores, bem como a posição de diversos tribunais, inclusive do Supremo Tribunal Federal e do Superior Tribunal de Justiça.

Ao longo do texto, estudam-se situações concretas de provas, relacionando-as com os assuntos abordados em cada ponto do edital. Assim, o candidato pode vislumbrar como, de fato, são questionados determinados temas em prova. Tanto nas **provas objetivas** como nas **provas dissertativas e orais**, o candidato economiza tempo e otimiza conhecimento, pois todo o conteúdo é elaborado em formato de dissertação.

Nesta coleção, não há o escopo de esgotar toda a matéria dos pontos, até porque seria uma intenção utópica, diante do vasto conteúdo jurídico sobre os temas. O que se pretende é elaborar diretrizes para as respostas, considerando que os examinadores, inclusive, podem ter visões e posições diferentes das expostas pelos escritores. Por isso, existe o cuidado de alertar o leitor que se está diante de diretrizes jurídicas, de acordo com o entendimento de cada escritor.

Até mesmo as **DICA DO AUTOR**, presentes em alguns volumes, possuem o objetivo de prestar uma sugestão/diretriz para a resposta. Busca-se aproximar o concurseiro da realidade das provas e eventuais correções. Entrementes, conforme alertado acima, não necessariamente o posicionamento sugerido pelo escritor poderá ser aquele adotado pelo examinador.

A coleção procura **direcionar** o concurseiro para a prova, com temas específicos da carreira e do cotidiano do defensor público. Com isso, espera-se que, a partir da presente leitura, o estudioso passe a ter conhecimento do detalhe que faltava para a aprovação.

Agora, é momento de chegar na hora da prova com **segurança e conhecimento** dos pontos do edital. Bons estudos!

Marcos Vinícius Manso Lopes Gomes

(Coordenador)

E-mail: marcosdefensoriagomes@hotmail.com

PREFÁCIO DA COLEÇÃO

Honrou-me o nobre defensor público Dr. Marcos Vinícius Manso Lopes Gomes, integrante da colenda Defensoria Pública do Estado de São Paulo, com o amável convite para prefaciar a **Coleção Defensoria Pública – Ponto a Ponto**, trabalho de índole coletiva submetido ao encargo de sua preclara coordenação.

A publicação em epígrafe, de inestimável valor científico, reúne trabalhos de apreciável conteúdo, subscritos por especialistas em cada um dos temas propostos, o que lhe empresta autoridade e foros de excelência.

O objetivo a ser atingido pela Coleção sob comento, consoante enunciado alhures pela sua ilustrada coordenação, é o de facilitar, sobremaneira, a sistematização dos estudos por parte daqueles que se preparam para certames da Defensoria Pública.

Exitosos em concursos públicos, a participação dos autores está crismada, o que se mostra evidente, com o timbre prestigioso de experiência bem-sucedida.

A obra é erudita, sendo o assunto de importância transcendental na tessitura do Estado de opção democrática – Assistência Jurídica, Defensoria Pública e Justiça Gratuita.

Os textos articulados, ainda que de forma acadêmica, são de fácil entendimento e compreensão.

A linguagem é clara, fluente e encadeada no seu desenvolvimento.

A dinâmica expositiva está acompanhada de parte prática, o que agrega valor incomum ao trabalho.

O exame das controvérsias de variados matizes, nelas incluídas as de cunho doutrinário e jurisprudencial, não fluiu ao largo das preocupações dos autores.

Estou convencido, por tudo que foi estadeado, que a Coleção em referência constituirá marco importante de êxito editorial.

A produção nasce, induvidosamente, sob os signos da utilidade e do sucesso. O tempo em sua inquietude revelará esta premonição.

Niterói, julho de 2015.

Humberto Peña de Moraes[3]

---

[3] Defensor público aposentado da Defensoria Pública do Estado do Rio de Janeiro. Ex-professor do Centro de Estudo, Pesquisa e Atualização em Direito – CEPAD e da Escola da Magistratura do Estado do Rio de Janeiro – EMERJ. Membro do Instituto dos Advogados Brasileiros – IAB, todos sediados na Cidade do Rio de Janeiro. Membro do Instituto "Pimenta Bueno", Associação Brasileira dos Constitucionalistas, sediado na Cidade de São Paulo.

APRESENTAÇÃO

Buscamos, por meio desta obra, trazer aos candidatos aos certames da Defensoria Pública uma análise detida de cada um dos pontos da disciplina de direito constitucional dos principais editais das provas para ingresso na referida instituição, tendo sempre em mente os dois pilares sobre os quais esta coleção se assenta: a economia de tempo de estudo e a otimização do conhecimento adquirido.

Para tanto, primamos por uma linguagem direta e didática na abordagem dos tópicos do edital que envolvem a matéria, inclusive destrinchando alguns deles em tópicos, como forma de almejar uma melhor visualização e apreensão pelo candidato.

Ao longo do texto, também alertamos o leitor a respeito daqueles pontos que costumam ser explorados, com maior incidência, nas provas objetivas, dissertativas e orais de direito constitucional da Defensoria Pública, assim como aqueles que guardam especial identidade com a carreira, sempre amparados pela doutrina e jurisprudência pertinentes.

Por tais razões, estamos certos de que a obra ora apresentada, em conjunto com as demais que compõem esta coleção, servirão de importante instrumento para aqueles que pretendam ingressar na carreira de defensor público.

1. **SÃO PAULO** DIREITO CONSTITUCIONAL: CONCEITO E OBJETO, ORIGEM, FORMA-ÇÃO, CONTEÚDO, FONTES, MÉTODOS DE TRABALHO

O ponto que inaugura o edital da Defensoria Pública do Estado de São Paulo – e também previsto, de forma análoga, em outros editais de concursos de ingresso para as demais Defensorias Públicas do País – abarca, em sua maioria, **aspectos basilares** da disciplina de direito constitucional e, talvez por isso, é pouco explorada nas fases iniciais dos exames, normalmente compostas de testes de múltipla escolha.

Aliás, após um breve levantamento das principais obras relativas à matéria, o candidato poderá constatar o **escasso número de doutrinadores** que se dedicam a um exame aprofundado sobre a disciplina de direito constitucional, atendo-se, a maioria deles, à abordagem, enquanto questões introdutórias deste ramo do Direito, de temas afetos à "Constituição" e ao "constitucionalismo", os quais estão previstos em outros pontos do edital (**pontos 2 e 7** desta obra, respectivamente, sobre os quais trataremos no momento oportuno).

Apesar disso, como veremos adiante, o domínio do ponto do edital em comento pelo candidato pode ser relevante para **complementar uma resposta** cobrada nas demais fases dos concursos (discursiva e oral), denotando o conhecimento deste sobre os **pilares** nos quais se assenta a matéria.

Assim, para fins didáticos, passamos a destrinchar, nos itens a seguir, cada um dos elementos contidos no ponto do edital em análise, que trata do direito constitucional.

■ Conceito

O **conceito** de direito constitucional é sintetizado por José Afonso da

Silva como o "ramo do direito público que expõe, interpreta e sistematiza os princípios e normas fundamentais do Estado"[4].

Luís Roberto Barroso, a seu turno, desenvolve o conceito de direito constitucional sob **três prismas**, a saber: a) o direito constitucional enquanto domínio científico (conjunto de conhecimentos relativos à matéria, como a filosofia constitucional, a doutrina e a jurisprudência); b) o direito constitucional positivo (compreendido como o conjunto de normas previstas no texto constitucional, seja originariamente, seja por meio de emendas constitucionais); e c) o direito constitucional como direito subjetivo (no sentido de conferir ao titular da norma a faculdade de invocá-la para garantir a situação jurídica nela contemplada)[5].

DICA DO AUTOR [6]: À vista dos dois posicionamentos acima sobre o conceito de direito constitucional, reputamos que a conjugação de ambos se mostra suficiente para a construção, pelo candidato, de uma resposta adequada ao certame pelo qual concorre, seja pelo fato de se complementarem, seja pelos juristas de renome que os desenvolvem.

Nesse sentido, recomendamos, desde já, que o candidato, sempre que possível, busque fundamentar suas respostas em doutrinadores consagrados na matéria ou mesmo em julgados consolidados pelos tribunais do País, a fim de conferir maior qualidade à sua resposta (obtendo, naturalmente, maior pontuação), além de aumentar suas chances de provimento na hipótese de interposição de recursos em face da questão, posto que amparados em obras e/ou acórdãos de notório conhecimento no meio jurídico. Por essa razão, a cada ponto do edital, selecionaremos a doutrina e a jurisprudência mais indicadas ao candidato de acordo com o tema desenvolvido.

■ Objeto

O direito constitucional tem por **objeto**, evidentemente, as **normas constitucionais**, que tratam de assuntos específicos que as diferenciam das demais normas jurídicas, os quais, segundo **Barroso**[7], seriam: a) organização do poder

---

[4] *Curso de direito constitucional positivo.* 37. ed. São Paulo: Malheiros, 2014, p. 36.

[5] *Curso de direito constitucional contemporâneo:* os conceitos fundamentais e a construção do novo modelo. São Paulo: Saraiva, 2009, p. 49.

[6] A presente "dica do autor" possui o objetivo de apenas dar uma sugestão/diretriz para a resposta. Longe de ter qualquer objetivo de promoção, busca-se aproximar o concurseiro da realidade das provas e eventuais correções. Ademais, a presente diretriz, não necessariamente, pode ser aquela adotada pelo examinador.

[7] *Curso de direito constitucional contemporâneo:* os conceitos fundamentais e a construção do novo modelo. São Paulo: Saraiva, 2009, p. 51.

político; b) definição dos direitos fundamentais; e, em algumas constituições, c) determinação dos fins públicos a serem alcançados pela sociedade.

Partindo da premissa de que nem todas as normas previstas nos textos das Constituições de diversos países são materialmente constitucionais (veja-se, como exemplo, o art. 242, § 2º, da Constituição Federal, que trata do "Colégio Pedro II"), o mencionado jurista recorre ao **critério formal**, destacando que: "o direito constitucional se identifica com o conjunto de normas dotadas de superioridade hierárquica em relação às demais normas do sistema jurídico, às quais fornecem fundamento de validade, não estando elas próprias fundadas em qualquer outra norma"[8].

De outra banda, **Paulo Bonavides** pontifica que o **conteúdo** das normas constitucionais (**aspecto material**) seria o norte para identificar se uma norma seria ou não objeto do direito constitucional. Segundo ele,

> o estabelecimento de poderes supremos, a distribuição da competência, a transmissão e o exercício da autoridade, a formulação dos direitos e garantias individuais e sociais são o objeto do Direito Constitucional contemporâneo. Releva-se este mais pelo conteúdo das regras jurídicas – a saber, pelo aspecto material – do que por efeito de aspectos ou considerações formais[9].

DICA DO AUTOR : Nesse contexto, verificamos que há uma relevante discussão a respeito dos temas tratados pelas normas constitucionais, enquanto objeto do direito constitucional, sobretudo quanto ao critério adequado (formal ou material) para identificar se uma norma seria ou não constitucional, devendo o candidato demonstrar seu conhecimento sobre tal celeuma, ressaltando os posicionamentos dos juristas acima mencionados.

■ Origem e formação

Paulo Bonavides atribui a **origem** da expressão "direito constitucional" à ideia fundamental trazida pela Revolução Francesa acerca da limitação da autoridade governativa, que se dava pela separação de poderes e pela declaração de direitos[10]. De acordo com o doutrinador,

---

[8] *Curso de direito constitucional contemporâneo:* os conceitos fundamentais e a construção do novo modelo. São Paulo: Saraiva, 2009, p. 51.

[9] *Curso de direito constitucional.* 18. ed. atual. São Paulo: Malheiros, 2006, p. 36.

[10] *Curso de direito constitucional.* 18. ed. atual. São Paulo: Malheiros, 2006, p. 36.

a França, durante a expansão napoleônica, comunicara à Itália os princípios da Revolução. Eram os princípios de uma sociedade política fundada sobre o contrato social, de uma ordem jurídica apoiada na razão humana, de um Estado que se curvava à liberdade individual. Cunhou-se, portanto, ao norte da Península, batido pelas invasões francesas, o termo *diritto costituzionale*, filho de ideias francesas, criação dileta das ideologias antiabsolutistas[11].

Nessa linha, Bonavides[12] e Barroso[13] asseveram que o direito constitucional, que era lecionado em **universidades italianas** como Ferrara, Pavia e Bolonha, **passou à França depois de 1830**, mais precisamente em **1834**, ano em que Guizot, ministro da Instrução Pública, determinou a instalação, na Faculdade de Direito de Paris, da primeira cadeira de direito constitucional, conferindo-a ao professor italiano Pelegrino Rossi, de Bolonha.

Contudo, o direito constitucional, como disciplina autônoma, somente se desenvolve na Europa nas **últimas décadas do século XIX**, detendo origem muito **mais recente**, portanto, se comparado ao direito civil, fundamentado no direito romano, o que justifica, atualmente, a existência de considerável quantidade de obras, além de inúmeras complexidades práticas dos temas envolvendo aquela disciplina[14].

Do acima exposto, verificamos que a formação do direito constitucional se deu nas universidades italianas acima aludidas, sob a influência dos ideais da Revolução Francesa, motivo pelo qual foi dotado, originariamente, de um cunho **nitidamente liberal**, representado, sobretudo, pela separação de Poderes e previsão de direitos individuais. Todavia, essa concepção inicial do direito constitucional sofreu expressiva evolução, sobre a qual abordaremos no ponto seguinte (**ponto 2**) ao tratar da "**força normativa**" da Constituição, ao qual remetemos o leitor.

DICA DO AUTOR : À luz do já exposto, é conveniente que o candidato, ao ser indagado a respeito da origem e formação do direito constitucional, aponte os dados históricos acima citados, complementando-os com a sobredita ori-

---

[11] *Curso de direito constitucional.* 18. ed. atual. São Paulo: Malheiros, 2006, p. 37.

[12] *Curso de direito constitucional.* 18. ed. atual. São Paulo: Malheiros, 2006, p. 37 e 38.

[13] *Curso de direito constitucional contemporâneo:* os conceitos fundamentais e a construção do novo modelo. São Paulo: Saraiva, 2009, p. 44.

[14] BARROSO, Luís Roberto. *Curso de direito constitucional contemporâneo:* os conceitos fundamentais e a construção do novo modelo. São Paulo: Saraiva, 2009, p. 44 e 45.

gem recente ("juventude científica", segundo Barroso[15]) do direito constitucional em relação ao direito civil (e as mencionadas consequências disso), sem se olvidar da evolução pela qual passou a disciplina, cuja análise, como dito, será feita no ponto seguinte.

■ Conteúdo

Para **José Afonso da Silva**[16], o **conteúdo científico** do direito constitucional abrange **três aspectos**, que dão lugar às seguintes disciplinas: a) **direito constitucional positivo ou particular** (que tem por objeto uma Constituição específica de determinado Estado); b) **direito constitucional comparado** (cujo escopo é o estudo teórico das normas constitucionais de vários Estados); e c) **direito constitucional geral** (que trata de aspectos mais gerais do direito constitucional, tais como a hermenêutica constitucional, a teoria da constituição, a evolução do constitucionalismo etc.).

Da análise dos concursos para ingresso na carreira da Defensoria Pública, verificamos que as questões concentram-se na **primeira** (direito constitucional positivo ou particular) e, **especialmente, na terceira disciplina** (direito constitucional geral).

A primeira, naturalmente, vez que trata das normas previstas na Constituição brasileira. A terceira, a seu turno, podemos dizer que é **ainda mais presente** nos certames da Defensoria Pública, em razão da ênfase que é conferida, via de regra, aos temas nela contemplados, precipuamente àqueles intimamente ligados à **instituição e ao papel por ela exercido**. Dentre eles, destacamos os seguintes, que merecem especial atenção pelo candidato (a serem abordados nos correspondentes pontos):

a) **força normativa da Constituição (ponto 2);**

b) **efetividade das normas constitucionais, sobretudo envolvendo os direitos sociais (ponto 3);**

c) **hermenêutica e interpretação constitucional (ponto 6);**

d) **sociedade aberta dos intérpretes da Constituição (ponto 6);**

---

[15] *Curso de direito constitucional contemporâneo:* os conceitos fundamentais e a construção do novo modelo. São Paulo: Saraiva, 2009, p. 45.

[16] *Curso de direito constitucional positivo.* 37. ed. São Paulo: Malheiros, 2014, p. 37.

e) constitucionalismo e neoconstitucionalismo (ponto 7);

f) mutação constitucional (ponto 8);

g) evolução do princípio da separação dos poderes (ponto 13);

h) teorias que envolvem os direitos fundamentais em geral (ponto 22);

i) teorias a respeito dos direitos sociais (ponto 25);

j) políticas públicas e controle jurisdicional (ponto 25);

k) cláusula da reserva do possível e princípio da vedação ao retrocesso social (ponto 25);

l) direito ao mínimo existencial (ponto 26).

Em razão da frequência e profundidade com que são cobrados nos concursos da Defensoria Pública, além da estreita ligação que possuem com as atividades exercidas pela instituição, podemos afirmar, seguramente, que os temas acima elencados constituem a **"espinha dorsal"** da matéria de direito constitucional exigida nesses certames, o que os torna bastante **peculiares** se comparados aos concursos públicos das demais carreiras jurídicas (como Magistratura, Ministério Público e Procuradorias), no bojo dos quais, em contrapartida, a maioria desses assuntos sequer costuma ser objeto de avaliação.

Por derradeiro, a segunda disciplina (direito constitucional comparado) não é, em princípio, objeto de cobrança nas provas para ingresso na Defensoria Pública, por ser bastante rara a exigência de conhecimento, pelo candidato, acerca de uma norma específica da Constituição de um outro país, salvo em provas discursivas ou mesmo orais, destinadas a apurar um conhecimento mais **global e abrangente** sobre determinado assunto.

DICA DO AUTOR: De toda forma, o que se extrai de relevante do presente tópico, além do que se entende por "conteúdo" do direito constitucional, é a necessidade de o candidato deter pleno domínio sobre os assuntos acima (os quais denominamos de "espinha dorsal" do direito constitucional cobrado nos concursos da Defensoria Pública), que serão examinados ao longo deste livro, servindo de verdadeira diretriz para um estudo focado e atrelado aos temas mais sensíveis à carreira.

■ Fontes

As **fontes** do direito constitucional, enquanto formas de manifestação da norma jurídica, seriam divididas, segundo Bonavides[17], em **dois grupos**, a saber:

---

[17] *Curso de direito constitucional.* 18. ed. atual. São Paulo: Malheiros, 2006, p. 51 e 52.

1. **Escritas**, compreendendo:
   a) leis constitucionais;
   b) leis complementares ou regulamentares;
   c) prescrições administrativas (regulamentos e decretos);
   d) regimentos das Casas do Legislativo e do Poder Judiciário;
   e) tratados internacionais, normas de direito canônico, legislação estrangeira, resoluções da comunidade internacional pelos seus órgãos representativos, sempre que o Estado os aprovar ou reconhecer;
   f) jurisprudência; e
   g) doutrina;
2. **Não escritas**, subdividindo-se em duas:
   a) **costume** (forma-se quando a prática repetida de certos atos induz uma determinada coletividade à crença ou convicção de que esses atos são necessários ou indispensáveis); e
   b) **usos constitucionais** (certos usos constituem matéria constitucional, sendo mais relevante em países desprovidos de Constituição escrita ou dotados de Constituição sintética, como Inglaterra e EUA).

DICA DO AUTOR : Para efeito do concurso da Defensoria Pública, mais importante do que saber e reproduzir, pura e simplesmente, a classificação das fontes do direito constitucional supracitada, é imprescindível trazê-la para o nosso sistema constitucional e tecer uma **análise crítica** a seu respeito[18].

Com esse escopo, sugerimos que o candidato explore, em sua resposta sobre a temática, os dois grandes modelos de sistemas jurídicos no Ocidente, quais sejam: o modelo do **direito codificado-continental** (*civil law*) e o modelo do **precedente judicial anglo-saxão** (*common law*) de Direito.

Enquanto o primeiro é baseado no **direito legislado (sistema normativista)**, pressupondo a existência de leis abstratas e gerais editadas pelo Parlamento que servirão de fundamento para as decisões judiciais, o segundo é centrado na **primazia da decisão judicial (sistema judicialista)**, utilizando-se dos cos-

---

[18] Aliás, o que se busca aferir, normalmente, nos certames da Defensoria é justamente a visão crítica do candidato a respeito do assunto questionado, o que melhor se adequa às fases discursiva e oral da prova (dados os estreitos limites impostos pelos testes de múltipla escolha), nas quais será possível o seu desenvolvimento pela via escrita ou oral.

tumes jurisprudenciais (precedentes vinculantes), criados a partir de um caso concreto já julgado, que será utilizado como parâmetro para as decisões judiciais futuras que tratem de situações semelhantes àquele.

No que se refere à análise crítica, sugerimos que o candidato ressalte que, embora o Brasil tenha adotado o sistema normativista, **tem recebido cada vez mais injunções do sistema judicialista**, como se vê, por exemplo, pelo **efeito vinculante** atribuído às decisões do Supremo Tribunal Federal, pela **súmula vinculante** e, mais recentemente, pela adoção do **incidente de resolução de demandas repetitivas** pelo atual Código de Processo Civil (Lei n. 13.105/2015)[19], além das hipóteses de **improcedência liminar** do pedido previstas no art. 332 do mesmo diploma legal[20].

Daí a razão para se falar em uma verdadeira **aproximação entre os sistemas**, como bem pontua André Ramos Tavares ao estatuir:

> O distanciamento entre os dois modelos teóricos mencionados tem sido, na prática, diminuído, por força da criação de novos mecanismos e institutos que aproximam esses sistemas. Realmente, a jurisprudência apresenta, hoje, um papel mais ativo, no modelo de Direito legislado, do que jamais se constatou. Ao mesmo tempo, nos países do Direito costumeiro, o precedente já não apresenta o mesmo rigor de outrora e a legislação escrita vem ocupando um espaço cada vez maior[21].

Nessa linha, podemos afirmar ao candidato que as considerações acima delineadas seriam suficientes para a formulação de uma adequada resposta à questão indagada no **XXV Concurso da Defensoria Pública do Estado do**

---

[19] Segundo o art. 976 do atual Código de Processo Civil, os fundamentos deste incidente seriam a existência de efetiva repetição de processos que contenham controvérsia sobre a mesma questão unicamente de direito e, simultaneamente, o risco de ofensa à isonomia e segurança jurídica, de forma que, ao ser julgado o incidente, estabelece o art. 985 do novo Código de Processo Civil que a tese jurídica será aplicada a todos os processos individuais e coletivos que versem sobre idêntica questão de direito e que tramitem na área de jurisdição do respectivo tribunal, assim como aos casos futuros que versem idêntica questão de direito e que venham a tramitar no território de competência do tribunal.

[20] De acordo com esse dispositivo legal, o juiz, nas causas que dispensem a fase instrutória e independentemente de citação do réu, julgará liminarmente improcedente o pedido que contrariar: a) enunciado de súmula do Supremo Tribunal Federal ou do Superior Tribunal de Justiça; b) acórdão proferido pelo Supremo Tribunal Federal ou pelo Superior Tribunal de Justiça em julgamento de recursos repetitivos; c) entendimento firmado em incidente de resolução de demandas repetitivas ou assunção de competência; e d) enunciado de súmula de tribunal de justiça sobre direito local.

[21] *Paradigmas do judicialismo constitucional*. São Paulo: Saraiva, 2012, p. 92.

Rio de Janeiro, com início em 2014, nos seguintes termos: "**À luz do ordenamento vigente, disserte sobre a força normativa dos precedentes judiciais após as reformas legislativas operadas nas duas últimas décadas**".

■ Métodos de trabalho

Essa expressão é proveniente da obra de **Friedrich Müller** denominada *Métodos de trabalho do direito constitucional*.

Por meio dela, o jurista alemão busca formular uma **nova metodologia** (**"técnicas práticas de trabalho"**) **de interpretação e hermenêutica constitucional** capaz de **concretizar** as normas contidas na Constituição, superando a ideia então vigente (pregada pelo positivismo) de que competiria ao juiz, tão somente, empregar a subsunção entre os fatos e a norma. O objetivo principal de Müller é o de buscar uma racionalização do processo de interpretação por meio desses métodos, de forma a evitar qualquer arbitrariedade nesse campo.

Com esse escopo, o autor desenvolve a **"teoria estruturante"** da norma, pela qual esta contempla, necessariamente, a realidade por ela regulada, não mais encontrando guarida a rígida distinção entre o "ser" e o "dever ser".

Como afirma Müller:

> não é possível descolar a norma jurídica do caso jurídico por ela regulamentado nem o caso da norma. Ambos fornecem de modo distinto, mas complementar, os elementos necessários à decisão jurídica. Cada questão jurídica entra em cena na forma de um caso real ou fictício. Toda e qualquer norma somente faz sentido com vistas a um caso a ser (co)solucionado por ela. Esse dado fundamental da concretização jurídica circunscreve o "interesse de conhecimento" peculiar da ciência e da práxis jurídicas, especificamente jurídico, como um "interesse de decisão". A necessidade de uma decisão jurídica (também de um caso fictício) "abrange" a problemática da compreensão, os momentos e procedimentos cognitivos. No entanto, a decisão jurídica não se esgota nas suas partes cognitivas. Ela aponta para além das questões "hermenêuticas" da "compreensão", no sentido genericamente peculiar que "hermenêutica" e "compreensão" tem nas ciências humanas[22].

---

[22] MÜLLER, Friedrich. *Métodos de trabalho do direito constitucional*. Rio de Janeiro: Renovar, 2005, p. 50.

Por esse motivo, o jurista pós-positivista **diferencia a "norma" do "texto da norma"**, ressaltando que: "normas jurídicas não são idênticas aos seus textos de norma. O teor literal não é a lei. Ele é a forma da lei"[23].

Destarte, o **"texto da norma" ("programa normativo")** seria, segundo o autor, apenas a **"ponta do *iceberg*"**, vale dizer, o **início do processo de concretização da norma**, a qual está **indissociavelmente atrelada à realidade por ela regulada ("campo ou âmbito normativo")**, que também – e na mesma medida – deverá ser levada em consideração nesse processo. Até porque, como salienta o jurista alemão, um enunciado jurídico não funciona "mecanicamente", sendo a "subsunção" um procedimento lógico-formal só na aparência, já que determinado, no seu conteúdo, pela respectiva pré-compreensão de dogmática jurídica[24].

Na visão de Müller, essa constatação seria ainda mais perceptível na disciplina em estudo, ao asseverar que:

> no direito constitucional evidencia-se com especial nitidez que uma norma jurídica não é um "juízo hipotético" isolável diante do seu âmbito de regulamentação, nenhuma forma colocada com autoridade por cima da realidade, mas uma inferência classificadora e ordenadora a partir da estrutura material do próprio âmbito social regulamentado. Correspondentemente, elementos "normativos" e "empíricos" do nexo de aplicação e fundamentação do direito que decide o caso no processo da aplicação prática do direito provam ser multiplamente interdependentes e com isso produtores de um efeito normativo de nível hierárquico igual. No âmbito do processo efetivo da concretização prática do direito, "direito" e "realidade" não são grandezas que subsistem autonomamente por si. A ordem e o que por ela foi ordenado são momentos de concretização da norma, em princípio eficazes no mesmo grau hierárquico, podendo ser distinguidos apenas em termos relativos[25].

Amparado nessas premissas, Müller sustenta que a interpretação (concretização) da norma deve levar em conta:

a) **elementos metodológicos em sentido estrito**, compostos pelos critérios tradicionais de interpretação (gramatical, histórico, genético, sistemático e teleológico) e pelos princípios da interpretação constitucional

---

[23] MÜLLER, Friedrich. *Métodos de trabalho do direito constitucional*. Rio de Janeiro: Renovar, 2005, p. 104.

[24] MÜLLER, Friedrich. *Métodos de trabalho do direito constitucional*. Rio de Janeiro: Renovar, 2005, p. 49.

[25] MÜLLER, Friedrich. *Métodos de trabalho do direito constitucional*. Rio de Janeiro: Renovar, 2005, p. 43.

(princípio da concordância prática, da unidade da Constituição, da força normativa da Constituição etc.);

b) **elementos do âmbito da norma** (ligados à sociologia, ciência política, economia etc.);

c) **elementos dogmáticos** (como a doutrina e a jurisprudência);

d) **elementos de técnica de solução** (consistente no emprego do método tópico para formular indagações centrais destinadas a desvendar o sentido da norma);

e) **elementos de teoria** (atinentes à teoria do Direito, do Estado e da Constituição);

f) **elementos de política constitucional** (tendo em conta as consequências práticas geradas pela solução conferida ao caso).

Para o jurista, os elementos dos itens "a", "b" e parte do "c" referem-se diretamente às **normas**, ao contrário do que ocorre com parte dos elementos do item "c" e com os demais (itens "d", "e" e "f"), que, por isso, são tidos apenas como **funções "auxiliares"** na concretização da norma.

Por fim, na hipótese de ser constatada eventual contradição entre tais elementos, Müller aponta que aqueles que se referem diretamente às normas têm **precedência** aos demais. E, dentre aqueles que se referem diretamente às normas, a interpretação **gramatical e sistemática** tem **preferência** sobre os demais desse grupo, pois se relacionam aos **textos** das normas.

Como se vê, Müller buscou, em sua obra, dissecar e sistematizar o processo de concretização da norma, criando uma série de métodos (e até mesmo hierarquizando-os no caso de conflitos entre eles) capazes de racionalizar tal processo, na tentativa de torná-lo imune a arbitrariedades.

DICA DO AUTOR: Nesse ponto, alertamos o candidato que, via de regra, busca a doutrina tecer um **paralelo entre a teoria de Müller e a teoria de Konrad Hesse** (o que se sugere seja feito, acaso couber na questão cobrada no concurso, a fim de demonstrar o conhecimento sistemático do candidato sobre o tema), sobretudo em razão de ambos ressaltarem a dimensão e a importância da **realidade** para a interpretação e hermenêutica constitucional, além dos demais pontos de semelhança e convergência existentes entre as teorias por eles desenvolvidas e que serão analisadas no momento oportuno[26].

---

[26] Abordaremos tais tópicos, bem como a teoria de Konrad Hesse, no **ponto 2**, ao tratarmos da força normativa da Constituição.

2. SÃO PAULO CONSTITUIÇÃO: TIPOLOGIA, CLASSIFICAÇÃO, CONCEPÇÕES, LEGITIMIDADE, PAUTA NORMATIVA E PAUTA AXIOLÓGICA. A FORÇA NORMATIVA DA CONSTITUIÇÃO. PARANÁ CONSTITUIÇÃO. CONCEITO, ACEPÇÕES, OBJETO E ELEMENTOS. CLASSIFICAÇÕES

Enquanto o enfoque do ponto anterior é o **direito constitucional**, o presente tem por objeto a **Constituição**.

De início, é conveniente apontar que, das matérias elencadas no ponto 2, o assunto de maior incidência nos concursos públicos da Defensoria Pública (do qual não diferem aqueles relativos às principais carreiras jurídicas) relaciona-se à **classificação da Constituição**, merecendo, pois, uma atenção especial do candidato.

Em se tratando, porém, especificamente do concurso da Defensoria Pública, é possível concluir que o tema que envolve a **"força normativa da Constituição"** constitui um assunto explorado com maior frequência em tais certames, ocupando o que chamamos de **"espinha dorsal"** da disciplina em estudo[27], razão pela qual recomendamos que o candidato detenha pleno conhecimento sobre ele.

Tal como fizemos no ponto 1, fracionaremos os assuntos inseridos no ponto 2 nos itens que seguem, agrupando aqueles que se identificam, para uma melhor visualização e maior facilidade de estudo pelo candidato.

■ Conceito, objeto e elementos

Proveniente do direito alienígena e em vista de um conhecimento diferenciado que pode ser demonstrado nos certames da Defensoria pelo candidato, ressaltamos o conceito de Constituição trazido pela doutrina espanhola, de cunho "racional normativo" e que apresenta elementos de caráter material e formal.

Segundo **Jose Julio Fernández Rodríguez**, professor titular de Direito Constitucional da Universidade de Santiago de Compostela, Espanha, a **Constituição** seria "a norma jurídica suprema e aberta que organiza o poder político, estabelecendo mecanismos de controle do mesmo, e que regula os aspectos essenciais da vida em sociedade a partir dos postulados democráticos"[28].

---

[27] Conforme apontado no **ponto 1** (tópico que trata do "conteúdo" do direito constitucional), ao qual remetemos o leitor.

[28] Tradução livre do autor. No original: "La Constitución es la norma jurídica suprema y abierta que organiza el poder político, estableciendo mecanismos de control del mismo, y que regula los aspec-

Já para **Alexandre de Moraes**, entende-se por Constituição a "lei fundamental e suprema de um Estado, que contém normas referentes à estruturação do Estado, à formação dos poderes públicos, forma de governo e aquisição do poder de governar, distribuição de competências, direitos, garantias e deveres dos cidadãos"[29].

José Afonso da Silva, por sua vez, assevera que a Constituição pode ser conceituada como o:

> sistema de normas jurídicas, escritas ou costumeiras, que regula a forma do Estado, a forma de seu governo, o modo de aquisição e o exercício do poder, o estabelecimento de seus órgãos, os limites de sua ação, os direitos fundamentais do homem e as respectivas garantias. Em síntese, a constituição é o conjunto de normas que organiza os elementos constitutivos do Estado[30].

Dos conceitos acima formulados pelos juristas brasileiros, extraímos que a Constituição tem por **objeto**, evidentemente, as **normas constitucionais**, as quais buscam, em última instância, organizar os **elementos que compõem o Estado**[31], que seriam **quatro**, a saber: a) soberania; b) finalidade; c) povo; e d) território.

Nesse ponto, cabe um alerta importante ao candidato, para que não confunda os **elementos constitutivos do Estado** acima referidos (tratados como objeto de estudo da "Teoria Geral do Estado" e examinados no **ponto 10** deste livro) com os **elementos da Constituição** (abordados, mais apropriadamente, na disciplina de "Direito Constitucional" sobre a qual versamos neste trabalho).

Quando se fala em **"elementos" da Constituição**, portanto, a doutrina busca sistematizar os componentes, por assim dizer, que costumam fazer parte da Constituição (e não do Estado propriamente dito), qualificados como elementos:

a) **orgânicos:** representados pelas normas que regulam o Estado e o Poder (exemplo: art. 92 e s., que organizam o Poder Judiciário);

---

tos esenciales de la vida en sociedad desde unos postulados democráticos" (*Los fundamentos del derecho constitucional (derecho, estado y Constitución)*). Lima: Centro de Estudios Constitucionales del Tribunal Constitucional, Serie Teoría Constitucional, 2008, p. 95).

[29] *Direito constitucional.* 29. ed. São Paulo: Atlas, 2013, p. 6.

[30] *Curso de direito constitucional positivo.* 37. ed. São Paulo: Malheiros, 2014, p. 39 e 40.

[31] Por evidente, as normas constitucionais não se limitam a abordar os elementos que constituem o Estado, cabendo aqui relembrar a discussão envolvendo as matérias que seriam tratadas por tais normas e os critérios (formal ou material) utilizados para sua aferição, tal como analisado no ponto 1 (tópico que trata do "objeto" do Direito Constitucional), ao qual remetemos o leitor.

b) **limitativos:** consubstanciados pelas normas relativas aos direitos fundamentais, vez que limitam a ação dos poderes estatais (exemplo: art. 5º da Constituição)[32];

c) **socioideológicos:** encartados nas normas que estabelecem o compromisso da Constituição com o Estado liberal e social (exemplo: art. 6º da Constituição);

d) **de estabilização constitucional:** ligados às regras destinadas a dirimir conflitos constitucionais, assegurar a defesa da Constituição, do Estado e das instituições democráticas (exemplo: arts. 34 a 36 da Constituição);

e) **formais de aplicabilidade:** contemplam regras sobre a aplicação da Constituição (exemplos: preâmbulo e Ato das Disposições Constitucionais Transitórias).

DICA DO AUTOR : Como se vê, o presente tópico abarca, em princípio, questões simples – e sobretudo principiológicas – que envolvem a "Constituição", dispensando, pois, maiores digressões a respeito, bastando ao candidato que, acaso indagado sobre o assunto, aponte as ideias centrais acima desenvolvidas sobre conceito, objeto e elementos da Constituição, indicando, sempre que possível, os doutrinadores por ela responsáveis.

■ Concepções ou acepções

O termo **"concepções" (ou "acepções")** da Constituição nada mais indica do que os sentidos que ela pode apresentar que, em correspondência aos seus respectivos expoentes, seriam:

a) **sentido jurídico** (encabeçado por Hans Kelsen em sua obra *Teoria Pura do Direito*): a Constituição seria a norma que confere fundamento de validade às demais leis e atos normativos, num sistema escalonado representado pela figura de uma pirâmide;

b) **sentido sociológico** (conferido por Ferdinand Lassalle em seu ensaio "O que é uma Constituição?"): a Constituição resume-se à consagração dos "fatores reais de poder" existentes em determinada sociedade. Dito de

---

[32] Esse ponto foi exigido na prova objetiva do **Concurso da Defensoria do Distrito Federal, realizado em 2013, pelo Cespe,** na qual constou como **correta** a seguinte assertiva: "consideram-se elementos limitativos da Constituição as normas constitucionais que compõem o catálogo dos direitos e garantias individuais".

outro modo, pouco importa o que consta expressamente escrito no texto constitucional para se definir uma Constituição, já que ela nada mais é do que a representação dos fatores externos que, impulsionados por grupos poderosos e influentes na sociedade, foram determinantes para a elaboração da Constituição em certo sentido e não noutro. Daí a razão para Lassalle afirmar que, acaso a Constituição escrita não se coadune com os fatores reais de poder, não passará de uma "folha de papel"[33];

c) **sentido político** (dado por Carl Schmitt em seu livro *Teoria da Constituição*): a Constituição somente contempla as normas atinentes à estrutura mínima do Estado, ligadas, portanto, a uma "decisão política fundamental" sobre seus principais componentes. Desse modo, distingue-se da "lei constitucional", a qual se refere, por exclusão, aos demais temas que, embora previstos no texto da Constituição, não abordam os aspectos essenciais do Estado.

Nesse diapasão, digna de nota a crítica tecida por José Afonso da Silva, que, embora também faça referência aos sentidos da Constituição acima mencionados, ressalta que tais concepções pecam pela unilateralidade, devendo-se buscar um **conceito unitário (ou estrutural) de Constituição,**

> que a considera no seu aspecto normativo, não como norma pura, mas como norma em sua conexão com a realidade social, que lhe dá o conteúdo fático e o sentido axiológico. Trata-se de um complexo, não de partes que se adicionam ou se somam, mas de elementos e membros que se enlaçam num todo unitário[34].

DICA DO AUTOR : De todo modo, mais do que simplesmente memorizar os sentidos da Constituição, é importante que o candidato os compreenda, para que possa não somente identificá-los, como também utilizá-los em complementação de eventuais respostas sobre outros temas com eles relacionados, denotando o seu amplo e sólido conhecimento sobre a matéria.

---

[33] A propósito, constou em questão de prova objetiva do **I Concurso da Defensoria do Estado de São Paulo, realizado em 2006, pela Fundação Carlos Chagas**, diversos sentidos atribuídos à Constituição, de modo que o candidato deveria relacioná-lo ao seu correto expoente, de forma que a resposta correta foi a seguinte: "a verdadeira Constituição de um país somente tem por base os fatores reais de poder que naquele país vigem e as constituições escritas não tem valor nem são duráveis a não ser que exprimam fielmente os fatores do poder que imperam na realidade. Ferdinand Lassalle. Sentido Sociológico".

[34] SILVA, José Afonso da. *Curso de direito constitucional positivo.* 37. ed. São Paulo: Malheiros, 2014, p. 41.

■ Tipologia ou classificação

Como dito alhures, a **tipologia (ou classificação)** da Constituição constitui a matéria do ponto 2 mais cobrada nos concursos públicos das principais carreiras jurídicas (incluindo a de defensor público), motivo pelo qual, a fim de otimizar o seu estudo pelo candidato, traçaremos abaixo um **panorama geral** sobre os **principais tipos de Constituição**, a depender do critério utilizado, congregando e sintetizando as classificações mais relevantes indicadas pelas principais obras doutrinárias de direito constitucional, com **destaque** àqueles tipos que se identificam com a **Constituição brasileira**[35].

a) Quanto à origem:

a.1) **promulgada/popular/democrática**: originadas de assembleia constituinte livremente escolhida pelo povo;

a.2) outorgada: decorrente de arbítrio, imposta;

a.3) cesarista: inicialmente imposta, embora sujeita, posteriormente, à aceitação pelo povo via referendo ou plebiscito.

b) Quanto ao conteúdo:

b.1) **formal**: dotadas de normas cujo conteúdo não seja propriamente constitucional;

b.2) material: contém em seu bojo, ao contrário, apenas normas de cunho efetivamente constitucional.

c) Quanto à forma:

c.1) **escrita/instrumental**: confeccionadas por um texto formal e solene;

c.2) não escrita/costumeira/consuetudinária: baseadas em usos, costumes, convenções e textos esparsos.

d) Quanto à extensão:

d.1) **analítica/prolixa**: buscam tratar de variados assuntos que envolvem o Estado e a sociedade;

d.2) sintética/concisa: limitam-se à previsão de direitos fundamentais e regras básicas de organização do Estado.

---

[35] Optamos por esse destaque porque, na maioria das vezes, as questões constantes nas provas de concurso não se limitam a cobrar o conhecimento sobre as diversas classificações de Constituição, mas se concentram, especialmente, na identificação, pelo candidato, em qual dos tipos se insere a Constituição brasileira.

e) Quanto ao modo de elaboração:

e.1) **dogmática**: assentada em dogmas, princípios;

e.2) histórica: formadas por um longo processo histórico.

f) Quanto à estabilidade/alterabilidade/mutabilidade:

f.1) **rígida**: aceitam modificação por meio de um processo mais rigoroso em comparação às leis infraconstitucionais;

f.2) semirrígida/semiflexível: parte da Constituição admite modificação por um processo mais dificultoso, enquanto a outra parte o faz pelo mesmo processo destinado à alteração das leis infraconstitucionais;

f.3) flexível: são modificadas do mesmo modo que as leis infraconstitucionais;

f.4) imutáveis: não admitem qualquer alteração.

■ Legitimidade, pauta normativa e pauta axiológica

Os temas acima foram extraídos do item 1.2 (sob a rubrica: **"A legitimidade da Constituição: pauta normativa e pauta axiológica"**) do Capítulo I da dissertação de mestrado apresentada no ano de 2003 à Pontifícia Universidade Católica de São Paulo (PUCSP) pela Defensora Pública do Estado de São Paulo **Franciane de Fátima Marques** sob o título: *A Justiça na Constituição*: **conceito e sua efetividade por meio da prática judicial**.

Antes, porém, de abordarmos especificamente esse tópico e até mesmo com o objetivo de contextualizá-lo, traremos ao candidato um panorama geral sobre a referida dissertação.

A ideia central da obra é ressaltar que a Constituição é pautada em **valores**, possuindo uma **reserva de justiça**, a qual deve nortear a atividade judicial **(sobretudo os Tribunais Constitucionais e, no caso brasileiro, o Supremo Tribunal Federal)** para lhe conferir **efetividade**. Segundo a autora, "ao Tribunal cabe definir uma postura que proporcione eficácia ao valor da justiça, de maneira a concretizá-la"[36]. E conclui, mais à frente, que "a efetivação da justiça

---

[36] *A Justiça na Constituição:* conceito e sua efetividade por meio da prática judicial. Dissertação de Mestrado. PUCSP, 2003, p. 132.

demanda uma incessante atividade no sentido de superar a ideia de simples normas compromissárias impraticáveis para exigir-se uma postura ativa dos intérpretes na sua implementação"[37].

Para viabilizar essa atividade pelo Poder Judiciário, a autora busca fugir de um conceito puramente abstrato de **justiça**, partindo para a construção de um **conceito concreto** extraído da Constituição brasileira, compreendido, em síntese, pela conjugação dos **fundamentos do Estado previstos no art. 1º, I a V**, com os seus **objetivos fundamentais elencados no art. 3º, I a IV**, e a justiça social.

Nesse sentido, vale-se a defensora de três critérios de justiça: o **material** (identificado pelo conteúdo do que é devido a cada um, ou seja, o conteúdo do justo), que estaria materializado pelos incisos I a V do art. 1º do texto constitucional; o **formal** (representado pela garantia de acesso igualitário aos conteúdos materiais) e o **conclusivo** (consubstanciado na ideia de que a sua efetividade se dará a partir da ocorrência de um resultado predeterminado), que indicará a sua efetivação quando for detectada a satisfação dos valores elencados nos incisos I a IV do art. 3º da Constituição. Como aponta a autora:

> os valores fundamentais que perfazem o conteúdo material da justiça (incisos I a V do art. 1º) devem ser realizados por estarem positivados e por integrarem formalmente a pauta axiológica eleita por uma comunidade. Deverá haver uma garantia de tratamento igualitário no acesso a esse conteúdo material e, finalmente, será alcançada a justiça quando esses dois critérios implicarem a plena satisfação dos valores previstos no art. 3º da Lei Maior e na justiça social[38].

Tendo em mente tais ideias, já podemos investigar o significado do referido item 1.2 ("A legitimidade da Constituição: pauta normativa e pauta axiológica") inserido no Capítulo I rotulado como "A Constituição como fonte de valores" na dissertação em estudo.

Ao tratar da "legitimidade" da Constituição, a autora critica a posição positivista liderada por Kelsen que, ao rechaçar o conteúdo axiológico que permeia

---

[37] *A Justiça na Constituição:* conceito e sua efetividade por meio da prática judicial. Dissertação de Mestrado. PUCSP, 2003, p. 140.

[38] *A Justiça na Constituição:* conceito e sua efetividade por meio da prática judicial. Dissertação de Mestrado. PUCSP, 2003, p. 71.

a vida humana, acaba por identificar a "legitimidade" com a "legalidade"[39]. Para ela, há de se reconhecer uma carga valorativa **("pauta axiológica")** consagrada pelas normas e, principalmente, pelos princípios previstos na Constituição, que lhe conferem legitimidade. Assim, a aferição dessa legitimidade se dá, segundo suas palavras,

> a partir de uma pauta normativa que expresse a ideia de uma ordem justa que satisfaça seus integrantes. Nessa ordem serão fixados os valores e será buscada a sua efetiva aplicação por instituições – e em especial, para nós, os tribunais – que garantam sua certeza e segurança e estejam inspiradas na busca de um ideal de justiça[40].

Em síntese, podemos concluir que a autora, adotando uma concepção **pós-positivista**, realça a importância dos **valores ("pauta axiológica")** reconhecidos pela sociedade que, ao serem positivados pela Constituição, consagram uma **"pauta normativa"** que lhe confere legitimidade e que representa um ideal de **justiça** (na acepção vista acima) a ser **efetivado e concretizado por meio da prática judicial**.

DICA DO AUTOR : Com efeito, cabe aqui anotar a importância conferida pelo edital da Defensoria de São Paulo aos "valores" da Constituição, como ocorre no presente ponto ("pauta axiológica"), além dos pontos 4 ("os valores na Constituição"), 5 ("princípios jurídicos") e 22 ("ponderação de valores"), o que demonstra que o candidato a este cargo deve buscar, sempre que possível, trazer essa **"linha valorativa"**, por assim dizer, ínsita à instituição (e seus componentes) para suas respostas em todas as fases do concurso.

Aliás, esse traço, embora esteja nítida e expressamente definido no edital da Defensoria de São Paulo, também o está, ainda que implicitamente, nos editais das demais Defensorias, cujas provas, em todas as suas fases, costumam dar especial destaque a esses temas.

---

[39] Segundo Maria Garcia: "A ideia de legalidade, na experiência jurídica contemporânea, assumiu uma conotação formal, figurando 'a lei' no seu aspecto de regra geral e abstrata e, na ordem jurídico-política, uma norma da qual o aspecto mais destacado ficou sendo a forma. Diante desse enfoque meramente formal da ideia de legalidade coloca-se a noção de legitimidade, que em certos casos completa a própria legalidade – e seria a pretensão do estado legalista de Direito enquanto, em outros casos, mostra-se insuficiente e então a legitimidade será exigida mediante elementos não formais: valores, realidades, consenso" (*Desobediência civil. Direito fundamental.* 2. ed. rev. atual. e ampl. São Paulo: Revista dos Tribunais, 2004, p. 94).

[40] *A Justiça na Constituição:* conceito e sua efetividade por meio da prática judicial. Dissertação de Mestrado. PUCSP, 2003, p. 36.

■ A força normativa da Constituição

Esse tópico refere-se à célebre obra do jurista alemão e juiz ex-presidente da Corte Constitucional da Alemanha **Konrad Hesse** denominada *A força normativa da Constituição*[41].

Logo de início, o jurista rechaça a afirmação propagada por Ferdinand Lassalle[42] no sentido de que a Constituição jurídica não passaria de uma "folha de papel", já que se limitaria a expressar os fatores reais de poder dominantes no país, que constituem a Constituição real.

Segundo Hesse, essa assertiva de Lassalle acabaria por negar o **caráter "normativo"** da ciência jurídica (no caso, do direito constitucional), transformando-a em uma **ciência da "realidade"**, própria da **Sociologia e da Ciência Política**, de forma que "o direito constitucional não estaria a serviço de uma ordem estatal justa, cumprindo-lhe tão somente a miserável função – indigna de qualquer ciência – de justificar as relações de poder dominantes"[43].

Daí a razão para Hesse identificar que a Constituição, ainda que de forma limitada, contém uma **força própria, motivadora e ordenadora da vida do Estado** – uma **"força normativa"** – que impede a sua leitura como um simples retrato da realidade. Como ressalta o autor:

> ainda que não de forma absoluta, a Constituição jurídica tem significado próprio. Sua pretensão de eficácia apresenta-se como elemento autônomo no campo de forças do qual resulta a realidade do Estado. A Constituição adquire força normativa na medida em que logra realizar essa pretensão de eficácia[44].

Nessa linha, o jurista propõe que seja superado o isolamento entre norma (dever ser) e realidade (ser) por meio de uma relação de coordenação entre a **"Constituição jurídica"** e a **"Constituição real"**, sob pena de se chegar ao extremo de uma norma desprovida de qualquer elemento da realidade ou então, de outro lado, de uma realidade esvaziada de qualquer elemento normativo.

---

[41] Enfatizamos que esse tópico encontra-se no que chamamos de "espinha dorsal" do direito constitucional para os concursos da Defensoria Pública (*vide*, a respeito, o tópico "conteúdo" do direito constitucional no ponto 1).

[42] Do qual tratamos linhas antes ao abordar o sentido sociológico da Constituição por ele proposto.

[43] HESSE, Konrad. *A força normativa da Constituição*. Trad. Gilmar Ferreira Mendes. Porto Alegre: Sergio Antonio Fabris Editor, 1991, p. 11.

[44] HESSE, Konrad. *A força normativa da Constituição*. Trad. Gilmar Ferreira Mendes. Porto Alegre: Sergio Antonio Fabris Editor, 1991, p. 15 e 16.

Com efeito, embora a Constituição, por si só, não possa realizar nada, ela pode impor tarefas, as quais, acaso efetivamente realizadas, transformam aquela em "força ativa", propulsionada por uma "vontade de concretizar" a ordem nela estabelecida. Em suma:

> a Constituição converter-se-á em força ativa se fizerem presentes, na consciência geral – particularmente, na consciência dos principais responsáveis pela ordem constitucional –, não só a "vontade de poder" (*Wille zur Macht*), mas também a "vontade de Constituição" (*Wille zur Verfassung*)[45].

Os pressupostos para que a Constituição desenvolva a sua força normativa, na visão do jurista, seriam basicamente **três**, a saber:

a) correspondência do conteúdo da Constituição com a realidade concreta de seu tempo;

b) todos os partícipes da vida constitucional devem desenvolver, por meio da "práxis", a chamada "vontade de Constituição";

c) a interpretação da Constituição deve buscar concretizar, ao máximo, as normas nela previstas, levando-se em conta a realidade na qual estão inseridas.

Arremata o autor dizendo que "compete ao Direito Constitucional realçar, despertar e preservar a vontade de Constituição (*Wille zur Verfassung*), que, indubitavelmente, constitui a maior garantia de sua força normativa"[46].

Do acima exposto, podemos verificar, como já adiantado no ponto 1 ao tratar da obra de Friedrich Müller denominada *Métodos de trabalho do direito constitucional*, que o pensamento deste jurista assemelha-se ao de Konrad Hesse acima desenvolvido, o que pode ser explicado, em parte, pelo fato de Müller ter sido discípulo de Hesse.

Para fins didáticos, podemos dizer, em linhas gerais, que a **teoria concretista de Konrad Hesse** e a **teoria estruturante de Friedrich Müller** (esta última associada à obra *Métodos de trabalho do direito constitucional* aqui estudada) apresentam os seguintes **traços em comum**:

a) visão pós-positivista, que descarta o processo formal de subsunção entre fato e norma pregado pelo positivismo, sob o fundamento de ser indissociável a norma da realidade;

---

[45] HESSE, Konrad. *A força normativa da Constituição*. Trad. Gilmar Ferreira Mendes. Porto Alegre: Sergio Antonio Fabris Editor, 1991, p. 19.

[46] HESSE, Konrad. *A força normativa da Constituição*. Trad. Gilmar Ferreira Mendes. Porto Alegre: Sergio Antonio Fabris Editor, 1991, p. 27.

b) a realidade enquanto elemento indispensável a ser levado em conta pelo intérprete das normas constitucionais;

c) especial preocupação com a interpretação das normas constitucionais, sobretudo para assegurar a efetividade da Constituição.

Ainda sobre essa similitude, ressalta a doutrina:

> Konrad Hesse concebeu a interpretação constitucional como um processo de concretização, em que se deve considerar não apenas o texto constitucional, mas também a realidade sobre o qual este incide. No campo metodológico, a sua teoria foi desenvolvida e aprofundada por seu discípulo Friedrich Müller, que, partindo das mesmas premissas sobre a relação entre a Constituição e a realidade, buscou fornecer parâmetros para a racionalização da tarefa de concretização constitucional[47].

DICA DO AUTOR : Uma vez feito esse paralelo entre os pensamentos dos juristas alemães supracitados, é imperioso que o candidato identifique a razão pela qual aqueles costumam ser cobrados nos certames da Defensoria Pública.

Para nós, a tarefa conferida pelo ordenamento jurídico ao defensor público o torna um verdadeiro "agente de transformação social", na medida em que detém prerrogativas constitucionais e legais postas à sua disposição para, em poucas palavras, "transformar vidas", sejam elas singularmente consideradas, sejam relativas à sociedade como um todo.

Assim, a Defensoria Pública, assentada em três pilares traçados pelo constituinte e pelo legislador infraconstitucional e que são diuturnamente propalados e reforçados por seus membros (quais sejam: a) a solução extrajudicial dos conflitos; b) a educação em direitos; e c) a tutela coletiva), tem por missão precípua promover mudanças substanciais na sociedade, destinadas, especialmente, a conferir efetividade aos direitos fundamentais individuais e sociais dos necessitados, bem como às políticas públicas traçadas pela Constituição em prol das parcelas mais vulneráveis da população, com vistas a atingir os objetivos fundamentais da República Federativa do Brasil previstos no art. 3º, I e III, do texto constitucional[48].

Essa nobre tarefa conferida à instituição, tida como essencial à função jurisdicional do Estado, coaduna-se, perfeitamente, com os pensamentos desen-

---

[47] SOUZA NETO, Cláudio Pereira de; SARMENTO, Daniel. *Direito constitucional:* teoria, história e métodos de trabalho. 2. ed. Belo Horizonte: Fórum, 2014, p. 194.

[48] Construção de uma sociedade livre, justa e solidária, erradicação da pobreza e marginalização e redução das desigualdades sociais e regionais.

volvidos por Müller e Hesse, no sentido de que a **Constituição não deve se limitar a reproduzir a realidade, mas sim levá-la em conta para conferir efetividade às normas nela previstas, promovendo as mudanças necessárias para o bem-estar da sociedade.**

Como bem acentua Luís Roberto Barroso:

> Progressivamente, o direito constitucional foi deixando de ser um instrumento de proteção da sociedade em face do Estado para se tornar um meio de atuação da sociedade e de conformação do poder político aos seus desígnios. Supera-se, assim, a função puramente conservadora do Direito, que passa a ser, também, mecanismo de transformação social. O direito constitucional já não é apenas o Direito que está por trás da realidade social, cristalizando-a, mas o que tem a pretensão de ir à frente da realidade, prefigurando-a na conformidade dos impulsos democráticos[49].

Por essa razão, o mesmo autor observa que, embora o direito constitucional tenha ocupado um papel meramente programático no passado e durante longo período, tal quadro reverteu-se, assumindo o direito constitucional moderno uma dimensão normativa, posto que investido de uma força normativa que "ordena e conforma a realidade social e política, impondo deveres e assegurando direitos"[50].

Em arremate, podemos dizer que a visão trazida pelos juristas alemães Müller e Hesse no sentido de que a Constituição deve ser concretizada para transformar a realidade (e também trazida por Barroso) guarda total identidade com a visão da Defensoria Pública acerca de sua incumbência, a qual, portanto, deve sempre nortear as respostas dos candidatos nos concursos para ingresso nessa instituição.

3. SÃO PAULO A CONSTITUCIONALIZAÇÃO SIMBÓLICA: A CONSTITUCIONALIZAÇÃO, TEXTO CONSTITUCIONAL E REALIDADE CONSTITUCIONAL. EFETIVIDADE DAS NORMAS CONSTITUCIONAIS

Os temas deste ponto do edital tratam da obra de **Marcelo Neves** denominada *A constitucionalização simbólica* e da **"efetividade das normas constitucionais"**.

---

[49] *Curso de direito constitucional contemporâneo:* os conceitos fundamentais e a construção do novo modelo. São Paulo: Saraiva, 2009, p. 46.

[50] *Curso de direito constitucional contemporâneo:* os conceitos fundamentais e a construção do novo modelo. São Paulo: Saraiva, 2009, p. 46.

Apesar de a referida obra guardar íntima relação, como veremos, com a efetividade das normas constitucionais, optamos, em razão da relevância desse último tema para os concursos da Defensoria Pública[51], em tratá-lo de forma apartada, conforme consta, respectivamente, nos itens abaixo.

■ A constitucionalização simbólica: a constitucionalização, texto constitucional e realidade constitucional

Em seu livro *A constitucionalização simbólica*, Marcelo Neves busca abordar a discrepância entre a **função simbólica dos textos constitucionais** no campo social e político e a **insuficiente concretização jurídica destes**[52].

O autor parte da ideia de uma **"legislação" simbólica** para chegar ao que chama de **"constitucionalização" simbólica**. Para ele, a legislação simbólica consiste na "produção de textos cuja referência manifesta à realidade é normativo-jurídica, mas que serve, primária e hipertroficamente, a finalidades políticas de caráter não especificamente normativo-jurídico"[53].

Assim, esse tipo de legislação geraria dois efeitos: um **positivo**, consistente na produção de efeitos relevantes para o sistema político, de natureza não especificamente jurídica e outro **negativo**, consubstanciado na falta de eficácia normativa e vigência social[54].

A legislação simbólica, segundo o jurista, destina-se a[55]:

a) confirmar valores sociais, produzindo três efeitos socialmente relevantes: a.1) convencer pessoas e grupos da consistência do comportamento e norma valorados positivamente, confortando-os de que os respectivos sentimentos e interesses estão incorporados no direito e por ele garantidos; a.2) proceder à afirmação pública de uma norma moral pelo legislador, que conduz as principais instituições da sociedade a servirem-lhe de sustentação; a.3) distinguir, com relevância institucional, quais as cul-

---

[51] Lembramos que esse tópico encontra-se no que chamamos de "espinha dorsal" do direito constitucional para os concursos da Defensoria Pública (*vide*, a respeito, o tópico "conteúdo" do direito constitucional no ponto 1).

[52] Vejam que a "concretização" das normas constitucionais constitui um tema recorrente e de especial relevância nos concursos da Defensoria Pública, como se deduz das teorias de F. Müller (ponto 1), K. Hesse (ponto 2) e Marcelo Neves (ponto 3) cobradas nos editais desses certames.

[53] *A constitucionalização simbólica*. São Paulo: WMF Martins Fontes, 2007, p. 30.

[54] *A constitucionalização simbólica*. São Paulo: WMF Martins Fontes, 2007, p. 53.

[55] *A constitucionalização simbólica*. São Paulo: WMF Martins Fontes, 2007, p. 53 e 54.

turas têm legitimação e dominação pública (dignas de respeito público) das que são consideradas desviantes (degradadas publicamente), sendo, portanto, geradora de profundos conflitos entre os respectivos grupos;

b) adiar conflitos políticos, por meio de compromissos dilatórios, sem resolver realmente os problemas sociais subjacentes, servindo essa conciliação tão somente para a manutenção do *status quo* e, perante o público-espectador, como representação/encenação coerente dos grupos políticos divergentes;

c) demonstrar a capacidade de ação do Estado, de forma que essa "legislação-álibi" seria dotada de amplos efeitos político-ideológicos, vez que descarrega o sistema político de pressões sociais concretas, constitui respaldo eleitoral para os respectivos políticos-legisladores ou serve à exposição simbólica das instituições estatais como merecedoras de confiança pública.

A partir dessas premissas, o autor avança da "legislação" simbólica para a "constitucionalização" simbólica, empregando o termo **"constitucionalização"** para significar o **processo por meio do qual se realiza a diferenciação funcional entre direito e política.** Na esteira desse entendimento, a Constituição, na definição de Luhmann, seria o "acoplamento estrutural" entre política e direito, contemplando um mecanismo de interpenetração entre esses dois sistemas sociais autônomos, de modo a possibilitar uma solução jurídica do problema de autorreferência do sistema político e, concomitantemente, uma solução política de autorreferência do sistema jurídico (via de prestações recíprocas)[56].

Adotando a concepção proposta por Müller[57], segundo o qual a norma jurídica seria composta do "programa normativo" (dados linguísticos) e do "âmbito normativo" (dados da realidade)[58], Marcelo Neves passa a discorrer acerca do "texto constitucional" e da "realidade constitucional", tecendo, tal como aquele, severas críticas ao processo de subsunção pregado pelo positivismo.

Prossegue o autor sustentando que a constitucionalização simbólica teria um sentido **negativo**, consistente na **ausência de concretização normativa do texto constitucional**, assim como um sentido **positivo**, relacionado ao **papel político-ideológico da atividade constituinte e da linguagem constitucional,**

---

[56] *A constitucionalização simbólica*. São Paulo: WMF Martins Fontes, 2007, p. 65 e 66.

[57] *Vide* as observações contidas no ponto 1, no tópico "métodos de trabalho".

[58] *A constitucionalização simbólica*. São Paulo: WMF Martins Fontes, 2007, p. 84.

que desenvolvem uma fórmula **retórica** destinada a manter inalterados os problemas que seriam normatizados pelas disposições constitucionais, além de obstruir o caminho para mudanças sociais em direção ao Estado Constitucional[59].

Nesse sentido, destaca Marcelo Neves que a constitucionalização simbólica diferencia-se da legislação simbólica por ser **mais abrangente** nas dimensões social, temporal e material, vez que a Constituição apresenta-se como uma **metalinguagem normativa** em relação às normas infraconstitucionais[60].

Na sequência, e seguindo a lógica do que fez em relação à legislação simbólica, o autor classifica a constitucionalização simbólica em **três tipos**:

a) a constitucionalização simbólica destinada à corroboração de determinados valores sociais (ou seja, buscam confirmar, por meio de disposições constitucionais sem relevância normativo-jurídica, as crenças e *modus vivendi* de determinados grupos);

b) a Constituição como fórmula de compromisso dilatório (acabam por consagrar compromissos "não autênticos", vale dizer, uma fórmula que satisfaça todas as exigências contraditórias, adiando a solução para um futuro incerto);

c) a constitucionalização-álibi (destinada a favorecer a manutenção dos agentes políticos dominantes em detrimento da concretização constitucional);

Após, Marcelo Neves destaca a constitucionalização simbólica como "alopoiese[61] do sistema jurídico", querendo com isso significar a "(re)produção do sistema por critérios, programas e códigos do seu ambiente"[62], ou seja, o sistema é determinado por injunções diretas do mundo exterior.

Nessa linha, o autor ressalta que a constitucionalização simbólica pode ser constatada especialmente nos **países "periféricos"** em razão da **desigualdade econômica em relação aos países "centrais"**, destacando que naqueles a **constitucionalização-álibi** promove uma **"retórica constitucionalista"** na qual, de um lado, o Estado apresenta-se como identificado com os valores constitucionais que não se realizam por culpa do subdesenvolvimento da sociedade, en-

---

[59] *A constitucionalização simbólica*. São Paulo: WMF Martins Fontes, 2007, p. 90-98.

[60] *A constitucionalização simbólica*. São Paulo: WMF Martins Fontes, 2007, p. 99.

[61] Do grego *"állos"* = "um outro", "diferente" + *"poíesis"* = "produção", "criação".

[62] *A constitucionalização simbólica*. São Paulo: WMF Martins Fontes, 2007, p. 142.

quanto, do outro, os grupos interessados em transformações reais nas relações de poder invocam os direitos previstos na Constituição para denunciar a "realidade constitucional inconstitucional" e atribuir ao Estado/governo a culpa pela não concretização constitucional. Na ótica do autor, essa retórica demonstra uma **concepção voluntarista e instrumentalista do direito**[63].

Por fim, ao abordar a constitucionalização simbólica na **experiência brasileira**, salienta o autor que essa não seria "um jogo de soma zero na luta política pela ampliação ou restrição da cidadania"[64], já que "proporciona o surgimento de movimentos e organizações sociais envolvidos criticamente na realização dos valores proclamados solenemente no texto constitucional e, portanto, integrados na luta política pela ampliação da cidadania"[65]. Contudo, adverte o autor que não se pode excluir a possibilidade de que a realização dos valores democráticos expressos no texto constitucional pressuponha um **momento de ruptura com a ordem de poder estabelecida**, cuja probabilidade aumenta na medida em que os procedimentos previstos na Constituição sejam **deformados no decorrer do processo de concretização e não se operacionalizem como mecanismos estatais de legitimação**[66].

DICA DO AUTOR : Depois desses breves apontamentos sobre a obra em estudo e para efeito do concurso da Defensoria Pública, o essencial é que o candidato compreenda a crítica de Marcelo Neves consistente na constatação de que, muitas vezes e especialmente nos países "periféricos", a Constituição é utilizada para **fins essencialmente políticos (e não jurídicos)**, gerando uma **falta de eficácia jurídica e social das normas constitucionais**. Assim, esse pensamento do autor pode ser utilizado pelo candidato não apenas ao ser indagado especificamente sobre o tema ("constitucionalismo simbólico"), como também para complementar uma resposta relacionada ao tema da eficácia da Constituição, de forma a demonstrar o seu amplo conhecimento sobre o assunto.

■ Efetividade das normas constitucionais

Atualmente, a **efetividade das normas constitucionais** tem sido um dos temas mais recorrentes no direito constitucional, apesar de já ocupar, desde há

---

[63] *A constitucionalização simbólica*. São Paulo: WMF Martins Fontes, 2007, p. 176.

[64] *A constitucionalização simbólica*. São Paulo: WMF Martins Fontes, 2007, p. 188.

[65] *A constitucionalização simbólica*. São Paulo: WMF Martins Fontes, 2007, p. 188 e 189.

[66] *A constitucionalização simbólica*. São Paulo: WMF Martins Fontes, 2007, p. 189.

muito, a preocupação dos juristas do Brasil e do mundo, como pudemos constatar, por exemplo, pela análise que fizemos sobre as obras de Friedrich Müller (*Métodos de trabalho do direito constitucional*), Konrad Hesse (*A força normativa da Constituição*) e Marcelo Neves (*Constitucionalismo simbólico*) nos pontos 1, 2 e 3, respectivamente.

Nos certames da Defensoria Pública, essa matéria apresenta ainda maior relevo, haja vista que o trabalho dos defensores públicos é concentrado, em grande medida, no esforço em **conferir efetividade às normas previstas no texto constitucional**, especialmente àquelas que definem **direitos fundamentais sociais**, como ocorre, por exemplo, com o direito à saúde e à educação, tornando-se imprescindível, na maioria das vezes, a invocação do Poder Judiciário para concretizar essa tarefa[67].

Para melhor delimitar o tema, torna-se imperiosa a distinção entre os termos "eficácia" e "efetividade" das normas constitucionais. Enquanto o vocábulo "**eficácia**" designa a aptidão da norma jurídica para produzir efeitos (eficácia "jurídica")[68], temos por "**efetividade**", aqui tratada, a concretização desses efeitos na ordem prática (eficácia "social"). Na clássica definição de Luís Roberto Barroso: "efetividade significa, portanto, realização do Direito, o desempenho concreto de sua função social. Ela representa a materialização, no mundo dos fatos, dos preceitos legais e **simboliza a aproximação, tão íntima quanto possível, entre o 'dever-ser' normativo e o 'ser' da realidade social**"[69].

É interessante notar que esse trecho da obra de Barroso foi extraído para a prova objetiva do **Concurso da Defensoria do Estado de Mato Grosso do Sul, realizado em 2012, pela Vunesp**, a fim de que o candidato nele identificasse o **princípio da efetividade** como a alternativa **correta**.

Embora uma considerável parte dos estudiosos do direito constitucional tenha, por muito tempo, relegado o tema da efetividade das normas constitucionais a um segundo plano, por entendê-lo mais próprio do campo da Socio-

---

[67] Quanto a esse aspecto, basta mencionar as inúmeras demandas individuais e coletivas ajuizadas diariamente pelas Defensorias Públicas de todo o Brasil para a obtenção de medicamentos (direito à saúde) e vagas em creches (direito à educação) àqueles que não dispõem de capacidade econômico-financeira para fazê-lo às suas expensas, sem prejuízo do sustento deles próprios e de seus familiares.

[68] Lembramos que a matéria atinente à eficácia das normas constitucionais será objeto de estudo no ponto 5.

[69] *O direito constitucional e a efetividade de suas normas. Limites e possibilidades da constituição brasileira.* 9. ed. rev. e atual. Rio de Janeiro: Renovar, 2009, p. 82 e 83.

logia do que do Direito propriamente dito, podemos constatar, nos dias atuais, a consagração da chamada "**doutrina da efetividade**", ocasião em que esta passa a ocupar o centro das discussões que envolvem a disciplina, gerando ressonância na jurisprudência, inclusive do Supremo Tribunal Federal.

Para Barroso, um dos impulsos para isso ocorrer se deve à mudança de paradigma ocorrida no século XX no que tange à atribuição do *status* **de norma jurídica às normas constitucionais**, momento em que a Constituição deixa de ser vista como um mero documento político dotado de normas "morais" e passa a sê-lo como um conjunto de **normas dotadas de imperatividade, de força jurídica**, que devem gerar efeitos na ordem prática – inclusive por meio do **Poder Judiciário** quando invocado – e não mais ficar ao talante da liberdade de conformação do legislador ou da discricionariedade do administrador[70].

Assim, segundo o mesmo autor:

> o movimento pela efetividade promoveu, com sucesso, três mudanças de paradigma na teoria e na prática do direito constitucional no país. No plano "jurídico", atribuiu normatividade plena à Constituição, que passou a ter aplicabilidade direta e imediata, tornando-se fonte de direitos e obrigações. Do ponto de vista "científico" ou dogmático, reconheceu ao direito constitucional um objeto próprio e autônomo, estremando-o do discurso puramente político ou sociológico. E, por fim, sob o aspecto "institucional", contribuiu para a ascensão do Poder Judiciário no Brasil, dando-lhe um papel mais destacado na concretização dos valores e dos direitos constitucionais[71].

Nesse mesmo sentido, vale apontar que **Dirley da Cunha Junior** chega a extrair, da própria ordem constitucional, o que chama de "**direito fundamental à efetivação da Constituição**"[72].

Sem dúvida, a "doutrina da efetividade" ou, então, na linha acima exposta, o "direito fundamental à efetivação da Constituição", além de guardar plena identidade com a atribuição da Defensoria Pública dirigida à concretização dos direitos fundamentais (especialmente os sociais) de seus usuários, também en-

---

[70] *O direito constitucional e a efetividade de suas normas. Limites e possibilidades da constituição brasileira.* 9. ed. rev. e atual. Rio de Janeiro: Renovar, 2009, p. 298.

[71] *O direito constitucional e a efetividade de suas normas. Limites e possibilidades da constituição brasileira.* 9. ed. rev. e atual. Rio de Janeiro: Renovar, 2009, p. 305 e 306.

[72] *Controle judicial das omissões do poder público:* em busca de uma dogmática constitucional transformadora à luz do direito fundamental à efetivação da constituição. 2. ed. rev. e atual. São Paulo: Saraiva, 2008, p. 150 e 151.

contra guarida na implementação de políticas públicas pelo Poder Judiciário, tido como um dos temas centrais, como vimos[73], nos certames da Defensoria e que será estudado mais adiante em item próprio[74], razão pela qual o candidato deve destinar especial atenção a esse assunto.

4. `SÃO PAULO` DO SISTEMA CONSTITUCIONAL: A CONSTITUIÇÃO COMO UM SIS-TEMA DE NORMAS. OS VALORES NA CONSTITUIÇÃO. DOS PRECEITOS FUN-DAMENTAIS. FINS E FUNÇÕES DO ESTADO. `PARANÁ` PRINCÍPIOS FUNDA-MENTAIS. FUNDAMENTOS DA REPÚBLICA FEDERATIVA DO BRASIL. OBJETIVOS DA REPÚBLICA FEDERATIVA DO BRASIL. PRINCÍPIOS ADOTA-DOS PELO BRASIL NAS RELAÇÕES INTERNACIONAIS. PREÂMBULO CONSTI-TUCIONAL: CONTEÚDO E NATUREZA JURÍDICA

Este ponto do edital tem por escopo tratar, basicamente, dos arts. 1º a 4º da Constituição Federal brasileira (com exceção do art. 2º, que prevê o princípio da separação de poderes e é objeto do ponto 13 mais à frente), assim como do conteúdo e da natureza jurídica do preâmbulo.

Enquanto o edital do Paraná prevê a matéria em consonância com a literalidade do texto constitucional[75], o edital de São Paulo o fez de modo mais genérico[76], embora esteja igualmente relacionado com os mesmos temas acima referidos.

Seguindo a ordem estabelecida pelo texto constitucional, iniciaremos esse ponto tratando do "preâmbulo".

Segundo a doutrina, o termo **"preâmbulo"** deriva do latim *preambulus*, que significa "o que precede", sendo, dessa forma, utilizada para identificar a parte preliminar de algum texto e, no caso da Constituição, para ressaltar, em

---

[73] Este tema está contemplado naquilo que chamamos de "espinha dorsal" do direito constitucional para os concursos da Defensoria Pública (*vide*, a respeito, o tópico "conteúdo" do Direito Constitucional no ponto 1).

[74] *Vide*, especialmente, o ponto 25 deste livro.

[75] Da leitura de nossa Constituição, nota-se que: os "princípios fundamentais" compõem o Título I da Constituição brasileira, abarcando os arts. 1º a 4º; os "Fundamentos da República Federativa do Brasil" são tratados pelo art. 1º, I a V; os "Objetivos da República Federativa do Brasil" são objeto do art. 3º, I a IV, enquanto os "Princípios adotados pelo Brasil nas relações internacionais" são encartados no art. 4º, I a X.

[76] Ao se referir ao "sistema constitucional", aos "valores" na Constituição, aos "preceitos fundamentais" e aos "fins e funções do Estado".

regra, as principais motivações, intenções, valores e fins que inspiraram os constituintes[77].

Mais do que saber o seu conceito ou teor, as questões cobradas nas provas de concursos públicos, inclusive os da Defensoria Pública, relacionam-se à sua **natureza jurídica**, donde exsurge **quatro correntes**[78]:

a) **irrelevância jurídica**: é dotado de valor meramente político, servindo apenas para apresentar o texto da Constituição, suas intenções e as circunstâncias de seu surgimento;

b) .**natureza infraconstitucional**: embora detenha valor jurídico, este se dá apenas no nível infraconstitucional e não no plano constitucional;

c) **natureza constitucional/plena eficácia**: detém o mesmo valor jurídico das demais normas constitucionais;

d) **relevância jurídica indireta**: possui somente um vetor interpretativo, sendo esta a corrente mais aceita pela doutrina, não obstante o Supremo Tribunal Federal tenha acolhido a primeira corrente quando do julgamento da Ação Direta de Inconstitucionalidade 2.076-AC, Rel. Min. Carlos Velloso[79]).

Em se tratando do art. 1º da Constituição pátria, além de elencar os fundamentos da República Federativa do Brasil (incisos I a V), já traz em seu *caput* importantes características do Estado brasileiro, representados pelas ideias de "**República**", "**Federação**" e "**Estado Democrático de Direito**". Embora não caiba nesta obra tratar com mais vagar desses conceitos – desenvolvidos sobretudo pela "Ciência Política" e dotados de relevante carga histórica – trazemos na sequência uma breve explanação destes, destinada tão somente a servir de vetor para que o candidato possa abordá-los em eventual resposta envolvendo-os direta ou indiretamente:

1. **República**: segundo a Ciência Política, o Estado pode apresentar duas "formas de governo": monarquia ou república. Enquanto os traços ca-

---

[77] BARCELLOS, Ana Paula de; BARROSO, Luís Roberto. *Comentários à Constituição do Brasil.* São Paulo: Saraiva/Almedina, 2013, p. 105.

[78] BARCELLOS, Ana Paula de; BARROSO, Luís Roberto. *Comentários à Constituição do Brasil.* São Paulo: Saraiva/Almedina, 2013, p. 106 e 107.

[79] Neste caso, a Suprema Corte assentou que o preâmbulo reflete apenas uma posição ideológica do constituinte, integrando o domínio da política (e não do direito), não detendo, assim, força normativa (irrelevância jurídica). Por esse fundamento, o tribunal decidiu que a invocação de "Deus" no preâmbulo da Constituição Federal não é norma de reprodução obrigatória na Constituição estadual.

racterísticos da primeira é a vitaliciedade e a irresponsabilidade do monarca, além da hereditariedade como forma de escolha e sucessão dos demais monarcas, a república é marcada pela **temporariedade e responsabilidade** do Chefe de Governo, além da **eletividade** como modo de escolha e sucessão dos demais Chefes de Governo[80]. A doutrina acrescenta, ainda, a necessidade de "publicidade" dos atos do Estado como corolário do princípio republicano[81], embora não em termos absolutos, tal como já sinaliza o art. 5º, XXXIII, *in fine*, da Constituição. Nesse sentido: "o segredo, o poder que se esconde, portanto, apresenta incompatibilidade essencial com a República, porém não de forma absoluta, na medida em que a segurança do Estado e da democracia, não raro, necessita do segredo para sua manutenção"[82]. Seguindo as lições do mestre Geraldo Ataliba, Luiz Alberto David Araujo e Vidal Serrano Nunes Junior ressaltam que:

> o princípio republicano não constitui uma mera projeção programática, mas um princípio amplamente retratado ao longo do texto constitucional, cuja densificação pode ser apurada, ao menos, nos seguintes comandos:
>
> a) tripartição das funções;
>
> b) mandatos políticos e sua periodicidade;
>
> c) eletividade;
>
> d) alternância de poder;
>
> e) responsabilidade dos agentes públicos;
>
> f) *impeachment* do Presidente da República e demais autoridades apontadas no art. 52, I e II;

---

[80] Essas características foram objeto de questionamento na prova objetiva do **Concurso da Defensoria de Rondônia, realizado em 2012, pelo Cespe,** que, ao tratar da teoria geral do Estado, assinalou como alternativa correta a seguinte: "**as características fundamentais da República são: temporariedade, eletividade e responsabilidade**".

[81] Veja-se, nesse sentido, a Lei n. 12.527/2011 (Lei de Acesso à Informação), que buscou dar efetividade aos arts. 5º, XXXIII; 37, § 3º, II; e 216, § 2º, todos da Constituição Federal. Também cabe lembrar, a esse respeito, o entendimento consolidado pelo Supremo Tribunal Federal no sentido de que é legítima a publicação, inclusive em sítio eletrônico mantido pela Administração Pública, dos nomes dos seus servidores e do valor dos correspondentes vencimentos e vantagens pecuniárias (Plenário, ARE 652.777, 23-4-2015).

[82] CANOTILHO, J. J. Gomes et. al. *Comentários à Constituição do Brasil.* São Paulo: Saraiva/Almedina, 2013, p. 108.

g) prestação de contas;

h) publicidade dos atos e transparência administrativa;

i) mecanismos fiscalizatórios, tais como a ação popular e ação civil pública;

j) proteção aos Direitos Fundamentais;

k) proibição de regulamentos autônomos e submissão dos agentes públicos ao princípio da legalidade;

l) proibição de "criar distinções entre brasileiros ou preferências entre si" (art. 19, III, da CF);

m) previsibilidade dos atos estatais;

n) legalidade da despesa e disponibilidade dos bens públicos condicionada à autorização legislativa específica[83].

2. **Federação:** em se tratando das "formas de Estado", teremos o Estado unitário (no qual há uma centralização político-administrativa) e o Estado federal (assentado na descentralização político-administrativa). Embora esse tema seja objeto de estudo mais à frente (**ponto 10**), convém, desde já, elencar algumas características trazidas pela doutrina como necessárias para que o Estado federal assegure, efetivamente, a autonomia de cada ente federativo, a saber:

a) repartição constitucional de competências e rendas;

b) rigidez constitucional;

c) indissolubilidade do vínculo entre os entes[84], sendo cabível a intervenção federal nos Estados, a fim de manter este vínculo;

d) soberania do Estado federal;

e) auto-organização dos Estados membros por meio de uma Constituição;

f) órgão representativo dos Estados membros;

g) existência de um tribunal constitucional.

---

[83] ARAUJO, Luiz Alberto David. *Curso de direito constitucional.* 16 ed. São Paulo: Verbatim, 2012, p. 134.

[84] Nota-se que essa indissolubilidade encontra expressa previsão no art. 1º, *caput,* da Constituição, razão pela qual é vedado o direito de secessão.

3. **Estado Democrático de Direito:** em contraponto ao "Estado absolutista", a ideia trazida pelo "Estado de Direito" prega, em síntese, que o Estado deve ser submetido aos ditames da lei. Nesse sentido, segundo a doutrina, por "Estado de Direito" entende-se:

> aquele Estado ou aquela ordem jurídica em que se viva "sob o primado do Direito", entendido como um sistema de normas democraticamente estabelecidas e que atendam, pelo menos, as seguintes exigências fundamentais: a) império da lei, lei como expressão da vontade geral; b) divisão de poderes: legislativo, executivo e judicial; c) legalidade da administração: atuação segundo a lei, com suficiente controle judicial; d) direitos e liberdades fundamentais: garantia jurídico-formal e efetiva realização material[85].

Já o acréscimo da "democracia" (governo do povo) ao "Estado de Direito", transformando-o em um Estado "Democrático" de Direito, quer significar que além de ser regido pelo "Direito", também o deve ser pelo "povo", direta ou indiretamente (neste último caso, por meio de representantes eleitos), vez que todo poder emana do povo, conforme destaca o art. 1º, parágrafo único, da Constituição brasileira. A esse respeito, aponta Alexandre de Moraes:

> o princípio democrático exprime fundamentalmente a exigência da integral participação de todos e de cada uma das pessoas na vida política do país, a fim de garantir o respeito à soberania popular. O "Estado Constitucional", portanto, é mais do que o "Estado de Direito", é também o "Estado Democrático", introduzido no constitucionalismo como garantia de legitimação e limitação do poder[86].

Logo após enunciar as principais características do Estado brasileiro, o art. 1º elenca os seus cinco fundamentos:

1. **soberania**[87];
2. **cidadania**[88];
3. **dignidade da pessoa humana;**
4. **valores sociais do trabalho e da livre iniciativa**[89];
5. **pluralismo político.**

---

[85] MENDES, Gilmar Ferreira; COELHO, Inocêncio Mártires; e BRANCO, Paulo Gustavo Gonet. *Curso de direito constitucional.* São Paulo: Saraiva, 2007, p. 36 e 37.

[86] *Direito constitucional.* 29. ed. São Paulo: Atlas, 2013, p. 6.

[87] Relacionada aos pontos 10 e 29, nos quais será abordada.

[88] A ser analisada no ponto 28.

[89] De se notar que o art. 170, *caput*, da Constituição prevê, igualmente, que a ordem econômica se funda na valorização do trabalho humano e na livre-iniciativa. Assim, o candidato deve se valer

Dos cinco fundamentos, enfatizamos que, para efeito do concurso da Defensoria Pública, o mais importante deles, indubitavelmente, reside na **dignidade da pessoa humana**, a ser tratado nos **pontos 22** (ao formularmos o conceito de direitos fundamentais) e **26** (dada a sua íntima relação com o direito ao mínimo existencial).

É interessante notar que os referidos fundamentos não constituem ideias vagas, desprovidas de qualquer densidade normativa. Do contrário, servem de sustentáculo para a ordem constitucional, de forma que qualquer emenda à Constituição, lei ou ato normativo que os violem devem ser tachados de nulidade, pela pecha de inconstitucional.

Quanto ao **art. 3º da Constituição**, encontram-se nele estampados os **quatro "objetivos fundamentais" da República Federativa do Brasil**, quais sejam:

1. **construir uma sociedade livre, justa e solidária;**

2. **garantir o desenvolvimento nacional;**

3. **erradicar a pobreza e a marginalização e reduzir as desigualdades sociais e regionais;**

4. **promover o bem de todos, sem preconceitos de origem, raça, sexo, cor, idade e quaisquer outras formas de discriminação.**

De início, cabe apontar que esse comando constitucional assume especial relevo para as provas de ingresso à Defensoria, uma vez que guarda **estreita identidade com as funções conferidas à instituição pelo art. 134, *caput*, da Constituição Federal**, como bem ressaltou o próprio **Supremo Tribunal Federal** ao julgar improcedente a **Ação Direta de Inconstitucionalidade 3.943/DF, Rel. Min. Cármen Lúcia**, que buscou, sem sucesso, limitar a atuação da Defensoria Pública nas ações civis públicas, nos seguintes termos:

> [...] Condicionar a atuação da Defensoria Pública à comprovação prévia da pobreza do público-alvo diante de situação justificadora do ajuizamento de ação civil pública – conforme determina a Lei n. 7.347/1985 – não seria condizente com princípios e regras norteadores dessa instituição permanente e

---

dessa interpretação sistemática da Constituição para apontar que tais valores devem ser conjugados, buscando-se um equilíbrio entre os dogmas pregados pelo Estado "liberal" (livre-iniciativa) e pelo Estado "social" (valor do trabalho), não se olvidando que a ordem econômica tem por finalidade (conforme dicção expressa do art. 170, *caput*, do texto constitucional) "assegurar a todos existência digna, conforme os ditames da justiça social".

essencial à função jurisdicional do Estado, **menos ainda com a norma do art. 3º da CF [...] (Informativo 784 do Supremo Tribunal Federal** – grifos nossos).

Também para efeito do concurso da Defensoria Pública, o objetivo previsto no **inciso III do art. 3º** em comento – igualmente estabelecido pela ordem econômica no **art. 170, VII, da Constituição** – merece destaque, seja porque a assistência jurídica integral e gratuita aos necessitados atribuída pelo constituinte à instituição (art. 5º, LXXIV, c/c o art. 134) constitui, inegavelmente, uma das formas de erradicar a pobreza e a marginalização, seja pelo fato de promover a redução da desigualdade social e regional[90].

O objetivo traçado pelo **inciso IV do art. 3º** do texto constitucional, a seu turno, não deve ser igualmente olvidado, já que é sobremaneira utilizado pela Defensoria Pública como fundamento em diversos segmentos e áreas de atuação[91], além de ter sido utilizado pelo Supremo Tribunal Federal para embasar o acórdão que conferiu interpretação conforme a Constituição ao art. 1.723 do Código Civil[92], a fim de excluir deste dispositivo legal qualquer significado que impeça o reconhecimento da união contínua, pública e duradoura entre pessoas de mesmo sexo como família[93].

Nesse sentido, constou na ementa deste julgado o seguinte: "[...] o sexo das pessoas, salvo disposição constitucional expressa ou implícita em sentido contrário, não se presta como fator de desigualação jurídica. Proibição de preconceito, à luz do **inciso IV do art. 3º da Constituição Federal**, por colidir fron-

---

[90] Como exemplo, podemos citar o relevante trabalho exercido pela Defensoria Pública de São Paulo em prol da "população em situação de rua" em geral marginalizada pelo Estado e pela sociedade, conferindo um atendimento especializado às pessoas que se encontram nessas circunstâncias.

[91] Como exemplo, citamos a ação civil pública ajuizada pelo Núcleo Especializado de Combate à Discriminação, Racismo e Preconceito da Defensoria Pública de São Paulo em face de candidato à Presidência e de seu partido, em razão de suas declarações, de cunho homofóbico, durante o debate eleitoral em 2014, tendo como um de seus fundamentos o **art. 3º, IV, da Constituição** (também utilizado pela sentença) e que culminou na procedência do pedido em 1º grau, para condená-los ao pagamento de R$ 1 milhão a título de danos morais, além da obrigação consistente na promoção de programa, com a mesma duração dos discursos em questão e na mesma faixa de horário da programação, que promova os direitos da população LGBT, no prazo de 30 dias, sob pena de multa (Autos 1098711-29.2014.8.26.0100, 18ª Vara Cível do Foro Central de São Paulo). Referida sentença foi parcialmente reformada pelo Tribunal de Justiça do Estado de São Paulo, tendo sido o feito posteriormente remetido ao Superior Tribunal de Justiça para apreciar o caso.

[92] Art. 1.723 do Código Civil: "É reconhecida como entidade familiar a união estável entre o homem e a mulher, configurada na convivência pública, contínua e duradoura e estabelecida com o objetivo de constituição de família".

[93] Tribunal Pleno, Arguição de Descumprimento de Preceito Fundamental 132, Rel. Min. Ayres Britto, j. 5-5-2011.

talmente com o objetivo constitucional de 'promover o bem de todos' [...]"
(grifos nossos).

DICA DO AUTOR : Recomendamos, nesse passo, que o candidato ao cargo
de defensor público adote nas provas o posicionamento no sentido de conferir
especial **efetividade** a tais normas constitucionais (arts. 1º e 3º da Constituição
Federal) que, como dissemos, não se limitam a ideias abstratas desprovidas de
normatividade.

Confirmando essa nossa recomendação, a prova objetiva do **III Concurso
da Defensoria de São Paulo, realizado em 2009, pela Fundação Carlos Chagas**, considerou como **correta** a afirmação de que os objetivos fundamentais do
art. 3º da Constituição Federal "são reveladores de uma axiologia, uma antevi-
são de um projeto de sociedade mais justa esposado pelo constituinte", ao passo que entendeu como **incorreto** o pensamento no sentido de que "como possuem enunciado principialista e generalista não possuem valor normativo, daí
porque o estado brasileiro descumpre-os sistematicamente".

Finalmente, o **art. 4º de nossa Constituição** elenca em seus incisos os
princípios que regem o País nas suas relações internacionais, cuja análise, pela
ótica do direito constitucional, está mais atrelada ao **ponto 29** deste livro (ao
qual remetemos o leitor), já que, na sua essência, diz respeito à disciplina de
Direitos Humanos, exigida de forma autônoma em diversas provas para ingresso na Defensoria Pública.

5. SÃO PAULO NORMAS CONSTITUCIONAIS: NATUREZA, CLASSIFICAÇÃO, LACU-
NAS NA CONSTITUIÇÃO, ESPÉCIES E CARACTERÍSTICAS, PRINCÍPIOS JURÍ-
DICOS E REGRAS DE DIREITO. APLICAÇÃO DA CONSTITUIÇÃO NO TEMPO E
NO ESPAÇO. EFICÁCIA DAS NORMAS CONSTITUCIONAIS E TUTELA DAS SI-
TUAÇÕES SUBJETIVAS. EFICÁCIA VERTICAL E HORIZONTAL DOS DIREITOS
FUNDAMENTAIS. ORÇAMENTO E RESERVA DO POSSÍVEL. O PRINCÍPIO DA
PROIBIÇÃO DO RETROCESSO SOCIAL. PARANÁ APLICABILIDADE E EFICÁCIA
DAS NORMAS CONSTITUCIONAIS. NORMAS CONSTITUCIONAIS NO TEMPO E
NO ESPAÇO

Não obstante a natural proximidade entre as matérias que envolvem o "direito constitucional", a "Constituição" e as "normas constitucionais", os editais
da Defensoria Pública buscam enquadrá-las em pontos distintos (1, 2 e 5, respectivamente, deste livro), com o propósito de abordar cada qual de forma mais

aprofundada e específica, trazendo as questões relacionadas direta ou indiretamente com cada um desses temas. É o que ocorre neste ponto, como se vê pela divisão dos itens abaixo expostos, que fracionam os assuntos previstos no item em estudo com vistas a obter uma melhor visualização e apreensão dos mesmos pelo candidato.

■ **Normas constitucionais: natureza, classificação, espécies e características. Aplicabilidade e eficácia das normas constitucionais**

A **natureza** das normas das constituições rígidas, segundo **José Afonso da Silva**, é "jurídico-constitucional", ou seja: possuem natureza "jurídica" e também de "direito constitucional"[94]. Embora pareça uma afirmação óbvia, não devemos esquecer a antiga concepção que prevalecia até o século XX acerca da Constituição enquanto um mero documento político dotado de normas "morais", tal como já abordado no tópico "efetividade das normas constitucionais" inserido no ponto 3.

Em relação às **características** das normas constitucionais que as distinguem das demais normas jurídicas, Barroso destaca **quatro**, levando-se em conta os seguintes **critérios**[95]:

a) **posição no sistema**: desfrutam de superioridade hierárquica em relação às demais normas em razão da supremacia constitucional;

b) **natureza da linguagem**: dada a abertura da linguagem empregada pelas normas constitucionais, mediante a utilização de conceitos jurídicos indeterminados e cláusulas gerais;

c) **conteúdo**: as normas constitucionais, de acordo com seu conteúdo específico no sentido material, poderiam ser agrupadas em três categorias: c.1) normas constitucionais de organização; c.2) normas constitucionais definidoras de direitos; e c.3) normas constitucionais programáticas;

d) **dimensão política**: não obstante o caráter de norma jurídica, as normas constitucionais estariam na interface entre dois mundos diversos, porém intercomunicantes: o direito e a política.

---

[94] *Aplicabilidade das normas constitucionais*. 8. ed. São Paulo: Malheiros, 2012, p. 47.

[95] *Curso de direito constitucional contemporâneo:* os conceitos fundamentais e a construção do novo modelo. São Paulo: Saraiva, 2009, p. 198 e 199.

Já as **espécies** de normas constitucionais podem ser divididas, segundo a doutrina[96], do seguinte modo:

a) normas constitucionais **materiais** (que tratam de assuntos específicos e próprios de uma Constituição[97]) e **formais** (aquelas que, independentemente do assunto que abordam, encontram-se previstas no texto constitucional);

b) normas constitucionais **operativas** (de eficácia imediata) e **programáticas** (cuja eficácia dependeria de condições institucionais ou de fato);

c) normas constitucionais **autoexecutáveis** (aquelas consideradas completas para incidir seus efeitos) e **não autoexecutáveis** (cuja execução depende da mediação do legislador);

d) normas constitucionais **de organização** (que dispõem sobre a ordenação dos poderes do Estado, sua estrutura, competência, articulação recíproca e o estatuto de seus titulares) e **definidoras de direito** (que preveem direitos fundamentais dos jurisdicionados).

Quando se trata da **classificação** das normas constitucionais, os critérios usualmente invocados pela doutrina seriam basicamente dois: 1) o **objeto (ou conteúdo material)** das normas constitucionais, cujo principal expoente é Luís Roberto Barroso; e 2) a **eficácia jurídica** das normas constitucionais, tendo prevalecido nesse campo (e por isso geralmente cobrada nos concursos públicos em geral, inclusive da Defensoria Pública) a **teoria tricotômica** desenvolvida por **José Afonso da Silva** em sua clássica obra *Aplicabilidade das normas constitucionais*[98].

Tendo em mente o **primeiro critério (objeto)**, Barroso[99] classifica as normas constitucionais em três grandes categorias:

a) normas constitucionais **de organização**: aquelas que organizam o poder político;

---

[96] MENDES, Gilmar Ferreira; COELHO, Inocêncio Mártires; e BRANCO, Paulo Gustavo Gonet. *Curso de direito constitucional*. São Paulo: Saraiva, 2007, p. 17-23.

[97] Sobre o tema, *vide* tópico sobre o objeto do direito constitucional no ponto 1.

[98] Eis a razão, inclusive, para constar no edital da Defensoria do Paraná o ponto específico denominado "aplicabilidade e eficácia das normas constitucionais", fazendo clara alusão à obra de José Afonso da Silva.

[99] *Curso de direito constitucional contemporâneo:* os conceitos fundamentais e a construção do novo modelo. São Paulo: Saraiva, 2009, p. 82 e 200-203.

b) normas constitucionais **definidoras de direitos**: que definem direitos fundamentais;

c) normas constitucionais **de princípio ou programáticas**: as que indicam valores e fins públicos.

Como se pode constatar, essa classificação coincide, em parte, com as "espécies" de normas constitucionais antes elencadas, o que demonstra que, nesse aspecto, não há total uniformidade de posicionamento da doutrina a respeito, motivo pelo qual nos atemos às principais delas e também de maior relevância para os certames da Defensoria Pública.

Tomando por base o **segundo critério (eficácia jurídica)**, José Afonso da Silva assevera que as normas constitucionais podem ser de:

a) **eficácia plena**: produzem efeitos de imediato e integralmente, ou seja, são autoaplicáveis[100];

b) **eficácia contida**: produzem, inicialmente, efeitos de imediato, mas estão sujeitas à futura restrição por parte da competência discricionária do Poder Público, nos termos que a lei estabelecer ou nos termos de conceitos gerais nelas enunciados[101];

c) **eficácia limitada**: a produção de seus efeitos dependeria de futura regulamentação legal, subdividindo-se em: c.1) **de princípio institutivo, orgânico ou organizativo** (aquelas que contêm um início de estruturação de uma instituição, órgão ou entidade)[102]; e c.2) **de princípio programático** (aquelas que se limitam a traçar programas de ações voltadas para o futuro, visando à realização dos fins sociais do Estado)[103].

DICA DO AUTOR: Depois de tecidas as considerações acima sobre o tópico em exame, sugerimos que o candidato ao cargo de defensor público adote, nas provas de concurso, uma postura **crítica** em face da eficácia **tão somente "limitada"** atribuída às **normas programáticas** (que normalmente dizem respeito aos direitos fundamentais sociais), seja porque o trabalho da Defensoria Pública, muitas vezes, está atrelado à busca pela plena efetividade das normas constitucionais assim rotuladas, seja porque a doutrina moderna de direito consti-

---

[100] *Aplicabilidade das normas constitucionais.* 8. ed. São Paulo: Malheiros, 2012, p. 100.

[101] *Aplicabilidade das normas constitucionais.* 8. ed. São Paulo: Malheiros, 2012, p. 114.

[102] *Aplicabilidade das normas constitucionais.* 8. ed. São Paulo: Malheiros, 2012, p. 120.

[103] *Aplicabilidade das normas constitucionais.* 8. ed. São Paulo: Malheiros, 2012, p. 135.

tucional tem se enveredado justamente nesse sentido, encontrando eco, inclusive, na jurisprudência de nossos tribunais, conforme veremos ao longo desta obra.

Em outros termos, essa postura pelo candidato não apenas guardará identidade com a essência da atividade cotidiana exercida pelos defensores públicos, como também denotará o seu conhecimento atualizado sobre a disciplina.

A seguir, traremos alguns elementos tirados da doutrina e da jurisprudência que auxiliarão o candidato na formulação do posicionamento crítico acima aventado.

Cada vez mais tem se rechaçado o entendimento de que as normas constitucionais tidas como programáticas sejam compreendidas como meras diretrizes e fins a serem alcançados no futuro pelo Estado, sem qualquer caráter vinculativo ou mesmo sem a possibilidade de exigir o seu cumprimento por meio do Poder Judiciário.

Sobre o assunto, Norberto Bobbio já apontava que:

> na Constituição italiana, as normas que se referem a direitos sociais foram chamadas pudicamente de "programáticas". Será que já nos perguntamos alguma vez que gênero de normas são essas que não ordenam, proíbem ou permitem *hic et nunc*, mas ordenam, proíbem e permitem num futuro indefinido e sem prazo de carência claramente delimitado? E, sobretudo, já nos perguntamos alguma vez que gênero de direitos são esses que tais normas definem? Um direito cujo reconhecimento e cuja efetiva proteção são adiados *sine die*, além de confiados à vontade de sujeitos cuja obrigação de executar o "programa" é apenas uma obrigação moral ou, no máximo, política, pode ainda ser chamado corretamente de "direito"?[104].

Com efeito, a doutrina constitucional brasileira já teve a oportunidade de ressaltar que: "via de regra, quando se quer negar eficácia a um preceito constitucional diz-se que ele não pode ser aplicado porque se trata de norma simplesmente 'programática'"[105].

Um dos motivos para negar eficácia plena às normas programáticas se deve, segundo Canotilho, ao grau de vagueza (*fuzzy*) da linguagem usualmente empregada na positivação das normas que consagram direitos sociais de

---

[104] *A era dos direitos.* Trad. Carlos Nelson Coutinho. Rio de Janeiro: Campus, 1992, p. 77 e 78.

[105] MENDES, Gilmar Ferreira; COELHO, Inocêncio Mártires; e BRANCO, Paulo Gustavo Gonet. *Curso de direito constitucional.* São Paulo: Saraiva, 2007, p. 20-21.

cunho programático, chegando-se ao ponto de taxá-las, na linha de J. Isensee, como **"camaleões normativos"**[106].

Daí a advertência de Celso Antônio Bandeira de Mello em relação aos direitos sociais, no sentido de que:

> a forma mais eficiente de torná-los inoperantes na prática, deliberadamente ou não, é desenhá-los em termos vagos, genéricos, fluidos ou dependentes de normação infraconstitucional. Este modo de regular acaba tirando com uma das mãos o que foi dado com a outra. Termina por frustrar o que se proclamou enfaticamente. Cumpre, em última instância, uma função escamoteadora, tenha ou não esta intenção adrede concebida. Porém, tal resultado ocorre menos porque os preceitos em causa sejam juridicamente débeis, inoperantes de direito, e muito mais por uma inadequada compreensão da força jurídica que lhes é própria[107].

Essa concepção, contudo, tem se modificado, tal como reconhecido pelo próprio José Afonso da Silva, tido por alguns como responsável pelo antigo pensamento[108], ao afirmar: "cada vez mais a doutrina em geral afirma o caráter vinculativo das normas programáticas, o que vale dizer que perdem elas, também cada vez mais, sua característica de programas"[109].

Não apenas a doutrina, mas também a jurisprudência pátria tem contribuído para essa mudança, seguindo a exortação de **Ricardo Castilho**, segundo o qual: "para que os direitos sociais sejam efetivamente aplicados, faz-se necessário, de antemão, que o intérprete construa seus termos concretos, 'reificando' o que, no campo normativo, apresenta-se quase como meras diretrizes de direitos sociais"[110].

---

[106] *Estudos sobre direitos fundamentais.* 1. ed. brasileira, 2. ed. portuguesa. São Paulo: Coimbra Editora e Revista dos Tribunais, 2008, p. 99 e 100.

[107] *Eficácia das normas constitucionais e direitos sociais.* São Paulo: Malheiros, 2009, p. 10.

[108] Cláudio Pereira de Souza Neto e Daniel Sarmento criticam a teoria tricotômica do autor por seu caráter formalista, já que leva em consideração o grau de densidade semântica do texto da norma constitucional para lhe conferir maior ou menor eficácia, olvidando-se da dimensão moral do problema. Em razão da vagueza de seus enunciados linguísticos, diversos direitos sociais teriam, assim, sido direcionados ao campo das normas programáticas de eficácia limitada, prejudicando a tutela judicial destes direitos, além de justificar a não efetivação da Constituição (SOUZA NETO, Cláudio Pereira de; SARMENTO, Daniel. *Direito constitucional:* teoria, história e métodos de trabalho. 2. ed. Belo Horizonte: Fórum, 2014, p. 374).

[109] *Aplicabilidade das normas constitucionais.* 8. ed. São Paulo: Malheiros, 2012, p. 151.

[110] *Justiça social e distributiva:* desafios para concretizar direitos sociais. São Paulo: Saraiva, 2009, p. 104.

Como acentua Barroso ao tratar das normas programáticas: "modernamente, já se sustenta a operatividade positiva de tais normas, no caso de repercutirem sobre direitos materialmente fundamentais, como por exemplo os que se referem ao mínimo existencial"[111].

De fato, constata-se, pela análise dos julgados de nossos tribunais, que diversas normas constitucionais, tidas como típicas normas programáticas pela doutrina clássica (e, dessa forma, de eficácia limitada), têm sido interpretadas como dotadas de **eficácia plena e aplicabilidade imediata**, sobretudo quando versam sobre o **direito ao mínimo existencial**[112].

Exemplo disso é o art. 196 da Constituição Federal, outrora tido como norma programática e agora servindo de fundamento para concretizar o direito à saúde dos jurisdicionados (como exemplo, o seguinte acórdão do Supremo Tribunal Federal: 2ª Turma, Recurso Extraordinário 393.175, Rel. Min. Celso de Mello, j. 12-12-2006, *DJ* 2-2-2007).

À guisa de conclusão, prevalece, atualmente, na doutrina e na jurisprudência uma concepção de normas constitucionais programáticas que lhe conferem plena eficácia e efetividade, especialmente quando atreladas ao **direito ao mínimo existencial**[113], competindo ao indivíduo pleitear perante o Poder Judiciário os direitos nelas contemplados acaso descumpridos, por ação ou omissão, pelo Estado.

DICA DO AUTOR : Portanto, recomendamos, mais uma vez, ao candidato que esse entendimento acerca das normas programáticas deve sempre permear suas respostas nos certames da Defensoria Pública, vez que guarda identidade com tarefa direcionada à instituição no sentido de adotar medidas destinadas a conferir efetividade aos direitos fundamentais individuais e sociais dos necessitados, conforme tivemos a oportunidade de realçar ao abordar no ponto 2 o tópico relativo à força normativa da Constituição.

■ Lacunas na Constituição

Apesar do dogma pregado pelo positivismo no sentido de que o ordenamento jurídico seria completo, inexistindo, efetivamente, lacunas, na medida

---

[111] *Curso de direito constitucional contemporâneo:* os conceitos fundamentais e a construção do novo modelo. São Paulo: Saraiva, 2009, p. 202.

[112] Lembramos que as considerações sobre o direito ao mínimo existencial serão objeto de análise no ponto 26.

[113] Cuja abordagem reservamos para o ponto 26 deste livro.

em que são preenchidas pelas normas previstas no próprio sistema, podemos constatar, especialmente no caso da Constituição, que elas podem existir em determinadas situações, até mesmo porque, via de regra, o texto constitucional não exaure todas as matérias nele previstas.

Seguindo as lições de Cláudio Pereira de Souza Neto e Daniel Sarmento, que bem desenvolvem esse espinhoso tema[114], traçaremos, inicialmente, a distinção entre as lacunas constitucionais e outras figuras que possam com elas se assemelhar para, depois, analisarmos as principais formas de integração, no plano constitucional, dessas lacunas, que já adiantamos serem a analogia, os costumes e a equidade.

A lacuna constitucional, compreendida como aquela situação constitucionalmente relevante que não é regulada pela Constituição, não deve ser confundida com:

a) a **inconstitucionalidade por omissão:** que diz respeito a uma lacuna/omissão do legislador infraconstitucional (e não da Constituição propriamente dita);

b) o **silêncio eloquente:** ocasião em que o constituinte, intencionalmente, deixa de tratar de certo aspecto que envolve a norma constitucional, excluindo-o propositadamente e não por mero e involuntário esquecimento;

c) a **construção constitucional:** consistente em uma interpretação mais ousada da norma constitucional que busca, para além do texto, novas figuras ou incidências nela não previstas expressamente.

Em se tratando das formas de colmatar as **lacunas constitucionais**, estas seriam, basicamente, **três:**

a) **Analogia constitucional:** consistente na aplicação de uma norma jurídica que trata de questão similar à hipótese não regulada. Por "analogia *legis*" entende-se a integração da lacuna por meio de uma norma jurídica específica, enquanto a "analogia *juris*" consiste nessa integração mediante a utilização do sistema jurídico como um todo. Cabe anotar que a analogia não se confunde com a "interpretação extensiva", consubstanciada na exegese que amplia o sentido da norma visando à adequa-

---

[114] SOUZA NETO, Cláudio Pereira de; SARMENTO, Daniel. *Direito constitucional:* teoria, história e métodos de trabalho. 2. ed. Belo Horizonte: Fórum, 2014, Capítulo 13, p. 531-546.

ção entre a intenção normativa e o texto, embora admitam os mencionados autores que se trata de uma distinção sutil e de difícil constatação na prática.

b) **Costume constitucional:** entendido o "costume jurídico" como a repetição habitual de um determinado comportamento (elemento objetivo) em conjugação com a consciência social da obrigatoriedade desse comportamento (elemento subjetivo), o costume constitucional é dotado de superioridade hierárquica em face do direito infraconstitucional, podendo fundamentar, inclusive, o exercício do controle de constitucionalidade dos atos normativos, além de ser um dos principais instrumentos pelos quais se opera a "mutação constitucional"[115]. Segundo os referidos autores, os costumes constitucionais admissíveis seriam dois: b.1) o costume *secundum legem* (ou interpretativo), segundo o qual se opta, dentre as diversas interpretações admissíveis pela norma, por aquela que corresponde a um costume jurídico cristalizado; e b.2) o costume *praeter legem* (ou *praeter constitutionem*), destinado, justamente, ao suprimento de lacunas constitucionais. Como se vê, a rigidez e a força normativa da Constituição não admitem o costume *contra legem* (ou *contra constitutionem*) como forma de violar ou revogar as normas constitucionais, embora os autores acabem por identificá-lo, no Brasil, pela presença ostensiva de símbolos religiosos católicos em repartições públicas, em desconformidade com o princípio da laicidade do Estado contemplada no art. 19, I, da Constituição brasileira. Por fim, os autores fazem breve alusão à "convenção constitucional" desenvolvida no constitucionalismo inglês e compreendido como o costume constitucional desprovido de tutela judicial, ou seja: acaso viole a ordem constitucional, não dá ensejo a uma impugnação judicial, gerando apenas consequências políticas.

c) **Equidade constitucional:** a equidade, concebida como o instituto jurídico que permite ao intérprete adaptar o direito vigente a certas particularidades do caso concreto não previstas pelo legislador, com o objetivo de retificar injustiças ou inadequações mais graves, destina-se a colmatar, quase sempre, as chamadas "lacunas ocultas", entendidas como aquelas que não decorrem da ausência da norma jurídica, mas

---

[115] Cuja abordagem específica é feita no ponto 8 deste livro, no tópico "Reforma constitucional e mutação constitucional".

sim da percepção do intérprete de que a norma aplicável teria deixado de abranger um aspecto essencial do caso que, se levado em conta pelo legislador, conduziria a um tratamento jurídico distinto deste. Para os autores, a equidade constitucional pode ser usada para suprir tais lacunas da Constituição, para temperar, em circunstâncias excepcionais, o rigor de suas regras ou, ainda, para afastar a incidência de certos atos normativos infraconstitucionais que, conquanto válidos em geral, se revelem flagrantemente inadequados ou injustos quando aplicados em certos casos específicos contemplados no seu campo de incidência.

Da análise das provas para ingresso na carreira da Defensoria Pública, notamos que a matéria que envolve as lacunas constitucionais não costuma ser regularmente cobrada dos candidatos (salvo, como vimos, no que se refere à "mutação constitucional", que guarda identidade com o "costume constitucional" acima analisado), os quais, porém, não devem encontrar, caso necessário, maiores dificuldades para a abordagem do tema com base nas diretrizes acima apontadas.

■ Princípios jurídicos e regras de direito

Ao ser indagado sobre a distinção entre princípios jurídicos e regras de direito, o candidato deve expor o pensamento de três célebres autores que trataram com acuidade do tema e, por tal motivo, são sempre invocados pela doutrina constitucional brasileira, quais sejam: o filósofo do direito norte-americano **Ronald Dworkin**, o jurista alemão **Robert Alexy** e o mestre português **José Joaquim Gomes Canotilho**[116].

Para o **primeiro**, a sobredita distinção seria de **natureza lógica**, na medida em que: "as regras são aplicáveis à maneira do tudo-ou-nada. Dados os fatos que uma regra estipula, então ou a regra é válida, e neste caso a resposta que ela fornece deve ser aceita, ou não é válida, e neste caso em nada contribui para a decisão"[117]. Em se tratando dos princípios, ao contrário, estes não apresentariam consequências jurídicas que se seguem automaticamente quando as con-

---

[116] Cabe apontar que a prova dissertativa do **Concurso da Defensoria de Goiás, realizado em 2010, pelo Instituto Cidades**, tratou, justamente, de questão a respeito da **distinção entre princípios e regras**, levando-se em consideração os critérios do grau de abstração, o caráter de fundamentalidade e a solução de conflitos.

[117] *Levando os direitos a sério*. Trad. Nelson Boeira. São Paulo: Martins Fontes, 2002, p. 39.

dições são dadas[118], de forma que, por possuírem uma dimensão de peso ou importância que as regras não detêm, obriga o intérprete a levar em conta a força relativa de dois ou mais princípios aplicáveis ao caso em análise, o que não se dá quando há conflito entre duas regras, ocasião em que uma delas não será válida[119].

Incumbe-nos ressaltar que essa posição de Dworkin foi exigida na prova objetiva do **Concurso da Defensoria do Estado do Espírito Santo, realizado em 2012, pelo Cespe**, considerando como correta a seguinte assertiva: **"uma das características da hermenêutica constitucional contemporânea é a distinção entre regras e princípios; segundo Ronald Dworkin, tal distinção é de natureza lógico-argumentativa, pois somente pode ser percebida por meio dos usos dos argumentos e razões no âmbito de cada caso concreto".**

Alexy, a seu turno, destaca que a distinção em estudo seria qualitativa (e não de grau de generalidade maior dos princípios em relação às regras), devendo os princípios serem concebidos como "mandamentos de otimização" (normas que ordenam que algo seja realizado na maior medida possível dentro das possibilidades jurídicas e fáticas existentes), ao passo que as regras contêm determinações no âmbito daquilo que é fática e juridicamente possível, sendo sempre satisfeitas ou não satisfeitas[120].

Por fim, Canotilho elenca os **principais traços diferenciadores** entre os princípios e as regras, a saber: a) os princípios apresentam-se como normas impositivas de otimização, enquanto as regras são normas que prescrevem imperativamente uma exigência; b) os princípios admitem uma convivência conflitual, ao passo que as regras só admitem convivência antinômica; c) os princípios, de um lado, sujeitam-se à ponderação, e as regras, de outro, não a admite; e d) os princípios suscitam problemas de validade e peso, enquanto as regras colocam apenas problemas de validade[121].

Reputamos, assim, que o candidato que lograr êxito em sintetizar a distinção entre princípios e regras levando em conta os raciocínios acima expostos e, se possível, indicando os correspondentes juristas que os desenvolvem, certa-

---

[118] *Levando os direitos a sério.* Trad. Nelson Boeira. São Paulo: Martins Fontes, 2002, p. 40.

[119] *Levando os direitos a sério.* Trad. Nelson Boeira. São Paulo: Martins Fontes, 2002, p. 42.

[120] *Teoria dos direitos fundamentais.* Trad. Virgílio Afonso da Silva. São Paulo: Malheiros, 2008, p. 90 e 91.

[121] *Direito constitucional e teoria da Constituição.* 3. ed. Coimbra: Almedina, 1999, p. 1.087-1.088.

mente atingirá, em sua resposta, o nível de excelência buscado nos certames da Defensoria Pública.

■ **Aplicação da Constituição (ou das normas constitucionais) no tempo**

A **aplicação das normas constitucionais no tempo** é estudada sob o prisma dos **cinco fenômenos** a seguir expostos, cujos significados devem ser apreendidos pelo candidato, a fim de identificá-los numa questão de múltipla escolha ou mesmo desenvolvê-los em questões dissertativas:

a) **Recepção:** se as leis anteriores ao início de vigência da Constituição são compatíveis com o novo texto constitucional, diz-se que estas são recepcionadas pela Lei Fundamental. Porém, se a lei infraconstitucional anterior à Constituição for com ela incompatível, a corrente majoritária, seguindo o posicionamento do Supremo Tribunal Federal[122], sustenta que se opera o fenômeno da revogação (e não inconstitucionalidade), na medida em que a não recepção seria, na essência, a revogação de norma anterior (lei infraconstitucional) pela norma posterior (Constituição), nos termos do art. 2º, § 1º, da Lei de Introdução às Normas do Direito Brasileiro (Decreto-lei n. 4.657/42). Nesse ponto, é importante destacar que prevalece a tese da inexistência, em nosso ordenamento jurídico, da inconstitucionalidade formal superveniente, ou seja: acaso uma matéria, em obediência à Constituição anterior, era disciplinada por lei ordinária e passa a sê-lo, pela nova Carta Magna, por lei complementar, não se cogita de inconstitucionalidade formal daquela lei ordinária, que deve ser recepcionada pelo novo texto constitucional como se lei complementar fosse (trata-se de uma lei formalmente ordinária, mas materialmente complementar, tal como ocorreu com o Código Tribunal Nacional – Lei n. 5.172/66, cuja edição como lei ordinária fundamentou-se, inicialmente, no art. 5º, XV, *b*, da Constituição de 1946 e, posteriormente, recepcionada como lei complementar com fulcro no art. 146, III, da atual Constituição).

b) **Repristinação:** entende-se por "represtinar" o ato de revigorar uma lei revogada, o que se dá quando a lei revogadora, por perder a sua vigência, acaba por revigorar aquela lei por ela anteriormente revogada. De acordo com o art. 2º, § 3º, da Lei de Introdução às Normas do Direito

---

[122] Pleno, ADI 7 QO/DF, Rel. Min. Celso de Mello, *DJ* 4-9-1992.

Brasileiro, só ocorre a repristinação quando houver norma expressa nesse sentido (não há repristinação tácita). Destarte, uma norma constitucional, para revigorar uma outra norma já revogada, deverá prever expressamente esse desiderato.

c) **Desconstitucionalização:** esse fenômeno representa a perda do *status* constitucional (daí o nome "desconstitucionalização") de uma norma da Constituição pretérita, que, por esse motivo, é recepcionada pela nova Constituição como lei ordinária, o que é possível havendo norma constitucional expressa nesse sentido.

d) **Recepção material de normas constitucionais**: trata-se da recepção, pela nova Constituição, de normas constitucionais da Constituição anterior, mantendo o seu *status* constitucional, o que também é admitido acaso a norma constitucional assim preveja expressamente, desde que essa recepção dure por prazo predeterminado.

e) **Mutação constitucional:** representa a mudança das normas constitucionais por processos informais decorrentes dos usos e costumes de seus destinatários e de sua interpretação histórico-evolutiva e não, portanto, por meio de procedimentos formais previstos na Constituição, que se dá pelas emendas constitucionais. É interessante notar que esse tema é inserido não apenas no presente ponto (já que representa um dos fenômenos da aplicação da Constituição no tempo), como também no ponto 8 do concurso do Paraná (atrelado à ideia de reforma constitucional, ainda que de modo informal) e ainda no ponto 9 do concurso de São Paulo (inserido no tema de controle de constitucionalidade, já que intimamente ligado à interpretação evolutiva das normas constitucionais bastante presente no exercício do controle de constitucionalidade pelo Poder Judiciário). Em razão da importância desse tema para os certames da Defensoria Pública[123], faremos uma abordagem específica deste no ponto 8, ao qual remetemos o leitor.

■ Aplicação da Constituição (ou das normas constitucionais) no espaço

A **aplicação da Constituição no espaço** relaciona-se ao diálogo – e eventual conflito – existente entre a Constituição do país com a ordem jurídica

---

[123] Trata-se de matéria inserida na "espinha dorsal" do direito constitucional, nos termos em que preconizamos no tópico "conteúdo" do direito constitucional no ponto 1 deste livro.

constitucional e infraconstitucional externa, bem como os critérios a serem utilizados pelo Poder Judiciário brasileiro para superar tais antinomias.

Seguindo o raciocínio sugerido por Ingo Wolfgang Sarlet, que trata deste assunto em capítulo próprio de obra de sua coautoria[124], apresentamos a seguir as principais diretrizes sobre a matéria.

No que concerne às relações entre o direito estrangeiro e a Constituição, o autor, amparado na jurisprudência do Supremo Tribunal Federal, assevera que:

> a) quando for caso de aplicação de lei estrangeira, o juiz ou tribunal brasileiro deverá aplicá-la como fariam as autoridades judiciárias do país de origem; se o ordenamento jurídico-constitucional estrangeiro admite a pronúncia de inconstitucionalidade de uma lei, o juiz brasileiro poderá fazê-lo, deixando de aplicar, no caso concreto, a norma estrangeira incompatível com a constituição estrangeira; b) juízes e tribunais devem negar aplicação à norma estrangeira que esteja em desacordo com a Constituição Federal de 1988, isso porque as normas constitucionais são tidas como de ordem pública[125].

No que diz respeito às relações entre o direito internacional e a Constituição brasileira, a questão cinge-se à discussão que envolve a hierarquia dos tratados internacionais em relação ao direito interno, assentando o autor, igualmente com base na jurisprudência do Supremo Tribunal Federal, que embora prevaleça o entendimento de que os tratados em geral possuem hierarquia de lei ordinária, haveria, basicamente, três exceções, a saber:

a) os tratados internacionais em matéria tributária prevalecem sobre as leis em razão da dicção expressa do art. 98 do Código Tributário Nacional;

b) os tratados internacionais sobre direitos humanos ratificados antes da Emenda Constitucional n. 45/2004 e/ou não aprovados pelo rito do art. 5º, § 3º, da Constituição possuem hierarquia supralegal;

c) os tratados sobre direitos humanos aprovados pelo rito do art. 5º, § 3º, da Constituição possuem hierarquia constitucional por serem equivalentes às emendas constitucionais[126].

---

[124] SARLET, Ingo Wolfgang; MARINONI, Luiz Guilherme; MITIDIERO, Daniel. *Curso de direito constitucional*. 3. ed. rev. atual. e ampl. São Paulo: Revista dos Tribunais, 2014, Capítulo 9, p. 207-215.

[125] SARLET, Ingo Wolfgang; MARINONI, Luiz Guilherme; MITIDIERO, Daniel. *Curso de direito constitucional*. 3. ed. rev. atual. e ampl. São Paulo: Revista dos Tribunais, 2014, p. 211.

[126] SARLET, Ingo Wolfgang; MARINONI, Luiz Guilherme; MITIDIERO, Daniel. *Curso de direito constitucional*. 3. ed. rev. atual. e ampl. São Paulo: Revista dos Tribunais, 2014, p. 214.

■ Eficácia das normas constitucionais e tutela das situações subjetivas

O presente tópico foi sacado do **capítulo V** da obra *Aplicabilidade das normas constitucionais* de **José Afonso da Silva**, cujo título é justamente: "**Eficácia das normas constitucionais e tutela das situações subjetivas**".

Nesse capítulo, o autor, logo no início, traz o conceito de "**situação jurídica subjetiva**" como "a posição que os indivíduos ou entidades ocupam nas relações jurídicas e que lhes possibilita realizar certos interesses juridicamente protegidos ou os constrange a subordinar-se a eles"[127]. Caso tais "interesses" sejam relevantes para a ordem jurídica, recebem proteção direta, plena e específica, consubstanciando "direitos subjetivos". Do contrário, receberão uma proteção indireta, limitada e genérica, que revela outras situações jurídicas subjetivas (interesse simples, interesse legítimo, expectativa de direito ou direito condicionado).

Com base nessas noções e assentado na premissa de que, tratando-se de situações subjetivas de vantagem, a tutela é tanto mais intensa quanto mais completa for a eficácia da norma constitucional, enquanto a tutela é praticamente idêntica para as situações subjetivas negativas ou de vínculo, José Afonso da Silva passa a identificar quais dessas situações jurídicas são tuteladas, respectivamente, pelas normas de eficácia plena, contida, limitada de princípio institutivo e limitada de princípio programático. Buscando facilitar o estudo pelo candidato, trazemos, na sequência, um esboço do pensamento do autor, em conformidade com a eficácia da norma em estudo[128]:

a) **normas constitucionais de eficácia plena:** oferecem todos os elementos necessários à realização ou vedação dos interesses e situações nelas previstos, gerando, quase sempre, direitos subjetivos e, quando desrespeitadas, dão ensejo a um julgamento de inconstitucionalidade;

b) **normas constitucionais de eficácia contida:** consubstanciam, quase todas, direitos e garantias fundamentais em face do Estado, oferecendo instrumentos diretos para a proteção dos interesses nela contemplados, tais como *habeas corpus*, mandado de segurança, direito de petição, *habeas data*, mandado de injunção etc. Tais normas conferem, basicamen-

---

[127] *Aplicabilidade das normas constitucionais.* 8. ed. São Paulo: Malheiros, 2012, p. 167.

[128] *Aplicabilidade das normas constitucionais.* 8. ed. São Paulo: Malheiros, 2012, p. 168-175.

te, situações jurídicas subjetivas de vantagem aos governados e situações subjetivas negativas aos agentes do Poder Público, não obstante, no caso dos últimos, também possa conferir situações de vantagem nas hipóteses de incidência, em certas circunstâncias, das regras de contenção de eficácia dessas normas (exemplo: o Poder Público pode impedir a realização de certo culto religioso, nos termos do art. 5º, VI, da Constituição, com base na regra de contenção representada pelo conceito de "ordem pública", acaso esta seja violada);

c) **normas constitucionais de eficácia limitada de princípio institutivo:** protegem interesses com pequena intensidade, tutelando situações subjetivas negativas;

d) **normas constitucionais de eficácia limitada de princípio programático:** tutelam situações subjetivas negativas quando o legislador, o administrador ou o juiz desenvolvem suas respectivas atividades em descompasso com os fins e objetivos traçados por tais normas, incorrendo em comportamento inconstitucional. Também tutelam tais normas situações subjetivas de vantagem que podem caracterizar, a depender da hipótese, simples interesse, simples expectativa, interesse legítimo e até direito subjetivo, só que, no último caso, apenas em seu aspecto negativo, vale dizer: apesar de não existir o poder de exigir uma prestação fundada em uma norma constitucional programática (que seria o direito subjetivo no aspecto positivo), há a possibilidade de exigir que o Poder Público não pratique atos que a contrariem (aspecto negativo).

DICA DO AUTOR : Para efeito dos concursos públicos para provimento do cargo de defensor público, o candidato, mais do que demonstrar o conhecimento acerca do pensamento de José Afonso da Silva acima sintetizado, deve fazer uma leitura crítica a respeito da impossibilidade de exigir uma prestação prevista em norma constitucional programática, tal como já alertamos alhures ao tratar da eficácia de tais normas.

■ **Eficácia vertical e horizontal dos direitos fundamentais. Orçamento e reserva do possível. O princípio da proibição do retrocesso social**

Embora previsto pelo edital da Defensoria de São Paulo no contexto da "eficácia das normas constitucionais", vez que relacionado ao alcance (mais precisamente à oponibilidade) das normas que definem direitos fundamentais sobre os particulares (e não apenas em face do Estado), o tema que envolve a **"eficácia vertical e horizontal dos direitos fundamentais"** será examinado no **ponto 22** sob o rótulo **"direitos fundamentais e relações privadas"**, seguindo a diretriz proposta pelo edital da Defensoria do Paraná, posto que intimamente ligado ao arcabouço teórico dos direitos fundamentais desenvolvido de forma ampla no referido item.

No que concerne ao **"orçamento e reserva do possível"** e ao **"princípio da proibição do retrocesso social"**, uma vez que tais assuntos são normalmente desenvolvidos no contexto dos direitos fundamentais sociais, tanto que assim previsto no edital da Defensoria do Paraná, remetemos o leitor ao **ponto 25** deste livro, no qual serão devidamente abordados.

6. `SÃO PAULO` HERMENÊUTICA E INTERPRETAÇÃO CONSTITUCIONAL. MÉTODOS E CONCEITOS APLICADOS À INTERPRETAÇÃO. PRINCÍPIOS DE INTERPRETAÇÃO ESPECIFICAMENTE CONSTITUCIONAIS. A SOCIEDADE ABERTA DOS INTÉRPRETES DA CONSTITUIÇÃO. CRIAÇÃO JUDICIAL DO DIREITO. `PARANÁ` HERMENÊUTICA CONSTITUCIONAL. INTERPRETAÇÃO DAS NORMAS CONSTITUCIONAIS, MÉTODOS E PRINCÍPIOS

Como já enfatizamos[129], a efetividade das normas constitucionais é um assunto cobrado com regularidade nos certames da Defensoria Pública, o que também ocorre com o presente ponto, uma vez que a concretização de tais normas pressupõe, evidentemente, a sua **interpretação**.

Assim, passaremos a analisar, a seguir, os aspectos que envolvem a hermenêutica e a interpretação constitucional[130].

■ **Hermenêutica e interpretação constitucional. Métodos e conceitos aplicados à interpretação. Princípios de interpretação especificamente constitucionais**

Segundo **Carlos Maximiliano**, interpretar significa "determinar o sentido e o alcance das expressões do Direito"[131]. Já a hermenêutica é o ramo do conhe-

---

[129] *Vide* ponto 3, tópico "Efetividade das normas constitucionais".

[130] Trata-se de matéria inserida na "espinha dorsal" do direito constitucional, nos termos em que preconizamos no tópico "conteúdo" do direito constitucional no ponto 1 deste livro.

[131] *Hermenêutica e aplicação do direito*. Rio de Janeiro: Forense, 1998, p. 1.

cimento científico que estuda a interpretação[132]. Por meio dela, busca-se identificar, desenvolver e sistematizar os princípios de interpretação do Direito[133].

Tradicionalmente, a doutrina aponta como **métodos de interpretação das normas jurídicas em geral** (e não apenas das normas constitucionais) os seguintes:

a) **gramatical:** busca-se o sentido literal das normas jurídicas;

b) **histórico:** visa à investigação dos fatores históricos que motivaram a criação das leis, a fim de melhor compreender os seus possíveis significados;

c) **sistemático:** segue a ideia de que as normas devem ser analisadas enquanto inseridas num sistema e não isoladamente consideradas;

d) **teleológico:** tem por escopo perquirir o fim último das normas jurídicas em análise, vale dizer, o objetivo por elas ambicionado.

Contudo, ante algumas **peculiaridades** das normas constitucionais[134] que acabam por diferenciá-las das demais normas jurídicas, os estudiosos e operadores do Direito buscaram criar métodos e princípios de interpretação dirigidos **especificamente às normas constitucionais.**

Valendo-nos dos ensinamentos da doutrina[135], trazemos abaixo um rol dos **métodos e princípios, respectivamente, de interpretação constitucional,** seguidos, cada qual, de uma breve explanação, visando à rápida visualização e compreensão pelo candidato.

1. **Métodos de interpretação constitucional:**

a) **método jurídico ou hermenêutico-clássico:** diz respeito aos métodos clássicos acima referidos (quais sejam: gramatical, histórico, sistemático e teleológico), de forma que, tal como ocorre com as leis em geral, a Constituição também haveria de ser interpretada por esses métodos;

---

[132] ARAUJO, Luiz Alberto David; NUNES JÚNIOR, Vidal Serrano. *Curso de direito constitucional.* 16. ed. São Paulo: Verbatim, 2012, p. 102.

[133] BARROSO, Luís Roberto. *Curso de direito constitucional contemporâneo:* os conceitos fundamentais e a construção do novo modelo. São Paulo: Saraiva, 2009, p. 269.

[134] Sobre as quais tratamos no ponto 5 deste livro, quais sejam: posição hierárquica superior, linguagem aberta, matérias por elas tratadas e dimensão política que possuem.

[135] MENDES, Gilmar Ferreira; COELHO, Inocêncio Mártires; e BRANCO, Paulo Gustavo Gonet. *Curso de direito constitucional.* São Paulo: Saraiva, 2007, p. 90-115.

b) **método tópico-problemático:** de cunho prático, sugere que se parta de um problema concreto para melhor compreender e interpretar a norma constitucional;

c) **método hermenêutico-concretizador:** pelo qual se leva em consideração a pré-compreensão do intérprete, que será responsável por concretizar a norma, embasando-se sempre no texto constitucional e não em seus critérios pessoais de justiça;

d) **método científico-espiritual:** ao pregar uma concepção de Constituição enquanto instrumento de integração nos sentidos jurídico (fundamento de validade das demais normas jurídicas), político e sociológico (reguladora de conflitos, de modo a construir e preservar a unidade social), esse método conclama o intérprete a considerar a Constituição como algo dinâmico e sujeito às transformações da realidade regulada por suas normas, com vistas a contribuir para a integração dos impulsos e motivações sociais;

e) **método normativo-estruturante:** sustenta que o intérprete tem por função primordial concretizar as normas constitucionais, vale dizer, conferir-lhes efetividade, levando em conta a realidade na qual a norma está inserida e da qual é indissociável, na linha do que sustentou, a respeito, Friedrich Müller (em sua obra *Métodos de trabalho*) e Konrad Hesse (em *A força normativa da Constituição*), abordados, respectivamente, nos pontos 1 e 2 deste livro, aos quais remetemos o leitor;

f) **método da comparação constitucional:** segundo o qual o intérprete deve recorrer à comparação entre os diversos ordenamentos jurídicos (e Constituições) existentes.

2. **Princípios de interpretação constitucional:**

   a) **princípio da unidade da Constituição:** no sentido de que a Constituição deva ser interpretada levando-se em consideração todas as regras e princípios nela contidas;

   b) **princípio do efeito integrador:** está relacionado com o princípio acima (princípio da unidade da Constituição), na medida em que busca evitar interpretações comprometedoras da integridade da ordem política e social, reforçando a unidade política materializada pelo texto constitucional;

c) **princípio da força normativa da Constituição:** pelo qual o intérprete deve dar preferência àquele determinado ponto de vista que confira maior eficácia à norma constitucional posta em debate, na linha defendida por Konrad Hesse em *A força normativa da Constituição* (tratado em tópico próprio no ponto 2 deste livro);

d) **princípio da máxima efetividade:** que sustenta que o intérprete constitucional deva extrair das normas constitucionais o maior grau possível de eficácia social nelas contidas, estando, desse modo, umbilicalmente atrelado ao princípio exposto no item acima (princípio da força normativa da Constituição);

e) **princípio da concordância prática, cedência recíproca ou harmonização:** que prega um juízo de ponderação entre os valores ou normas constitucionais que se mostrem em conflito, com o objetivo de atingir uma interpretação conciliadora entre eles que otimize a efetividade de ambos e evite a supressão de qualquer deles;

f) **princípio da justeza ou da correção funcional:** sustenta que o exegeta da Constituição, ao interpretá-la, deve manter o esquema organizatório-funcional do texto constitucional estabelecido pelo Poder Constituinte originário, sem modificá-lo ou subvertê-lo;

g) **princípio da interpretação conforme a Constituição:** diante do princípio da presunção de constitucionalidade das leis e atos normativos, bem como dos múltiplos significados contidos nas normas infraconstitucionais, o princípio da intepretação conforme a Constituição (tido mais como uma "técnica de decisão" no controle de constitucionalidade, cujo abordagem foi feita no ponto 9 deste livro, do que apenas uma regra de interpretação) implica a realização do esforço interpretativo no sentido de se proclamar aquele sentido da norma que atenda aos preceitos constitucionais, recusando-se os demais significados dotados da pecha de inconstitucionalidade;

h) **princípios da razoabilidade e da proporcionalidade:** não obstante parte da doutrina equipare esses princípios, outros os compreendem, cada qual, com seus significados próprios, cabendo aqui apenas salientar que são princípios que ganham relevo na interpretação constitucional nas hipóteses de conflito entre bens ou valores protegidos pela Constituição Federal, assim como no exame de limitações aos direitos fundamentais, como veremos com mais vagar no ponto 22 deste livro, ao qual remetemos o leitor.

■ **A sociedade aberta dos intérpretes da Constituição**

Este tópico relaciona-se à obra de **Peter Häberle** denominada *A sociedade aberta dos intérpretes da Constituição* (*Die offene Gesellschaft der Verfassungsinterpreten*), publicada em 1975 e que recebeu na versão brasileira o seguinte título: *Hermenêutica constitucional. A sociedade aberta dos intérpretes da Constituição: contribuição para a interpretação pluralista e "procedimental" da Constituição*[136].

Nesse livro, o autor afirma que a teoria da interpretação constitucional esteve muito vinculada a um modelo de interpretação de uma **"sociedade fechada"**, concentrando-se, principalmente, na interpretação constitucional dos **juízes** e nos procedimentos **formalizados**[137], donde exsurge a sua crítica central no sentido de que: "no processo de interpretação constitucional, estão potencialmente vinculados todos os órgãos estatais, todas as potências públicas, todos os cidadãos e grupos, não sendo possível estabelecer-se um elemento cerrado ou fixado com *numerus clausus* de intérpretes da Constituição"[138].

Por tal motivo, Häberle propõe uma **democratização da interpretação constitucional**, de modo que a teoria da interpretação seja garantida sob a influência da teoria democrática[139], de modo a **ampliar o rol de intérpretes da Constituição** (daí a expressão **"sociedade aberta"**).

Segundo o jurista, todo aquele que vive no contexto regulado por uma norma e que vive com este contexto é direta ou indiretamente um intérprete dessa norma. Em outras palavras, o destinatário da norma é, igualmente, participante

---

[136] Trata-se de matéria inserida na "espinha dorsal" do direito constitucional, nos termos em que preconizamos no tópico "conteúdo" do direito constitucional no ponto 1 deste livro.

[137] HÄBERLE, Peter. *Hermenêutica constitucional. A sociedade aberta dos intérpretes da Constituição:* contribuição para a interpretação pluralista e "procedimental" da Constituição. Trad. Gilmar Ferreira Mendes. Porto Alegre: Sergio Antonio Fabris Editor, 1997, 2002, p. 12.

[138] HÄBERLE, Peter. *Hermenêutica constitucional. A sociedade aberta dos intérpretes da Constituição:* contribuição para a interpretação pluralista e "procedimental" da Constituição. Trad. Gilmar Ferreira Mendes. Porto Alegre: Sergio Antonio Fabris Editor, 1997, 2002, p. 13.

[139] HÄBERLE, Peter. *Hermenêutica constitucional. A sociedade aberta dos intérpretes da Constituição:* contribuição para a interpretação pluralista e "procedimental" da Constituição. Trad. Gilmar Ferreira Mendes. Porto Alegre: Sergio Antonio Fabris Editor, 1997, 2002, p. 14.

ativo do processo hermenêutico, razão pela qual o autor tece a seguinte crítica: "Como não são apenas os intérpretes jurídicos da Constituição que vivem a norma, não detêm eles o monopólio da interpretação da Constituição"[140].

Nesse ponto, é interessante notar que Peter Häberle fundamenta o seu ponto de vista na importância conferida à **realidade** para a interpretação (a exemplo do que faz Müller e Hesse, como vimos, respectivamente, nos pontos 1 e 2 deste livro), destacando que:

> a ampliação do círculo dos intérpretes aqui sustentada é apenas a consequência da necessidade, por todos defendida, de integração da realidade no processo de interpretação. É que os intérpretes em sentido amplo compõem essa realidade pluralista. Se se reconhece que a norma não é uma decisão prévia, simples e acabada, há de se indagar sobre os participantes no seu desenvolvimento funcional, sobre as forças ativas da *law in public action* (personalização, pluralização da interpretação constitucional!)[141].

Nessa linha e em tom de crítica, Häberle consigna que "'povo' não é apenas um referencial quantitativo que se manifesta no dia da eleição e que, enquanto tal, confere legitimidade democrática ao processo de decisão. Povo é também um elemento pluralista para a interpretação que se faz presente de forma legitimadora no processo constitucional: como partido político, como opinião científica, como grupo de interesse, como cidadão"[142]. E arremata o autor: "A sociedade é livre e aberta na medida que se amplia o círculo dos intérpretes da Constituição em sentido lato"[143].

DICA DO AUTOR : Depois de feita essa breve exposição da obra de Peter Häberle, é válido ressaltar que o candidato ao cargo de defensor público deve não apenas compreender as ideias centrais nela contidas, como também fazer um **paralelo delas com o ordenamento jurídico brasileiro**, ganhando realce,

---

[140] HÄBERLE, Peter. *Hermenêutica constitucional. A sociedade aberta dos intérpretes da Constituição:* contribuição para a interpretação pluralista e "procedimental" da Constituição. Trad. Gilmar Ferreira Mendes. Porto Alegre: Sergio Antonio Fabris Editor, 1997, 2002, p. 15.

[141] HÄBERLE, Peter. *Hermenêutica constitucional. A sociedade aberta dos intérpretes da Constituição:* contribuição para a interpretação pluralista e "procedimental" da Constituição. Trad. Gilmar Ferreira Mendes. Porto Alegre: Sergio Antonio Fabris Editor, 1997, 2002, p. 30 e 31.

[142] HÄBERLE, Peter. *Hermenêutica constitucional. A sociedade aberta dos intérpretes da Constituição:* contribuição para a interpretação pluralista e "procedimental" da Constituição. Trad. Gilmar Ferreira Mendes. Porto Alegre: Sergio Antonio Fabris Editor, 1997, 2002, p. 37.

[143] HÄBERLE, Peter. *Hermenêutica constitucional. A sociedade aberta dos intérpretes da Constituição:* contribuição para a interpretação pluralista e "procedimental" da Constituição. Trad. Gilmar Ferreira Mendes. Porto Alegre: Sergio Antonio Fabris Editor, 1997, 2002, p. 40.

nesse ponto, as **audiências públicas**, a figura do *amicus curiae* e também o direito de propositura de ações diretas (no controle concentrado de constitucionalidade) por **entidades da sociedade civil**. Esses três institutos contribuem, em grande medida, para a **ampliação dos intérpretes das normas previstas no texto constitucional**, estando em plena sintonia com o pensamento do referido jurista.

Quanto às **audiências públicas** no Poder Judiciário, impende notar que estas foram previstas inicialmente pelas Leis n. 9.868/99 (que dispõe sobre o processo e julgamento da ação direta de inconstitucionalidade e da ação declaratória de constitucionalidade perante o Supremo Tribunal Federal)[144] e n. 9.882/99 (que dispõe sobre o processo e julgamento da arguição de descumprimento de preceito fundamental)[145], sendo que, no âmbito do Supremo Tribunal Federal, foram regulamentadas pela Emenda Regimental n. 29/2009, que atribui competência ao Presidente ou Relator, nos termos, respectivamente, dos arts. 13, XVII, e 21, XVII, do Regimento Interno do Tribunal, para convocar audiência pública para ouvir o depoimento de pessoas com experiência e autoridade em determinada matéria, sempre que entender necessário o esclarecimento de questões ou circunstâncias de fato, com repercussão geral e/ou de interesse público relevante, debatidas no âmbito do tribunal.

A respeito dessas audiências, nota-se que o Supremo Tribunal Federal tem as convocado regularmente, em especial naqueles casos sobremaneira controvertidos e difíceis de julgar (os chamados *hard cases* no sistema norte-americano), por envolver relevantes e diversos bens e valores jurídicos em jogo, muitas vezes antagônicos entre si[146]. Reconhecendo a importância delas, assinalou Luís Roberto Barroso:

---

[144] Segundo os seus **arts. 9º, § 1º, e 20, § 1º**, relativos, respectivamente, às ações diretas de inconstitucionalidade e às ações declaratórias de constitucionalidade: "Em caso de necessidade de esclarecimento de matéria ou circunstância de fato ou de notória insuficiência das informações existentes nos autos, poderá o relator requisitar informações adicionais, designar perito ou comissão de peritos para que emita parecer sobre a questão, **ou fixar data para, em audiência pública, ouvir depoimentos de pessoas com experiência e autoridade na matéria**".

[145] De acordo com o seu **art. 6º, § 1º**: "Se entender necessário, poderá o relator ouvir as partes nos processos que ensejaram a arguição, requisitar informações adicionais, designar perito ou comissão de peritos para que emita parecer sobre a questão, **ou ainda, fixar data para declarações, em audiência pública, de pessoas com experiência e autoridade na matéria**".

[146] Como exemplo, citamos os seguintes e relevantes assuntos que foram objeto das últimas audiências públicas convocadas pelo Supremo Tribunal Federal: **internação hospitalar com diferença de classe no Sistema Único de Saúde** (STF, Recurso Extraordinário 581.488, Rel. Min. Dias Toffoli, em 26-5-2014) e **ensino religioso em escolas públicas** (STF, Ação Direta de Inconstitucionalidade 4.439, Rel. Min. Luís Roberto Barroso, em 15-6-2015).

a permeabilidade do Judiciário à sociedade não é em si negativa. Pelo contrário. Não é ruim que os juízes, antes de decidirem, olhem pela janela de seus gabinetes e levem em conta a realidade e o sentimento social. Em grande medida, é essa a principal utilidade das audiências públicas que têm sido conduzidas, com maior frequência, pelo STF[147].

Por meio da figura do *amicus curiae* (amigo da Corte), a seu turno, podemos igualmente constatar uma ampliação de intérpretes do texto constitucional, já que, por meio dela, ocorrerá a intervenção assistencial de terceiros no processo, destinada a **contribuir para o debate da controvérsia posta em juízo**.

Embora não seja admitida, em princípio, a intervenção de terceiros no processo de ação direta de inconstitucionalidade (art. 7º, *caput*, da Lei n. 9.868/99), cabe ao seu relator, por despacho irrecorrível, considerando a relevância da matéria e a representatividade dos postulantes, a faculdade de admitir a manifestação de outros órgãos ou entidades (art. 7º, § 2º, da Lei n. 9.868/99), tidos por *amicus curiae*[148].

Em matéria constitucional, é importante assinalar que também se admite o *amicus curiae* em outras hipóteses, a saber:

a) no **controle difuso de constitucionalidade** (art. 950, § 3º, do Código de Processo Civil[149]);

---

[147] Artigo "Jurisdição constitucional: a tênue fronteira entre o direito e a política". Disponível em: <http://www.migalhas.com.br/arquivos/2014/2/art20140204-06.pdf>. Acesso em: 18-6-2015.

[148] Embora somente previsto, no controle concentrado de constitucionalidade, para os casos de ações diretas de inconstitucionalidade, tanto a doutrina (LENZA, Pedro. *Direito constitucional esquematizado*. 17. ed. rev. atual. e ampl. São Paulo: Saraiva, 2013, p. 359-361) como a jurisprudência do Supremo Tribunal Federal **têm reconhecido a possibilidade de intervenção do** *amicus curiae* **nas ações declaratórias de constitucionalidade** (admitida pelo próprio Presidente da República na mensagem de veto ao art. 18, § 2º, da Lei n. 9.868/99, o qual repetia, para as ações declaratórias de constitucionalidade, a redação da regra prevista no art. 7º, § 2º, da mesma lei); **nas ações diretas de inconstitucionalidade por omissão** (em obediência ao art. 12-E da Lei n. 9.868/99 conjugado com o art. 7º, § 2º da mesma lei); nas **representações interventivas** (conforme o art. 7º, parágrafo único, da Lei n. 12.562/2011) e **nas arguições de descumprimento de preceito fundamental** (à luz da incidência do art. 6º, § 2º, da Lei n. 9.882/99, conjugado com a aplicação analógica do art. 7º, § 2º, da Lei n. 9.868/99, como se vê, por exemplo, pela decisão do Rel. Min. Eros Grau, em 1-8-2005, nos autos da Arguição de Descumprimento de Preceito Fundamental n. 73, na qual restou consignado: "[...] 2. A Conectas Direitos Humanos requer sua admissão na presente ADPF, na condição de *amicus curiae* (§ 2º do art. 6º da Lei n. 9.882/99). 3. Em face da relevância da questão, e com o objetivo de pluralizar o debate constitucional, aplico analogicamente a norma inscrita no § 2º do art. 7º da Lei n. 9.868/99, admitindo o ingresso da peticionária, na qualidade de *amicus curiae*, observando-se, quanto à sustentação oral, o disposto no art. 131, § 3º, do RISTF, na redação dada pela Emenda Regimental n. 15, de 30-3-2004").

[149] **Art. 950, § 3º, do Código de Processo Civil:** "Considerando a relevância da matéria e a representatividade dos postulantes, o relator poderá admitir, por despacho irrecorrível, a **manifestação de outros órgãos ou entidades**".

b) no procedimento de edição, revisão e cancelamento de enunciado de súmula vinculante (art. 3º, § 2º, da Lei n. 11.417/2006[150]);

c) na análise da **repercussão geral** pelo Supremo Tribunal Federal no julgamento de **recurso extraordinário** (art. 1.035, § 4º, do Código de Processo Civil[151]).

Convém apontar, ainda sobre o tema, que o **Código de Processo Civil (Lei n. 13.105/2015)** também prevê os institutos das **audiências públicas** e do *amicus curiae*, de forma a consagrá-los, definitivamente, em nosso ordenamento jurídico, a demonstrar a sua reconhecida importância e utilidade para os magistrados, os jurisdicionados e a sociedade em geral, como se deduz da dicção dos seguintes dispositivos legais:

a) art. 138, *caput* e §§ 1º, 2º e 3º, que trata, em capítulo próprio e de forma específica, sobre a figura do *amicus curiae*[152];

b) art. 927, § 2º, que trata da **alteração de tese jurídica adotada em enunciado de súmula ou em julgamento de casos repetitivos**[153];

c) art. 983, a respeito do **incidente de resolução de demandas repetitivas**[154];

---

[150] Art. 3º, § 2º, da Lei n. 11.417/2006: "No procedimento de edição, revisão ou cancelamento de enunciado da súmula vinculante, o relator poderá admitir, por decisão irrecorrível, a manifestação de terceiros na questão, nos termos do Regimento Interno do Supremo Tribunal Federal".

[151] Art. 1.035, § 4º, do Código de Processo Civil: "O relator poderá admitir, na análise da repercussão geral, a manifestação de terceiros, subscrita por procurador habilitado, nos termos do Regimento Interno do Supremo Tribunal Federal".

[152] Art. 138: "O juiz ou o relator, considerando a relevância da matéria, a especificidade do tema objeto da demanda ou a repercussão social da controvérsia, poderá, por decisão irrecorrível, de ofício ou a requerimento das partes ou de quem pretenda manifestar-se, solicitar ou admitir a participação de pessoa natural ou jurídica, órgão ou entidade especializada, com representatividade adequada, no prazo de 15 (quinze) dias de sua intimação; § 1º A intervenção de que trata o *caput* não implica alteração de competência nem autoriza a interposição de recursos, ressalvadas a oposição de embargos de declaração e a hipótese do § 3º; § 2º Caberá ao juiz ou ao relator, na decisão que solicitar ou admitir a intervenção, definir os poderes do amicus curiae; § 3º *amicus curiae* pode recorrer da decisão que julgar o incidente de resolução de demandas repetitivas".

[153] Art. 927, § 2º: "A alteração de tese jurídica adotada em enunciado de súmula ou em julgamento de casos repetitivos poderá ser precedida de audiências públicas e da participação de pessoas, órgãos ou entidades que possam contribuir para a rediscussão da tese".

[154] Art. 983: "O relator ouvirá as partes e os demais interessados, inclusive pessoas, órgãos e entidades com interesse na controvérsia, que, no prazo comum de 15 (quinze) dias, poderão requerer a juntada de documentos, bem como as diligências necessárias para a elucidação da questão de direito controvertida, e, em seguida, manifestar-se-á o Ministério Público, no mesmo prazo; § 1º Para instruir o incidente, o relator poderá designar data para, em audiência pública, ouvir depoimentos de pessoas com experiência e conhecimento na matéria; § 2º Concluídas as diligências, o relator solicitará dia para o julgamento do incidente".

d) art. 950, § 3º, que disciplina o **controle difuso de constitucionalidade**[155];

e) art. 1.038, I e II, sobre o julgamento de **recursos extraordinário e especial repetitivos**[156].

A respeito do art. 138 do Código de Processo Civil, por constar nesse dispositivo legal que o juiz ou relator poderá, **por decisão irrecorrível**, solicitar ou **admitir** a figura do *amicus curiae* (assim como ocorre no art. 7º, § 2º, da Lei n. 9.868/99, segundo o qual o relator poderá, **por despacho irrecorrível, admitir** o *amicus curiae*), sempre prevaleceu o entendimento jurisprudencial no sentido de **recorribilidade** somente da decisão que **não admitir** o ingresso do *amicus curiae* no feito. Contudo, o Supremo Tribunal Federal reviu essa posição, fixando que **não é recorrível** decisão que **admite ou não admite** o ingresso do *amicus curiae* nos autos, seja em razão da discricionariedade conferida ao magistrado nessa seara, seja em virtude da própria razão de ser da participação do colaborador da Corte[157].

Por fim, no que diz respeito à legitimidade conferida às **entidades da sociedade civil** para o manejo das ações diretas no controle concentrado de constitucionalidade, verifica-se que o acesso direto daquelas ao Supremo Tribunal Federal permite que exponham à Corte os seus respectivos pontos de vista, à luz da Constituição Federal, acerca de assuntos relevantes travados na sociedade, contribuindo para a ampliação tanto do debate sobre estes, como dos intérpretes do texto constitucional, na linha propugnada por Peter Häberle.

■ Criação judicial do Direito

Ao tratar da intepretação constitucional como concretização construtiva, **Barroso** afirma que, embora sejam **jurídicos** os métodos de atuação e argumentação dos órgãos judiciais, a natureza de sua função, sobretudo quando tratamos da jurisdição constitucional, é inegavelmente **política**[158].

---

[155] Art. 950, § 3º: "Considerando a relevância da matéria e a representatividade dos postulantes, o relator poderá admitir, por despacho irrecorrível, **a manifestação de outros órgãos ou entidades**".

[156] Art. 1.038: "O relator poderá: I – solicitar ou admitir **manifestação de pessoas, órgãos ou entidades com interesse na controvérsia**, considerando a relevância da matéria e consoante dispuser o regimento interno; II – fixar data para, em **audiência pública**, ouvir depoimentos de pessoas com experiência e conhecimento na matéria, com a finalidade de instruir o procedimento".

[157] Informativo 920; RE 602.584 AgR, j. 17-10-2018.

[158] BARROSO, Luís Roberto. *Curso de direito constitucional contemporâneo:* os conceitos fundamentais e a construção do novo modelo. São Paulo: Saraiva, 2009, p. 286.

Segundo ele, a razão para isso "se deve ao fato de que o intérprete desempenha uma atuação criativa – pela atribuição de sentido a cláusulas abertas e pela realização de escolhas entre soluções alternativas possíveis –, mas também em razão das consequências práticas de suas decisões, que afetam o equilíbrio entre os Poderes e os deveres que lhes são impostos"[159].

Nessa linha, ao lado do **sistema jurídico**, que impõe limites à interpretação constitucional conforme as possibilidades de sentido oferecidas pelas normas jurídicas, também ocupam papel de destaque nessa seara o **intérprete** (cuja pré-compreensão sobre o mundo, o Direito e a realidade imediata influenciará o seu modo de apreender os valores da comunidade) e o **problema** a ser resolvido (na medida em que a norma jurídica não é o relato abstrato contido no texto legal, mas o produto da integração entre o texto e realidade)[160].

Daí a conclusão do autor, no sentido de que:

> a integração de sentido dos conceitos jurídicos indeterminados e dos princípios deve ser feita, em primeiro lugar, com base nos valores éticos mais elevados da sociedade (leitura moral da Constituição). Observada essa premissa inarredável – porque assentada na ideia de justiça e na dignidade da pessoa humana –, deve o intérprete atualizar o sentido das normas constitucionais (interpretação evolutiva) e produzir o melhor resultado possível para a sociedade (interpretação pragmática). A interpretação constitucional, portanto, configura uma atividade *concretizadora* – i.e., uma interação entre o sistema, o intérprete e o problema – e *construtiva*, porque envolve a atribuição de significados aos textos constitucionais que ultrapassam sua dicção expressa[161].

Na esteira desse entendimento, a doutrina constitucional costuma apontar a **criatividade judicial** como uma qualidade essencial a ser desenvolvida racionalmente, configurando uma atividade legítima a ser desempenhada, naturalmente, pelo juiz no curso do processo de aplicação do direito[162]. Até porque, sendo o sentido jurídico "externo às normas, em certa medida, embora não possa contrariar de todo o seu enunciado, exige a criatividade do intérprete

---

[159] BARROSO, Luís Roberto. *Curso de direito constitucional contemporâneo:* os conceitos fundamentais e a construção do novo modelo. São Paulo: Saraiva, 2009, p. 286.

[160] BARROSO, Luís Roberto. *Curso de direito constitucional contemporâneo:* os conceitos fundamentais e a construção do novo modelo. São Paulo: Saraiva, 2009, p. 287.

[161] BARROSO, Luís Roberto. *Curso de direito constitucional contemporâneo:* os conceitos fundamentais e a construção do novo modelo. São Paulo: Saraiva, 2009, p. 287.

[162] MENDES, Gilmar Ferreira; COELHO, Inocêncio Mártires; e BRANCO, Paulo Gustavo Gonet. *Curso de direito constitucional.* São Paulo: Saraiva, 2007, p. 88.

para se revelar completamente"[163], de modo que, "sem o trabalho de mediação e concretização, que se impõe ao intérprete-aplicador, este não realiza o ideal de justiça, que consiste em dar a cada um o que é seu"[164].

Sobre o tema, **André Ramos Tavares** registra que não apenas o legislador, mas também o magistrado criam Direito, vez que "o significado do Direito positivo não se extrai dele próprio, mas antes é construído pelo operador do Direito, dentro, dentre outros, dos limites do texto legal e a partir do caso concreto"[165]. E conclui o autor: "no contemporâneo Estado Constitucional de Direito cumpre ao Judiciário concretizar a Constituição, sendo igualmente responsável (ao lado dos demais 'poderes') pelo seu cumprimento e efetividade"[166].

Jane Reis Gonçalves Pereira destaca, a respeito, que o processo de criação judicial do Direito acentua-se na interpretação constitucional em virtude de a abertura e a indeterminação normativa serem mais comuns, exigindo que o intérprete densifique o sentido das normas constitucionais[167]. E ressalta que "a interpretação dos direitos fundamentais é um dos campos mais férteis para a criação judicial, dada a abertura, a indeterminação e a forte carga valorativa dos preceitos que os consagram"[168].

Assim, a autora pontifica que o caráter construtivo da interpretação constitucional reside na necessidade de se conciliar o texto e a realidade, já que a Constituição não é um fenômeno exclusivamente normativo, mas compreende também as forças políticas e sociais com as quais interage[169]. Contudo, esta adverte que a atividade criativa do intérprete não é ilimitada, permanecendo

---

[163] MENDES, Gilmar Ferreira; COELHO, Inocêncio Mártires; e BRANCO, Paulo Gustavo Gonet. *Curso de direito constitucional.* São Paulo: Saraiva, 2007, p. 89.

[164] MENDES, Gilmar Ferreira; COELHO, Inocêncio Mártires; e BRANCO, Paulo Gustavo Gonet. *Curso de direito constitucional.* São Paulo: Saraiva, 2007, p. 89.

[165] TAVARES, André Ramos. *Paradigmas do judicialismo constitucional.* São Paulo: Saraiva, 2012, p. 100.

[166] TAVARES, André Ramos. *Paradigmas do judicialismo constitucional.* São Paulo: Saraiva, 2012, p. 100.

[167] PEREIRA, Jane Reis Gonçalves. *Interpretação constitucional e direitos fundamentais:* uma contribuição ao estudo das restrições aos direitos fundamentais na perspectiva da teoria dos princípios. Rio de Janeiro: Renovar, 2006, p. 41.

[168] PEREIRA, Jane Reis Gonçalves. *Interpretação constitucional e direitos fundamentais:* uma contribuição ao estudo das restrições aos direitos fundamentais na perspectiva da teoria dos princípios. Rio de Janeiro: Renovar, 2006, p. 40-41.

[169] PEREIRA, Jane Reis Gonçalves. *Interpretação constitucional e direitos fundamentais:* uma contribuição ao estudo das restrições aos direitos fundamentais na perspectiva da teoria dos princípios. Rio de Janeiro: Renovar, 2006, p. 42-43.

vinculada à Constituição, à experiência jurídica e às regras de linguagem, devendo ser dotada de coerência, objetividade e capacidade de persuasão[170].

DICA DO AUTOR : Do acima exposto, o candidato aos certames da Defensoria Pública já possui elementos suficientes para a elaboração de uma resposta adequada e satisfatória nas fases dissertativa ou oral do concurso público, a qual poderá seguir os seguintes passos:

De início, o candidato, valendo-se dos ensinamentos dos autores acima citados, deve situar o tema no contexto da dimensão política da jurisdição constitucional, realçando o relevante papel atribuído ao Poder Judiciário na concretização da Constituição.

Após, o candidato poderá apontar que a criação judicial do Direito ganha relevo na interpretação constitucional em virtude da abertura e indeterminação das normas constitucionais em geral, o que ainda é mais acentuado em se tratando de direitos fundamentais, em razão da alta carga valorativa dos preceitos que os contemplam.

Em terceiro lugar, o candidato também poderá indicar a intrínseca relação entre o texto e a realidade, na linha defendida por Müller e Hesse (como vimos nos pontos 1 e 2 deste livro), a justificar o caráter construtivo da interpretação constitucional, de forma a atualizar o sentido e o alcance das normas constitucionais (interpretação evolutiva).

Como um quarto passo, não deixando de exaltar os aspectos positivos trazidos pela criação judicial do Direito à sociedade e à efetividade das normas constitucionais, é interessante que o candidato aponte, em poucas linhas, que ela não deve ser ilimitada, vez que o intérprete deve permanecer vinculado à Constituição, à experiência jurídica e às regras de linguagem.

Em conclusão, sugerimos que o candidato destaque a importância da interpretação constitucional em suas facetas concretizadora e construtiva, como forma de assegurar tanto a efetividade das normas estabelecidas na Constituição como a atualização delas diante da realidade a ela subjacente, devendo a Defensoria Pública por meio das ações individuais e coletivas estimular essa postura (e protagonismo) pelo Poder Judiciário em prol da efetividade e evolução dos direitos fundamentais de titularidade dos necessitados.

---

[170] PEREIRA, Jane Reis Gonçalves. *Interpretação constitucional e direitos fundamentais:* uma contribuição ao estudo das restrições aos direitos fundamentais na perspectiva da teoria dos princípios. Rio de Janeiro: Renovar, 2006, p. 45.

7. [SÃO PAULO] CONSTITUCIONALISMO E NEOCONSTITUCIONALISMO. JURISDIÇÃO CONSTITUCIONAL E CONSEQUÊNCIAS DA INTERPRETAÇÃO. CONSTITUCIONALISMO LATINO-AMERICANO E DESCOLONIZAÇÃO. PLURINACIONALIDADE E PLURALISMO JURÍDICO. [PARANÁ] TEORIA DA CONSTITUIÇÃO. CONSTITUCIONALISMO E NEOCONSTITUCIONALISMO. SUPREMACIA DA CONSTITUIÇÃO

■ **Teoria da Constituição. Constitucionalismo e neoconstitucionalismo. Jurisdição constitucional e consequências da interpretação. Supremacia da Constituição**

Segundo **Alexandre de Moraes**[171], a origem formal do **constitucionalismo** (constitucionalismo moderno[172]) identifica-se com o advento das Constituições norte-americana e francesa (de 1787 e 1791, respectivamente), que tiveram por finalidade o combate a regimes absolutistas e opressores[173].

Como asseveram **Cláudio Pereira de Souza Neto e Daniel Sarmento**:

> o constitucionalismo moderno se assenta em três pilares: a contenção do poder dos governantes, por meio da separação dos poderes; a garantia de direitos individuais, concebidos como direitos negativos oponíveis ao Estado; e a necessidade de legitimação do governo pelo consentimento dos governados, pela via de democracia representativa[174].

A propósito, a prova objetiva do **I Concurso da Defensoria do Estado de São Paulo, realizado em 2006, pela Fundação Carlos Chagas**, indagou ao candidato a respeito do que asseguraria aos cidadãos o **exercício dos seus direitos**, a **divisão dos poderes** e a **limitação do governo pelo direito**, tendo como resposta correta, justamente, o **constitucionalismo**.

---

[171] *Direito constitucional*. 29. ed. São Paulo: Atlas, 2013, p. 1.

[172] É importante notar que a doutrina não é unânime quanto ao significado do termo "constitucionalismo", de forma que optamos por esse corte metodológico (tratando do constitucionalismo moderno) em razão dos estreitos limites impostos a este trabalho. Para identificar os diversos entendimentos sobre a expressão em estudo, recomendamos a leitura do livro de Pedro Lenza (*Direito constitucional esquematizado*. 17. ed. rev. atual. e ampl. São Paulo: Saraiva, 2013, p. 58-63), que traz um panorama geral e didático deles, assim como da obra de Cláudio Pereira de Souza Neto e Daniel Sarmento (*Direito constitucional:* teoria, história e métodos de trabalho. 2. ed. Belo Horizonte: Fórum, 2014, Capítulo 2, p. 69-96), na qual o assunto é aprofundado em capítulo próprio, em que os autores discorrem acerca da trajetória histórica do constitucionalismo e dos dilemas contemporâneos por ele trazidos.

[173] Trata-se de matéria inserida na "espinha dorsal" do direito constitucional, nos termos em que preconizamos no tópico "conteúdo" do direito constitucional no ponto 1 deste livro.

[174] SOUZA NETO, Cláudio Pereira de; SARMENTO, Daniel. *Direito constitucional:* teoria, história e métodos de trabalho. 2. ed. Belo Horizonte: Fórum, 2014, p. 74.

No mesmo sentido foi a prova objetiva do **Concurso da Defensoria do Estado do Espírito Santo, realizado em 2012, pelo Cespe**, ao considerar como correta a seguinte afirmação: "**na perspectiva moderna, o conceito de constitucionalismo abrange, em sua essência, a limitação do poder político e a proteção dos direitos fundamentais**".

Já o **neoconstitucionalismo** pode ser associado a diversos fenômenos decorrentes de uma visão **pós-positivista** do Direito, caracterizada, segundo a doutrina[175], pela busca da ligação entre o Direito e a Moral por meio da interpretação de princípios jurídicos muito abertos e dotados de pleno caráter normativo[176].

Buscando sistematizar, de forma objetiva, a trajetória percorrida pelo direito constitucional nas últimas décadas, na Europa e no Brasil, que culminaram no chamado neoconstitucionalismo (ou novo direito constitucional), **Barroso** elenca **três marcos fundamentais,** quais sejam:

a) **Marco histórico:** pós-guerra (na Europa) e redemocratização (no Brasil), nos seguintes termos:

    a.1) **pós-guerra:** na Europa continental, após a Segunda Guerra Mundial, o advento das Constituições da Alemanha (de 1949) e da Itália (de 1947), seguidas pela instalação de suas Cortes Constitucionais (em 1951 e 1956, respectivamente) deu impulso a uma relevante produção teórica e jurisprudencial no direito constitucional, passando-se a reconhecer a **força normativa das normas constitucionais** e conferindo *status* **jurídico** à Constituição, antes tida como mero documento político;

    a.2) **redemocratização:** no Brasil, o advento da Constituição de 1988 foi responsável pela transição de um Estado totalitário para um **Estado Democrático de Direito,** passando o direito constitucional a ter um papel de destaque no País.

---

[175] SOUZA NETO, Cláudio Pereira de; SARMENTO, Daniel. *Direito constitucional:* teoria, história e métodos de trabalho. 2. ed. Belo Horizonte: Fórum, 2014, p. 201.

[176] Embora o pós-positivismo não se limite ao direito constitucional, foi nele que floresceu, em razão da consagração, nas constituições contemporâneas (inclusive na brasileira de 1988) de princípios abstratos dotados de forte conteúdo moral (SOUZA NETO, Cláudio Pereira de; SARMENTO, Daniel. *Direito constitucional:* teoria, história e métodos de trabalho. 2. ed. Belo Horizonte: Fórum, 2014, p. 201).

b) **Marco filosófico:** pós-positivismo (enquanto terceira via entre as concepções positivista e jusnaturalista[177]), merecendo destaque o desenvolvimento dos seguintes princípios:

b.1) **princípio da dignidade da pessoa humana** (abordado no ponto 22);

b.2) **princípio da razoabilidade ou da proporcionalidade** (abordado no ponto 22).

c) **Marco teórico:** três mudanças de paradigma, a saber:

c.1) **força normativa da Constituição:** passou-se a reconhecer o *status* jurídico e a imperatividade das normas constitucionais, antes dotadas de cunho meramente político;

c.2) **expansão da jurisdição constitucional:** a supremacia do Poder Legislativo foi substituída pela supremacia da Constituição, passando o Poder Judiciário a ocupar papel central em sua defesa (especialmente em relação aos direitos fundamentais constitucionalizados), o que se evidencia por meio do controle de constitucionalidade exercido principalmente pelas Cortes Constitucionais;

c.3) **reelaboração doutrinária da interpretação constitucional:** as mudanças de paradigma acima geraram modificações importantes na hermenêutica e interpretação constitucional, criando e reelaborando certas categorias, como: "os modos de atribuição de sentido às cláusulas gerais, o reconhecimento de normatividade aos princípios, a percepção da ocorrência de colisões de normas constitucionais e de direitos fundamentais, a necessidade de utilização da ponderação como técnica de decisão e a reabilitação da razão prática como fundamento de legitimação das decisões judiciais"[178].

---

[177] É possível afirmar que o pós-positivismo, como vimos acima, simbolizou uma aproximação entre o Direito e a Moral, que se fez necessária após a constatação de que as barbáries decorrentes do nazismo foram feitas sob o manto da legalidade. Assim, sem desconsiderar o enfoque às normas jurídicas do ordenamento pregadas pelo positivismo, buscou-se resgatar as ideias de justiça e legitimidade nas quais se assentava o jusnaturalismo, surgindo, dessa composição entre os dois pensamentos, o pós-positivismo.

[178] BARROSO, Luís Roberto. *Curso de direito constitucional contemporâneo:* os conceitos fundamentais e a construção do novo modelo. São Paulo: Saraiva, 2009, p. 266.

Como o candidato pode perceber, o neoconstitucionalismo não se identifica apenas como um aspecto específico que envolve o direito constitucional, sendo, pelo contrário, uma expressão empregada para simbolizar uma série de fenômenos fruto de uma nova abordagem conferida às normas constitucionais, que tem como pano de fundo uma concepção pós-positivista, como vimos, acerca da disciplina[179].

Com o objetivo de melhor ilustrar tais fenômenos, a doutrina busca elencá-los, o que fazemos abaixo na tentativa de facilitar ao candidato a identificação e compreensão destes.

Para alguns[180], os **traços mais significativos** desse novo constitucionalismo seriam:

a) **mais Constituição do que leis** (representando a força normativa conferida à Constituição);

b) **mais juízes do que legisladores** (identificando, ante a supremacia da Constituição, o reconhecimento dos julgadores como legítimos criadores do direito[181] e não simples relevadores de uma suposta vontade da lei ou do legislador);

c) **mais princípios do que regras** (reconhecendo o caráter aberto e de múltiplos significados dos princípios a serem objeto de interpretação e aplicação);

d) **mais ponderação do que subsunção** (apontando a limitação decorrente da subsunção pregada pelo positivismo na tarefa de interpretar e aplicar a Constituição que, impregnada de princípios, demanda a técnica de ponderação pelo intérprete/aplicador de suas normas);

e) **mais concretização do que interpretação** (em razão da mencionada abertura semântica e de múltiplos significados dos princípios contidos

---

[179] Na prova objetiva do **III Concurso da Defensoria de São Paulo, realizado em 2009, pela Fundação Carlos Chagas**, considerou-se que o enunciado a seguir transcrito dizia respeito à implementação de políticas públicas e ao neoconstitucionalismo: "A Constituição tem compromisso com a efetivação de seu núcleo básico (direitos fundamentais), o que somente pode ser pensado a partir do desenvolvimento de programas estatais, de ações que demandam uma perspectiva não teórica, mais sim concreta e pragmática e que passe pelo compromisso do intérprete com as premissas do constitucionalismo contemporâneo".

[180] MENDES, Gilmar Ferreira; COELHO, Inocêncio Mártires; e BRANCO, Paulo Gustavo Gonet. *Curso de direito constitucional*. São Paulo: Saraiva, 2007, p. 120-122.

[181] A respeito da criação judicial do Direito, *vide* tópico próprio inserido no ponto 6 deste livro.

na Constituição, a interpretação, enquanto indagação sobre o conteúdo e o sentido de algo precedente, deve ceder à concretização, entendida como o preenchimento criativo de uma pauta que se volta para o futuro, como forma de atingir a justiça no caso concreto).

Para outros[182], o neoconstitucionalismo apontaria para os seguintes fenômenos constatáveis no campo empírico e da dogmática jurídica (a maioria deles, como se verá, guardando identidade com o rol acima):

a) reconhecimento da **força normativa dos princípios jurídicos** e valorização da sua importância no processo de aplicação do Direito;

b) rejeição ao formalismo e recurso mais frequente a métodos ou estilos mais abertos de raciocínio jurídico, como a **ponderação, tópica, teorias da argumentação** etc.;

c) **constitucionalização do Direito**, com a **irradiação das normas e valores constitucionais**, sobretudo relacionados aos direitos fundamentais, para **todos os ramos do ordenamento**[183];

d) **reaproximação entre o Direito e a Moral**;

e) judicialização da política e das relações sociais, com um significativo **deslocamento de poder** da esfera do Legislativo e do Executivo para o **Poder Judiciário.**

DICA DO AUTOR : À luz dos pensamentos acima, sugerimos que o candidato, acaso indagado sobre o tema objeto do presente ponto em provas dissertativas ou orais da Defensoria Pública, siga em sua redação ou exposição oral os seguintes passos:

Comece a abordagem do tema trazendo a distinção entre o constitucionalismo e o neoconstitucionalismo, ressaltando que, enquanto o primeiro buscou (na concepção acima adotada) limitar a arbitrariedade de regimes absolutistas mediante a previsão de direitos fundamentais em Constituições rígidas e escritas, o segundo representa uma visão pós-positivista relativa ao direito constitucional.

---

[182] SOUZA NETO, Cláudio Pereira de; SARMENTO, Daniel. *Direito constitucional:* teoria, história e métodos de trabalho. 2. ed. Belo Horizonte: Fórum, 2014, p. 202-206.

[183] Nesse ponto, os autores destacam que a constitucionalização do Direito não se esgotaria no tratamento constitucional de temas antes tratados pela legislação ordinária, mas também envolveria a chamada "filtragem constitucional" do Direito, compreendida como a interpretação de todas as normas à luz da Constituição (SOUZA NETO, Cláudio Pereira de; SARMENTO, Daniel. *Direito constitucional:* teoria, história e métodos de trabalho. 2. ed. Belo Horizonte: Fórum, 2014, p. 202).

Na sequência, o candidato deve apontar os marcos histórico, filosófico e teórico traçados por Barroso (conforme vimos acima), explicando, ainda que de forma sintética, os aspectos centrais de cada qual, buscando, porém, um maior aprofundamento do marco teórico, em razão de sua associação mais direta com o direito constitucional se comparado aos demais marcos, relacionados mais de perto com a história e a filosofia.

Por fim, o candidato, acaso o espaço de linhas (nas provas dissertativas) ou de tempo (nas provas orais) permitir, poderá explorar alguns dos fenômenos representativos do neoconstitucionalismo e constantes nos dois róis acima transcritos, encerrando sua resposta com a observação de que o neoconstitucionalismo contribui para conferir maior efetividade às normas constitucionais.

■ Constitucionalismo Latino-americano e descolonização. Plurinacionalidade e pluralismo jurídico

Esse ponto foi inserido, de forma inovadora, no edital do **VIII Concurso da Defensoria Pública do Estado de São Paulo realizado pela Fundação Carlos Chagas em 2019**, tendo sido exigido o seu conhecimento pelo candidato na fase de testes de múltipla escolha desse certame.

Segundo Antonio Carlos Wolkmer e Lucas Machado Fagundes[184], o constitucionalismo latino-americano tem como **marco histórico** o início dos anos 80, por ocasião da redemocratização dos países latino-americanos (com o advento das Constituições nesses países) e das manifestações populares contra a colonização europeia.

Nessa linha, esse constitucionalismo teria como **pilares** o resgate e a valorização das sociedades multiétnicas inerente aos países latino-americanos, além da tutela do pluralismo e da diversidade, tendo como **principal objetivo** o processo emancipatório de **descolonização**, vale dizer, a busca pela própria identidade desses povos e produção de seu conhecimento sem a influência advinda da colonização europeia[185].

---

[184] *Tendências contemporâneas do constitucionalismo latino-americano: Estado plurinacional e pluralismo jurídico*. Disponível em: <https://periodicos.unifor.br/rpen/article/view/2158>. Acesso em: 12-7-2019.

[185] É o que o sociólogo português Boaventura de Sousa Santos denomina de "Epistemologia do Sul", para se referir à necessidade de os povos do Sul Global desenvolverem o conhecimento advindo de suas próprias culturas em contraposição àquele conhecimento que lhes foi imposto pelos países do Norte Global.

Por essa razão, as Constituições desse período foram marcadas pela **expansão dos direitos fundamentais** e pela **valorização das culturas e tradições locais**, podendo o constitucionalismo latino-americano, segundo os mencionados autores, ser dividido em basicamente três ciclos:

a) **primeiro ciclo** denominado de "**Constitucionalismo multicultural**" **(de 1982 a 1988):** no qual houve o reconhecimento da diversidade cultural e das comunidades indígenas; o incremento de direitos coletivos e o aumento da participação popular (exemplos: Constituições da Guatemala de 1985; da Nicarágua de 1987 e do Brasil de 1988);

b) **segundo ciclo** denominado de "**Constitucionalismo pluricultural**" **(de 1989 a 2005):** marcado pela reafirmação do direito à diversidade cultural; pela definição de nação multicultural e pela efetiva participação popular por meio de referendo, consulta popular, iniciativa legislativa e revogação de mandato (exemplos: Constituições da Colômbia de 1991; do México de 1992; do Peru de 1993; da Bolívia de 1994; da Argentina de 1994 e da Venezuela de 1999);

c) **terceiro ciclo** denominado de "**Constitucionalismo plurinacional comunitário:** por meio do qual se buscou a coexistência de paradigmas tradicionais do Estado de Direito com crenças tradicionais de sociedades plurinacionais (a nação é pensada a partir de concepções indígenas), sendo a natureza encarada como verdadeiro sujeito de direitos e identificada como a política do "bem viver" (exemplos: Constituições do Equador de 2004 e da Bolívia de 2009)[186].

Como se vê, esses ideais pregados pelas sociedades latino-americanas e reproduzidos em suas respectivas Constituições pregam o respeito à diferença, buscando implantar a concepção de uma nação mediante a articulação de suas

---

[186] A esse respeito, verifica-se que o Supremo Tribunal Federal sediou, em 22 de abril de 2019, a conferência Diálogos das Cortes Constitucionais e o Programa Harmonia com a Natureza da Organização das Nações Unidas, no qual participaram, entre outros, o ministro da Corte Edson Fachin, que apontou a necessidade de superação do paradigma antropocêntrico que separa e diferencia o homem dos demais seres, destacando que: "precisamos estar à altura dos desafios que a Mãe Terra nos vocaciona, para que não sejamos um parasita de um hospedeiro que nos acolheu e tem nos acolhido com muita fraternidade e compreensão". Também participou do evento o juiz da Corte Constitucional do Equador Agustin Grijalva, que apresentou um histórico sobre a evolução do Direito da Natureza, da sua origem até a mais recente concepção de que os seres devem ser protegidos por seu valor próprio, e não pelo valor que tem para o homem (Disponível em: <http://www.stf.jus.br/portal/cms/verNoticiaDetalhe.asp?idConteudo=409112>. In: Notícias do STF de 22-4-2019. Acesso em: 12-7-2019.

múltiplas e variadas culturas (daí falar em **"plurinacionalidade"**), privilegiando os diversos atores sociais (populações excluídas, movimentos sociais, etc.) como fontes de produção de normas jurídicas **("pluralismo jurídico")** e não somente o Estado (monismo jurídico).

8. `SÃO PAULO` PODER CONSTITUINTE: A) PERSPECTIVAS HISTÓRICAS; B) PODER CONSTITUINTE ORIGINÁRIO: CARACTERIZAÇÃO, FUNÇÃO, FINALIDADE, ATRIBUTOS, NATUREZA; C) ESPÉCIES DE PODER CONSTITUINTE DERIVADO: ATUAÇÃO E LIMITAÇÕES; D) PODER CONSTITUINTE SUPRANACIONAL. `PARANÁ` PODER CONSTITUINTE. PERSPECTIVAS HISTÓRICAS. ESPÉCIES E CARACTERÍSTICAS. PODER CONSTITUINTE ORIGINÁRIO: CARACTERÍSTICAS, NATUREZA E FINALIDADES. PODER CONSTITUINTE DERIVADO: ESPÉCIES, CARACTERÍSTICAS, FINALIDADES, NATUREZA E LIMITES. REFORMA CONSTITUCIONAL E MUTAÇÃO CONSTITUCIONAL. PODER DE REFORMA CONSTITUCIONAL: EMENDAS E REVISÕES. EMENDAS NA CONSTITUIÇÃO FEDERAL DE 1988. CLÁUSULAS PÉTREAS. PODER CONSTITUINTE SUPRANACIONAL

■ Poder constituinte. Perspectivas históricas. Espécies e características

O Poder Constituinte pode ser identificado como aquele que elabora ou atualiza uma Constituição[187].

Historicamente, sua origem é associada ao pensamento de **Emmanuel Joseph Sieyès**, o qual elaborou uma teoria sobre o tema no panfleto *Qu´est-ce que le Tiers État?* (**"Que é o Terceiro Estado?"**), publicado em 1788, sendo um dos escritos que teve grande destaque no movimento da Revolução Francesa, em 1789.

A doutrina costuma classificar o Poder Constituinte em:

1. **Poder Constituinte Originário (ou de 1º grau)**

2. **Poder Constituinte Derivado (ou de 2º grau), subdividido em:**

   2.1. **Poder Constituinte Reformador**

   2.2. **Poder Constituinte Revisor**

---

[187] LENZA, Pedro. *Direito constitucional esquematizado.* 17. ed. rev. atual. e ampl. São Paulo: Saraiva, 2013, p. 197.

2.3. Poder Constituinte Decorrente

3. Poder Constituinte Difuso[188]

4. Poder Constituinte Supranacional

Nos itens a seguir, passamos a analisar, com mais vagar, a matéria objeto deste ponto.

■ **Poder constituinte originário: características, natureza, finalidades, função e atributos**

O **poder constituinte originário**, tido como um **poder de fato e político** e cuja titularidade é atribuída ao **povo** (art. 1º, parágrafo único, da Constituição Federal), tem por finalidade a **criação de uma nova Constituição**.

Em razão disso, apresenta-se com as seguintes **características**:

a) **inicial:** dá início a um novo sistema jurídico;

b) **autônomo:** possui ampla liberdade criadora;

c) **ilimitado:** não encontra limites, nem mesmo em relação à Constituição antecedente;

d) **incondicionado:** não deve seguir qualquer forma ou processo previamente determinado.

Pode, ainda, o poder constituinte originário ser dividido, quanto à sua:

1. **Origem:**

   1.1. **histórico:** aquele que criou, primeiramente, o Estado;

   1.2. **revolucionário:** aquele que, uma vez criado o Estado, o rompeu, dando ensejo ao início de outro Estado.

2. **Forma de manifestação:**

   2.1. **outorga:** fruto de imposição, da qual resulta o rompimento da ordem constitucional anterior, criando-se, na sequência, um novo Estado;

   2.2. **Assembleia Nacional Constituinte:** aquele que se manifesta por

---

[188] Considerando que os editais tomados como referência nesta obra não contemplam o poder constituinte difuso de forma expressa no ponto dedicado ao poder constituinte, bem como a sua ligação com a mutação constitucional, optamos por examiná-lo no ponto 8, no tópico "Reforma constitucional e mutação constitucional", ao qual remetemos o leitor.

uma convenção dotada de legitimidade popular, através da qual cria-se o Estado.

■ **Poder constituinte derivado: espécies, características, natureza, finalidades, atuação e limites**

O **poder constituinte derivado**, por sua vez, tido como um **poder jurídico,** insere-se na própria Constituição, motivo pelo qual pode ser **caracterizado** como:

a) **derivado:** já que sua origem decorre do poder constituinte originário;

b) **subordinado:** está limitado às normas expressas e implícitas da Constituição;

c) **condicionado:** é exercido conforme os ditames do texto constitucional.

Ademais, o poder constituinte derivado divide-se, como vimos, em três **espécies**:

1. **Poder constituinte reformador:** por meio do qual se dá a alteração (reforma) do texto constitucional, por meio das emendas constitucionais, motivo pelo qual é **limitado** (não pode ferir as cláusulas pétreas previstas no art. 60, § 4º, I a IV, da Constituição Federal) e **condicionado** (deve seguir os comandos constitucionais procedimentais de iniciativa, discussão, votação, aprovação e promulgação das emendas constitucionais).

2. **Poder constituinte revisor:** também **limitado** e **condicionado** (posto que espécie do poder constituinte derivado), sua existência se limitou a incidência (já ocorrida) do **art. 3º do Ato das Disposições Constitucionais Transitórias**, pelo qual se previu um específico e célere processo de alteração da Constituição, cujas peculiaridades podem ser assim sintetizadas:

    2.1. **transitoriedade:** só podia ser feito uma única vez (o que não impedia, na oportunidade, a realização de mais de uma emenda à Constituição, como de fato ocorreu, já que foram promulgadas seis emendas de revisão);

    2.2. **início predefinido:** somente poderia ser iniciado depois de cinco anos a contar da promulgação da Constituição;

2.3. **processo simplificado:** ao contrário do Poder Constituinte Reformador, apresentava menor quórum de votação (maioria absoluta, em vez de três quintos) e era realizado em sessão unicameral (e não bicameral).

3. **Poder constituinte decorrente:** responsável pela **criação da Constituição de cada Estado membro**, por meio de suas respectivas Assembleias Legislativas, à vista da auto-organização, do autogoverno e da autoadministração destes entes, sendo, igualmente, **limitado** (deve respeitar as cláusulas pétreas e, nos termos do art. 25, *caput*, da Constituição Federal e 11, *in fine*, do Ato das Disposições Constitucionais Transitórias, os princípios da Constituição Federal) e **condicionado** (está sujeito a certas normas procedimentais adotadas pela Constituição Federal, como, por exemplo, as regras básicas do processo legislativo federal).

A respeito do poder constituinte decorrente, merece destaque o chamado **princípio da simetria,** segundo o qual as Constituições estaduais devem seguir (ser "simétricas") as normas estabelecidas pela Constituição Federal. Não há, contudo, critérios precisos a respeito do assunto, de forma a apontar em até que medida as Constituições Estaduais devem ou não seguir a Constituição Federal, exigindo-se do Poder Judiciário, caso a caso, a fixação dos exatos limites impostos pela Constituição Federal ao Poder Constituinte Decorrente.

A propósito, citamos abaixo alguns parâmetros adotados pelo Supremo Tribunal Federal nessa seara, cujo conhecimento pode ser cobrado nos certames da Defensoria Pública (grifos nossos):

a) **Súmula 649 do Supremo Tribunal Federal:** "É inconstitucional a criação, por Constituição estadual, de órgão de controle administrativo do Poder Judiciário do qual participem representantes de outros Poderes ou entidades".

b) "[...] **Podem** os Estados membros editar **medidas provisórias** em face do princípio da simetria, obedecidas as regras básicas do processo legislativo no âmbito da União [...]"[189].

---

[189] Ação Direta de Inconstitucionalidade 425, Pleno, Rel. Min. Maurício Corrêa, *DJ* 19-12-2003. Veja o candidato que esse entendimento foi reforçado posteriormente (em razão da redação do art. 25, § 2º, da Constituição Federal) pelo seguinte julgado (grifos nossos): "No julgamento da ADI 425, Rel. Min. Maurício Corrêa, *DJ* 19-12-2003, o Plenário desta Corte já havia reconhecido, por ampla maioria, a constitucionalidade da instituição de medida provisória estadual, desde que, pri-

c) "A CB, ao conferir aos Estados membros a capacidade de auto-organização e de autogoverno – art. 25, *caput* –, impõe a obrigatória observância de vários princípios, entre os quais o pertinente ao processo legislativo. **O legislador estadual não pode usurpar a iniciativa legislativa do chefe do Executivo, dispondo sobre as matérias reservadas a essa iniciativa privativa.** Precedentes"[190].

d) "Processo de reforma da Constituição estadual. Necessária observância dos requisitos estabelecidos na CF (art. 60, § 1º a § 5º). **Impossibilidade constitucional** de o Estado membro, em divergência com o modelo inscrito na Lei Fundamental da República, **condicionar a reforma da Constituição estadual à aprovação da respectiva proposta por 4/5 (quatro quintos) da totalidade dos membros integrantes da Assembleia Legislativa.** Exigência que virtualmente esteriliza o exercício da função reformadora pelo Poder Legislativo local. A questão da autonomia dos Estados membros (CF, art. 25). Subordinação jurídica do poder constituinte decorrente às limitações que o órgão investido de funções constituintes primárias ou originárias estabeleceu no texto da Constituição da República: [...]."[191]

Ademais, cabe apontar que, pela **dicção expressa** do texto constitucional, os municípios e o Distrito Federal **não possuem poder constituinte**[192], sendo

---

meiro, esse instrumento esteja expressamente previsto na Constituição do Estado e, segundo, sejam observados os princípios e as limitações impostas pelo modelo adotado pela CF, tendo em vista a necessidade da observância simétrica do processo legislativo federal. Outros precedentes: ADI 691, Rel. Min. Sepúlveda Pertence, *DJ* 19-6-1992, e ADI 812-MC, Rel. Min. Moreira Alves, *DJ* 14-5-1993. **Entendimento reforçado pela significativa indicação na CF, quanto a essa possibilidade, no capítulo referente à organização e à regência dos Estados, da competência desses entes da Federação para 'explorar diretamente, ou mediante concessão, os serviços locais de gás canalizado, na forma da lei, vedada a edição de medida provisória para a sua regulamentação'** (art. 25, § 2º)." (ADI 2.391, Rel. Min. Ellen Gracie, j. 16-8-2006, Plenário, *DJ* 16-3-2007). Lembramos ao candidato que o conhecimento desse posicionamento do Supremo Tribunal Federal foi objeto de cobrança na prova objetiva do **II Concurso da Defensoria de São Paulo, realizado em 2007, pela Fundação Carlos Chagas**.

[190] Plenário, Ação Direta de Inconstitucionalidade 1.594, Rel. Min. Eros Grau, j. 4-6-2008, *DJE* 22-8-2008. No mesmo sentido: Plenário, ADI 291, Rel. Min. Joaquim Barbosa, j. 7-4-2010, *DJE* 10-9-2010.

[191] Plenário, Ação Direta de Inconstitucionalidade 486, Rel. Min. Celso de Mello, j. 3-4-1997, *DJ* 10-11-2006.

[192] Nesse aspecto, é imperioso salientar que Pedro Lenza, revendo posicionamento anterior, defende que o Distrito Federal seria dotado de poder constituinte decorrente, vez que a sua estruturação estaria mais próxima dos Estados membros do que dos municípios, de modo que sua lei orgânica

regidos por suas respectivas leis orgânicas (arts. 29, *caput*, e 32, *caput*, da Constituição Federal, respectivamente). Os territórios, igualmente, não possuem poder constituinte, vez que não dispõem de autonomia, integrando a União (art. 18, § 2º, da Constituição Federal).

■ Reforma constitucional e mutação constitucional

Ao lado da reforma constitucional, que encerra processos formais de mudança da Constituição (por meio das emendas constitucionais), encontra-se a mutação constitucional[193], que representa a alteração das normas constitucionais por processos informais[194] (decorrentes dos usos e costumes de seus destinatários ou de sua interpretação histórico-evolutiva)[195].

Assim, segundo a doutrina, as mutações constitucionais "nada mais são que alterações semânticas dos preceitos da Constituição, em decorrência de modificações no prisma histórico-social ou fático-axiológico em que se concretiza a sua aplicação"[196].

Em outros termos, não obstante o sentido da norma constitucional seja alterado pela via do costume ou da interpretação, o seu texto resta inalterado.

Destacamos que o assunto em exame foi abordado pela prova objetiva do **III Concurso da Defensoria do Estado do Rio Grande do Sul, realizado em 2010, pela Fundação Carlos Chagas,** no qual foi considerada correta a seguinte assertiva: "a interpretação constitucional evolutiva, também denomi-

---

(tida como verdadeira Constituição distrital) deve atender aos princípios da Constituição Federal (aplicando-se, analogicamente, o art. 11 do Ato das Disposições Constitucionais Transitórias) e serve de parâmetro para o controle concentrado de constitucionalidade no âmbito do Tribunal de Justiça do Distrito Federal e dos Territórios, tal como previsto no art. 30 da Lei n. 9.868/99 e reconhecido pelo Supremo Tribunal Federal quando do julgamento do Recurso Extraordinário 577.025, Plenário, voto do Rel. Min. Ricardo Lewandowski, j. 11-12-2008, *DJE* 6-3-2009 (LENZA, Pedro. *Direito constitucional esquematizado.* 17. ed. rev. atual. e ampl. São Paulo: Saraiva, 2013, p. 206-207).

[193] Trata-se de matéria inserida na "espinha dorsal" do direito constitucional, nos termos em que preconizamos no tópico "conteúdo" do direito constitucional no ponto 1 deste livro.

[194] DICA DO AUTOR : Para o aprofundamento do assunto, recomendamos ao candidato a leitura da seguinte obra: FERRAZ, Anna Cândida da Cunha. *Processos informais de mudança da Constituição:* mutações constitucionais e mutações inconstitucionais. São Paulo: Max Limonad, 1986.

[195] Lembramos que o costume constitucional foi tratado no ponto 5, no tópico "Lacunas da Constituição", enquanto a mutação constitucional foi objeto de breve análise também no ponto 5, só que no tópico "Aplicação da Constituição no tempo".

[196] MENDES, Gilmar Ferreira; COELHO, Inocêncio Mártires; e BRANCO, Paulo Gustavo Gonet. *Curso de direito constitucional.* São Paulo: Saraiva, 2007, p. 123.

nada de mutação constitucional, não implica alteração no texto constitucional, mas na interpretação da regra".

Daí falar que as mutações constitucionais são decorrentes da conjugação da **peculiaridade da linguagem constitucional** (polissêmica e indeterminada) com os **fatores externos de ordem econômica, social e cultural** que a Constituição busca regular, tendo como resultado **leituras renovadas** das mensagens enviadas pelo constituinte[197].

Nesse diapasão, impende anotar que esses fatores externos de ordem econômica, social e cultural podem ser concebidos como um verdadeiro "poder de fato", uma espécie inorganizada de poder constituinte, que recebeu de Georges Burdeau a expressão de **"Poder Constituinte Difuso"**[198].

A fim de evitar **mutações inconstitucionais**, Barroso aponta **dois limites**:

> a) as possibilidades semânticas do relato da norma, vale dizer, os sentidos possíveis do texto que está sendo interpretado ou afetado; e b) a preservação dos princípios fundamentais que dão identidade àquela específica Constituição. Se o sentido novo que se quer dar não couber no texto, será necessária a convocação do poder constituinte reformador. E se não couber nos princípios fundamentais, será preciso tirar do estado de latência o poder constituinte originário[199].

DICA DO AUTOR : Do exposto, compete-nos esclarecer a inserção da mutação constitucional no que chamamos de **"espinha dorsal"** do direito constitucional para os concursos da Defensoria Pública[200]. Ela se deve ao fato de a atividade exercida pelos defensores públicos consistir, não raras vezes, em instar o Poder Judiciário a realizar uma interpretação das normas constitucionais que, para além do texto expresso nelas contidos, seja capaz de atender às constantes mudanças na realidade e às exigências da sociedade.

Como já tivemos a oportunidade de apontar alhures[201], a Constituição não deve se limitar a reproduzir a realidade, mas sim levá-la em conta para conferir

---

[197] MENDES, Gilmar Ferreira; COELHO, Inocêncio Mártires; e BRANCO, Paulo Gustavo Gonet. *Curso de direito constitucional*. São Paulo: Saraiva, 2007, p. 123.

[198] LENZA, Pedro. *Direito constitucional esquematizado*. 17. ed. rev. atual. e ampl. São Paulo: Saraiva, 2013, p. 211-212.

[199] BARROSO, Luís Roberto. *Curso de direito constitucional contemporâneo:* os conceitos fundamentais e a construção do novo modelo. São Paulo: Saraiva, 2009, p. 127-128.

[200] *Vide*, a respeito, o ponto 1, tópico "Conteúdo da Constituição".

[201] *Vide* ponto 2, tópico "A força normativa da Constituição".

efetividade às normas nela previstas, promovendo as mudanças necessárias para o bem-estar da sociedade.

Desse modo, incumbe ao defensor público agir como verdadeiro "agente de transformação social" mediante a provocação do Poder Judiciário para que este, por meio de uma interpretação evolutiva preconizada pela mutação constitucional, concretize os direitos fundamentais dos necessitados, implemente as políticas públicas traçadas pela Constituição em prol das parcelas mais vulneráveis da população e, em última instância, faça cumprir os objetivos fundamentais dispostos no art. 3º da Constituição Federal.

Com base nas observações feitas acima, o candidato ao cargo de defensor público poderá desenvolver, nas provas, o tema relativo à mutação constitucional de acordo com a seguinte diretriz:

Inicialmente, deverá ser contraposta a ideia de reforma constitucional à mutação constitucional na linha acima adotada, passando-se ao conceito de mutação constitucional dado pela doutrina.

Na sequência, o candidato deve mencionar que as mutações constitucionais decorrem da conjugação da peculiaridade da linguagem constitucional com os fatores externos de ordem econômica, social e cultural que a Constituição busca regular, destacando o que se entende por poder constituinte difuso.

Depois disso, compete ao candidato apontar os dois limites acima referidos e aos quais as mutações estão sujeitas, sob pena de serem tidas como inconstitucionais.

Por fim, o candidato deverá concluir sua resposta destacando a importância da mutação constitucional para o trabalho exercido pela Defensoria Pública por meio de uma síntese das ideias supracitadas nesse sentido.

■ **Poder de Reforma Constitucional: emendas e revisões. Emendas na Constituição Federal de 1988. Cláusulas pétreas**

Como vimos acima, a Constituição Federal, além de ter sido reformada por meio de **emendas de revisão** (poder constituinte revisor, nos termos do art. 3º do Ato das Disposições Constitucionais Transitórias), só pode sê-lo, atualmente, por meio das **emendas constitucionais** (poder constituinte reformador), às quais se aplicam os seguintes limites:

a) **materiais:** a emenda constitucional não pode alterar certas matérias dotadas de imutabilidade pela própria Constituição (as chamadas "cláusulas pétreas" ou "garantias de eternidade"), que se encontram previstas no art. 60, § 4º, I a IV, da Constituição Federal (quais sejam: forma federativa de Estado; o voto direto, secreto, universal e periódico; a separação dos Poderes e os direitos e garantias individuais);

b) **circunstanciais:** também não é permitido à emenda constitucional modificar a Constituição durante certas circunstâncias fáticas em andamento (estado de sítio, estado de defesa e intervenção federal), tal como previsto no art. 60, § 1º, da Constituição Federal;

c) **procedimentais:** uma vez prejudicada ou rejeitada a proposta de emenda constitucional, esta só poderá ser novamente proposta na próxima sessão legislativa, conforme estabelece o art. 60, § 5º, da Constituição Federal.

Levando-se em conta as características, respectivamente, dos poderes constituintes originário e reformador acima destacadas, prevalece o entendimento de que não cabe a arguição de inconstitucionalidade das normas estabelecidas na Constituição pelo Poder Constituinte Originário (daí a afirmação de que não há normas constitucionais inconstitucionais), mas apenas daquelas decorrentes do poder constituinte reformador (ou revisor, em sendo o caso).

DICA DO AUTOR : A respeito da cláusula pétrea prevista no art. 60 § 4º, IV, da Constituição Federal (direitos e garantias individuais), é importante que o candidato ao cargo de defensor público demonstre uma **visão crítica** a respeito da **literalidade** dessa norma constitucional a indicar uma eventual exclusão dos **direitos sociais** do rol das cláusulas pétreas[202], na medida em que um dos principais objetivos diuturnamente buscados pela Defensoria Pública relaciona-se, justamente, à **justiciabilidade dos direitos fundamentais sociais dos necessitados**[203], como forma de alcançar a plena efetividade destes, tal como já destacamos nesta obra[204].

---

[202] Salvo, evidentemente, quando o examinador pretender tão somente indagar o candidato a respeito da redação expressa do art. 60, § 4º, IV, da Constituição Federal, o que pode ocorrer em um teste de múltipla escolha, por exemplo.

[203] Além do **art. 134, *caput*, da Constituição Federal,** que confere à Defensoria Pública, entre outras atribuições: "[...] **a promoção dos direitos humanos e a defesa, em todos os graus, judicial e extrajudicial, dos direitos individuais e coletivos, de forma integral e gratuita, aos necessitados** [...]", vale lembrar que, segundo o **art. 3º-A, III da Lei Complementar n. 80/94,** um dos objetivos da Defensoria Pública é a "**prevalência e efetividade dos direitos humanos**", constituindo função institucional da Defensoria, conforme a dicção do **art. 4º, X,** da mesma lei: "**promover a mais ampla defesa dos direitos fundamentais dos necessitados, abrangendo seus direitos individuais, coletivos, sociais, econômicos, culturais e ambientais, sendo admissíveis todas as espécies de ações capazes de propiciar sua adequada e efetiva tutela**".

[204] Nesse sentido, *vide* "dica do autor" presente tanto no ponto 2, tópico "A força normativa da Cons-

Em outros termos, recomenda-se que o candidato se posicione no sentido de que os **direitos fundamentais sociais** estariam **igualmente contemplados** no art. 60, § 4º, IV, da Constituição Federal, tendo o constituinte, nesse ponto, "dito menos do que queria"[205].

A fim de auxiliar o candidato nesse mister, elencamos abaixo **três dos argumentos** utilizados por Ingo Wolfgang Sarlet que poderão servir para bem **fundamentar** tal posicionamento:

> a) a Constituição brasileira não traça qualquer diferença entre os direitos de liberdade (defesa) e os direito sociais, inclusive no que diz com eventual primazia dos primeiros sobre os segundos; b) os partidários de uma exegese conservadora e restritiva em regra partem da premissa de que todos os direitos sociais podem ser conceituados como direitos a prestações materiais estatais, quando, em verdade, já se demonstrou que boa parte dos direitos sociais são equiparáveis, no que diz com sua função precípua e estrutura jurídica, aos direitos de defesa; c) para além disso, relembramos que uma interpretação que limita o alcance das "cláusulas pétreas" aos direitos fundamentais elencados no art. 5º da CF acaba por excluir também os direitos de nacionalidade e os direitos políticos, que igualmente não foram expressamente previstos no art. 60, § 4º, inc. IV, de nossa Lei Fundamental[206].

■ Poder constituinte supranacional

Segundo a doutrina[207], o **poder constituinte supranacional** seria aquele responsável pela criação de uma **Constituição supranacional**, estando amparado na cidadania universal, no pluralismo de ordenamentos jurídicos, na vontade de integração e em um conceito remodelado de soberania.

Ao abordar o assunto sob o rótulo de um **"constitucionalismo transnacional"**, Cláudio Pereira de Souza Neto e Daniel Sarmento asseveram:

---

tituição", como no ponto 5, no tópico que trata da "Aplicabilidade e eficácia das normas constitucionais", mais especificamente a respeito das chamadas normas constitucionais programáticas.

[205] MENDES, Gilmar Ferreira; COELHO, Inocêncio Mártires; e BRANCO, Paulo Gustavo Gonet. *Curso de direito constitucional.* São Paulo: Saraiva, 2007, p. 215.

[206] SARLET, Ingo Wolfgang. *A eficácia dos direitos fundamentais.* 9. ed. rev. atual. e ampl. Porto Alegre: Livraria do Advogado, 2008, p. 426.

[207] LENZA, Pedro. *Direito constitucional esquematizado.* 17. ed. rev. atual. e ampl. São Paulo: Saraiva, 2013, p. 212-213.

a Constituição estatal exerce ainda o papel fundamental nas engrenagens da sociedade contemporânea. Mas o constitucionalismo estatal não pode ser autista. Não pode se fechar às influências externas e ao diálogo com outras fontes e instâncias transnacionais. Não se trata de subserviência ou de renúncia à soberania, mas de abertura para a possibilidade de aprendizado mútuo, por meio de "fertilizações cruzadas" entre diferentes sistemas normativos [...] ademais, em certas áreas, em que o poder do Estado é ineficaz para enfrentar determinados problemas – como o combate ao aquecimento global –, ou não é plenamente confiável para lidar com outros de forma exclusiva – como a proteção dos direitos humanos –, o fortalecimento de esferas normativas supranacionais deve ser festejado e não lamentado, ainda que o preço a ser pago possa ser certa erosão da soberania estatal. Aqui, menos soberania pode significar mais constitucionalismo[208].

DICA DO AUTOR: Embora este tema, como parece intuitivo, esteja intimamente ligado à disciplina de Direitos Humanos (normalmente cobrada de forma autônoma nos certames da Defensoria Pública), reputamos que, em se tratando de direito constitucional, basta ao candidato, acaso indagado, demonstrar o seu conhecimento a respeito do **conceito e fundamento** do poder constituinte supranacional (tal como acima delineado), podendo ainda, se houver pertinência e espaço, valer-se da **postura crítica** (acima colacionada) de Cláudio Pereira de Souza Neto e Daniel Sarmento, levando-se em conta, especialmente, a atribuição conferida à Defensoria Pública no sentido de postular perante os órgãos dos sistemas internacionais de proteção dos direitos humanos, o que ocorre, normalmente, naqueles casos em que o Estado se mostra ineficaz em salvaguardá-los[209].

9. SÃO PAULO CONTROLE DE CONSTITUCIONALIDADE. SUPREMACIA DA CONSTITUIÇÃO FEDERAL. TEORIA DA INCONSTITUCIONALIDADE. TEORIA DA RECEPÇÃO. O CONTROLE DIFUSO DA CONSTITUCIONALIDADE. O CONTROLE CONCENTRADO DA CONSTITUCIONALIDADE (ADI, ADI POR OMISSÃO, ADC, ADPF). MUTAÇÕES CONSTITUCIONAIS. TÉCNICAS DE DECISÕES NOS TRIBUNAIS CONSTITUCIONAIS. CONTROLE DE CONSTITUCIONALIDADE

---

[208] SOUZA NETO, Cláudio Pereira de; SARMENTO, Daniel. *Direito constitucional:* teoria, história e métodos de trabalho. 2. ed. Belo Horizonte: Fórum, 2014, p. 95-96.

[209] De acordo com o art. 4º, VI, da Lei Complementar n. 80/94, uma das funções institucionais da Defensoria é, justamente, "**representar aos sistemas internacionais de proteção dos direitos humanos, postulando perante seus órgãos**".

DO DIREITO ESTADUAL E DO DIREITO MUNICIPAL. BLOCO DE CONSTITUCIONALIDADE. PARANÁ CONTROLE DE CONSTITUCIONALIDADE. HISTÓRICO DO CONTROLE DE CONSTITUCIONALIDADE. ESPÉCIES DE CONTROLE DE CONSTITUCIONALIDADE. CONTROLE DE CONSTITUCIONALIDADE NO BRASIL. INCONSTITUCIONALIDADE E RECEPÇÃO NO SISTEMA JURÍDICO BRASILEIRO. O CONTROLE DIFUSO: CARACTERÍSTICAS, EFEITOS, NATUREZA. O CONTROLE CONCENTRADO: CARACTERÍSTICAS, EFEITOS, NATUREZA. AÇÕES DO CONTROLE CONCENTRADO: AÇÃO DIRETA DE INCONSTITUCIONALIDADE, AÇÃO DIRETA DE INCONSTITUCIONALIDADE POR OMISSÃO, AÇÃO DECLARATÓRIA DE CONSTITUCIONALIDADE, ARGUIÇÃO DE DESCUMPRIMENTO DE PRECEITO FUNDAMENTAL. O CONTROLE DE CONSTITUCIONALIDADE DE NORMAS ESTADUAIS E MUNICIPAIS. BLOCO DE CONSTITUCIONALIDADE. RIO DE JANEIRO CONTROLE DE CONSTITUCIONALIDADE. INTERPRETAÇÃO CONSTITUCIONAL

Este tópico diz respeito ao **controle de constitucionalidade**, sendo conjugado, pelo edital da Defensoria Pública do Rio de Janeiro, com a **interpretação constitucional**, a qual é abordada no **ponto 6** deste livro, que remetemos o leitor.

Outrossim, é possível notar que o tema é bastante detalhado pelos editais das Defensorias de São Paulo e do Paraná, obrigando-nos a dividi-lo, para fins didáticos, nos itens a seguir.

Antes disso, contudo, devemos mencionar ao candidato que os assuntos relativos ao controle de constitucionalidade costumam ser bem desenvolvidos e aprofundados pela doutrina, exigindo do pretendente ao cargo de defensor público um exame cuidadoso da matéria.

■ **Controle de constitucionalidade. Histórico do controle de constitucionalidade. Supremacia da Constituição Federal. Espécies de controle de constitucionalidade. Controle de constitucionalidade no Brasil**

Esse tópico traz somente alguns aspectos históricos e introdutórios relativos à matéria, bastando ao candidato o conhecimento sobre os seguintes pontos:

a) **origem (via difusa):** Estados Unidos, no caso "Marbury *versus* Madison" (1803), no qual o juiz Marshall decidiu que, no choque entre a Constituição dos Estados Unidos e as leis infraconstitucionais daquele país, deve-se dar preferência à primeira, dada a sua **supremacia** perante a segunda (a ideia de supremacia constitucional, portanto, é o fundamento principal do controle de constitucionalidade, que não prescinde, porém, também da rigidez constitucional, apta a assegurar a superioridade hierárquica das normas constitucionais);

b) **origem (via concentrada):** Áustria (Constituição de 1920 daquele país), cujo expoente foi Hans Kelsen, tendo, posteriormente, sido largamente desenvolvido na Alemanha;

c) **Brasil:** vige o **sistema misto** de controle de constitucionalidade (vias difusa e concentrada), que fora construído ao longo da história conforme as seguintes fases:

    c.1) **1890:** controle difuso de constitucionalidade;

    c.2) **1934 (Constituição):** ação direta de inconstitucionalidade interventiva;

    c.3) **1965:** ação direta de inconstitucionalidade genérica (Emenda Constitucional n. 16, que alterou a Constituição de 1946);

    c.4) **1988 (Constituição):** ação direta de inconstitucionalidade por omissão;

    c.5) **1993:** ação declaratória de constitucionalidade e arguição de descumprimento de preceito fundamental (Emenda Constitucional n. 3, a qual modificou a Constituição de 1988);

d) **conceito:** processo pelo qual se assegura a supremacia da Constituição sobre as demais normas decorrentes do Poder Constituinte Reformador ou de hierarquia infraconstitucional (leis e atos normativos);

e) **incompatibilidade (vício):** a incompatibilidade da norma com a Constituição poderá ser:

    e.1) **formal:** ligada às regras sobre o processo legislativo de determinada norma, subdividindo-se em:

        e.1.1) **subjetiva** (vício de iniciativa);

        e.1.2) **objetiva** (que envolve as demais regras do processo legislativo);

    e.2) **material:** relativa ao conteúdo da norma;

f) **espécies:** o controle de constitucionalidade pode ser:

    f.1) **preventivo:** feito antes de a norma ingressar no ordenamento[210];

---

[210] Ocorre pelo **Legislativo** quando analisa a constitucionalidade da lei por sua Comissão; pelo **Executivo** ao vetar projeto de lei em razão de sua inconstitucionalidade e pelo **Judiciário na via difusa** (não há possibilidade de controle preventivo na via concentrada).

f.2) **repressivo:** realizado depois de sua entrada no sistema[211], podendo ser:

f.2.1) **difuso:** realizado por qualquer magistrado; inconstitucionalidade como causa de pedir; inexistência de rol de legitimados e efeitos da decisão, como regra, *ex tunc, inter partes* e não vinculante;

f.2.2) **concentrado:** realizado pelo Supremo Tribunal Federal; inconstitucionalidade como pedido; existência de rol de legitimados; efeitos da decisão, como regra, *ex tunc, erga omnes* e vinculante;

g) **controle repressivo** (conforme o órgão que exerce o controle): pode ser dividido em:

g.1) **jurídico:** exercido pelo Poder Judiciário (como ocorre no Brasil);

g.2) **político:** feito por um órgão distinto dos demais Poderes do Estado;

g.3) **misto:** a Constituição submete parte das normas ao controle político e outra ao controle jurídico.

■ **Teoria da inconstitucionalidade. Teoria da recepção. Inconstitucionalidade e recepção no sistema jurídico brasileiro**

Esse assunto foi por nós examinado no **ponto 5**, no tópico "Aplicação da Constituição no tempo", quando tratamos da recepção, devendo o candidato voltar a ele caso necessário.

■ **O controle difuso da constitucionalidade: características, efeitos, natureza. O controle concentrado da constitucionalidade: características, efeitos, natureza. Ações do controle concentrado: ação direta de inconstitucionalidade, ação direta de inconstitucionalidade por omissão, ação declaratória de constitucionalidade e arguição de descumprimento de preceito fundamental**

A respeito do controle **difuso** de constitucionalidade, além de suas características básicas acima tangenciadas, o candidato deve dirigir sua atenção às seguintes questões:

---

[211] Em princípio exercido pelo Judiciário, podendo sê-lo pelo Legislativo em duas hipóteses excepcionais: a) sustação, pelo Congresso Nacional, dos atos normativos do Poder Executivo que exorbitem do poder regulamentar ou dos limites de delegação legislativa (art. 49, V, da Constituição); e b) não conversão em lei, pelo Poder Legislativo, de medida provisória editada pelo Chefe do Poder Executivo (art. 62, § 3º, da Constituição).

a) **resolução do Senado (art. 52, X, da Constituição):** poderá suspender execução da lei declarada inconstitucional pelo Supremo Tribunal Federal, estendendo o alcance da decisão aos demais jurisdicionados, lembrando da **posição do Supremo Tribunal Federal** de que se trata de ato **político e discricionário** do Senado[212], que estaria limitado ao **exame formal** (e não de mérito) da decisão tomada pela Corte, não obstante a crítica formulada pelo Ministro Gilmar Mendes (Reclamação 4.335-5/AC) no sentido de dispensar tal participação do Senado, que se limitaria a dar publicidade à decisão tomada pelo Supremo Tribunal Federal, de modo que a decisão tomada na via difusa teria a mesma eficácia *erga omnes* ("abstrativização do controle difuso") verificada na via concentrada, a qual, porém, não foi acolhida pelo Supremo;

b) **ação civil pública:** só pode buscar a declaração de inconstitucionalidade de uma lei ou ato normativo como **causa de pedir** e desde que a decisão gere efeitos **apenas entre as partes**, sob pena de substituir a ação direta de inconstitucionalidade[213].

Em relação ao controle **concentrado**, é importante que o candidato identifique e estude, principalmente:

a) os comandos contidos nos **arts. 102, § 2º, e 103, I a IX, e §§ 1º a 3º, da Constituição;**

b) os **procedimentos** previstos para a ação direta de inconstitucionalidade, ação declaratória de constitucionalidade e ação direta de inconstitucionalidade por omissão **(Lei n. 9.868/99)**, a arguição de descumprimento de preceito fundamental **(Lei n. 9.882/99)** e a representação interventiva **(Lei n. 12.562/2011);**

c) a **diferença entre os objetos** versados nas respectivas ações;

d) o **caráter dúplice** da ação direta de inconstitucionalidade e da ação declaratória de constitucionalidade (art. 24 da Lei n. 9.868/99);

e) **Súmula 360 do Supremo Tribunal Federal:** "Não há prazo de deca-

---

[212] RMS 16.965 e MS 16.519.

[213] Rcl 2.460-MC/RJ, Rel. Min. Marco Aurélio, *DJ* 10-3-2004; e Rcl 602/SP, Rel. Min. Ilmar Galvão, Pleno, *DJ* 14-2-2003.

dência para a representação de inconstitucionalidade prevista no art. 8º, parágrafo único, da Constituição Federal"[214];

f) **Súmula 614 do Supremo Tribunal Federal:** "Somente o Procurador--Geral da Justiça tem legitimidade para propor ação direta interventiva por inconstitucionalidade de Lei Municipal";

g) **Súmula 642 do Supremo Tribunal Federal:** "Não cabe Ação Direta de Inconstitucionalidade de lei do Distrito Federal derivada da sua competência legislativa municipal".

Por fim, tratando-se do controle de constitucionalidade em geral (vias difusa e concentrada), merece destaque:

a) **Súmula 343 do Supremo Tribunal Federal:** "O Tribunal de Contas, no exercício de suas atribuições, pode apreciar a constitucionalidade das leis e dos atos do poder público";

b) a chamada **cláusula de reserva de plenário** (art. 97 da Constituição Federal, art. 949, II, do Código de Processo Civil e art. 23 da Lei n. 9.868/99), que determina aos tribunais, para a declaração de inconstitucionalidade de lei ou ato normativo do Poder Público, a observância do quórum de **maioria absoluta** de seus membros **(Pleno)** ou dos membros do respectivo **órgão especial,** lembrando, a esse respeito:

b.1) o entendimento do Supremo Tribunal Federal no sentido de, em nome do princípio da economia processual, flexibilizar a rigidez dessa, admitindo o julgamento de plano por **órgão fracionado,** caso se trate de controvérsia sobre lei ou ato normativo **já declarado inconstitucional** pelo Supremo Tribunal Federal[215-216];

b.2) **Súmula Vinculante 10 do Supremo Tribunal Federal:** "Viola a cláusula de reserva de plenário (CF, art. 97) a decisão de órgão

---

[214] Refere-se à regulamentação, pela Constituição de 1946, da ação direta interventiva federal. Porém esta súmula ainda hoje é aplicada pelo STF, de modo que "o ajuizamento da ação direta de inconstitucionalidade não está sujeito à observância de qualquer prazo de natureza prescricional ou de caráter decadencial, eis que atos inconstitucionais jamais se convalidam pelo mero decurso do tempo" (ADI 1.247-MC/PA, Rel. Min. Celso de Mello, Pleno, *DJ* 8-9-1995).

[215] 2ª Turma, AI 168.149 AgR/RS, Rel. Min. Marco Aurélio, *DJ* 4-8-1995; e 2ª Turma, Recurso Extraordinário 216.259, Rel. Min. Celso de Mello, j. 9-5-2000.

[216] Sobre o assunto, cabe lembrar o teor do art. 949, parágrafo único, do Código de Processo Civil, segundo o qual: "Os órgãos fracionários dos tribunais não submeterão ao plenário, ou ao órgão especial, a arguição de inconstitucionalidade, quando já houver pronunciamento destes ou do plenário do Supremo Tribunal Federal sobre a questão".

fracionário de tribunal que embora não declare expressamente a inconstitucionalidade de lei ou ato normativo do poder público, afasta sua incidência, no todo ou em parte".

■ **Mutações constitucionais**

Embora esse tema tenha sido previsto pelo edital da Defensoria paulista no bojo do controle de constitucionalidade (até porque o seu exercício, muitas vezes, produz mutações constitucionais), reputamos mais adequado tratá-lo (seguindo o disposto no edital da Defensoria do Paraná) no tópico "Reforma constitucional e mutação constitucional" inserido no **ponto 8** deste livro, ao qual remetemos o leitor.

■ **Técnicas de decisões nos tribunais constitucionais**

Ao lado dos métodos e princípios da interpretação constitucional (por nós examinados no **ponto 6** deste livro), as **técnicas de decisões nos tribunais constitucionais** consistem, na essência, em recursos utilizados pelos magistrados dessas Cortes, quando da interpretação das normas constitucionais, de modo a lhes conferir um significado em conformidade com o texto constitucional, podendo ser divididas, basicamente, em:

a) **interpretação conforme com redução do texto:** declara-se a inconstitucionalidade de determinada expressão, excluindo-a do texto da norma, a fim de torná-la compatível com a Constituição;

b) **interpretação conforme sem redução do texto, conferindo à norma impugnada determinada interpretação que lhe mantenha a constitucionalidade:** sem promover a exclusão acima referida, determina-se qual interpretação estaria em consonância com a Constituição;

c) **interpretação conforme sem redução do texto, excluindo da norma impugnada uma interpretação que lhe torne inconstitucional:** sem excluir qualquer expressão do texto da norma, rechaça determinada interpretação que implique a inconstitucionalidade da norma.

A respeito do tema, constou na prova objetiva do **Concurso da Defensoria do Estado de Alagoas, realizado em 2009, pelo Cespe,** como assertiva **correta** o seguinte enunciado: **"é possível utilizar-se da declaração de inconstitucionalidade parcial sem redução de texto como instrumento decisório para atingir uma interpretação conforme a CF, técnica que assegura a constitucionalidade da lei ou ato normativa, sem, todavia, alterar seu texto".**

DICA DO AUTOR : Além de identificar o propósito e as diferenças entre as técnicas de interpretação acima aludidas, recomendamos que o candidato busque identificá-las nos julgados do Supremo Tribunal Federal, como forma de solidificar, mediante a análise empírica, o seu conhecimento a respeito do tema.

■ Controle de constitucionalidade do direito estadual (de normas estaduais) e do direito municipal (de normas municipais)

No plano da Constituição Federal, o **art. 125, § 2º**, traça a seguinte diretriz a respeito do controle de constitucionalidade na esfera estadual (a ser densificada pelas respectivas Constituições Estaduais): "cabe aos Estados a instituição de representação de inconstitucionalidade de leis ou atos normativos estaduais ou municipais em face da Constituição Estadual, vedada a atribuição da legitimação para agir a um único órgão".

Assim, competirá ao **Tribunal de Justiça** de cada Estado membro processar e julgar a constitucionalidade de **leis ou atos normativos estaduais e municipais** em face da **Constituição Estadual.**

Nesse ponto, é importante que o candidato saiba da posição jurisprudencial acerca das **normas de reprodução obrigatória**, vale dizer, aquelas normas contidas na Constituição Federal que devem, necessariamente, constar nas Constituições Estaduais. Segundo o Supremo Tribunal Federal, compete ao **Tribunal de Justiça do respectivo Estado** exercer o controle de constitucionalidade de tais normas[217], cabendo dessa decisão, porém, **recurso extraordinário** perante o Supremo Tribunal Federal.

Trata-se de assunto cobrado na prova objetiva do **Concurso da Defensoria do Distrito Federal, realizado em 2006, pelo Cespe**, considerando **incorreta** a seguinte afirmação (**destacamos o ponto incorreto**): "A competência para julgar a ação direta de inconstitucionalidade em que se impugna norma local contestada em face de Carta estadual é do tribunal de justiça respectivo. Essa regra **não se aplica** quando o preceito atacado se revela como pura repetição de dispositivos da Constituição Federal, de observância obrigatória pelos estados".

---

[217] RE 199.293/SP, Rel. Min. Marco Aurélio, Pleno, *DJ* 6-8-2004, citando como precedentes a Rcl 383-3/SP e a Rcl 425 AgR/RJ, cujos relatores foram, respectivamente, os Min. Moreira Alves e Néri da Silveira.

■ **Bloco de constitucionalidade**

Segundo Cláudio Pereira de Souza Neto e Daniel Sarmento, entende-se por **bloco de constitucionalidade** o "conjunto de normas a que se reconhece hierarquia constitucional num dado ordenamento. Tais normas, ainda que não figurem no documento constitucional, podem ser tomadas como parâmetro para o exercício do controle de constitucionalidade"[218].

Essa ideia, de origem atribuída ao direito constitucional francês, teve como principal mérito a ampliação de direitos fundamentais que não constavam no texto constitucional.

No ordenamento jurídico brasileiro, como apontam os referidos autores, compõem o bloco de constitucionalidade:

a) as normas constitucionais que, evidentemente, constam no texto constitucional;

b) os dispositivos previstos nas emendas constitucionais que não foram incorporados ao texto da Constituição;

c) os princípios constitucionais não escritos extraídos da hermenêutica constitucional;

d) os tratados internacionais de direitos humanos submetidos ao rito do art. 5º, § 3º, da Constituição Federal.

É interessante fazer constar que a prova dissertativa do **Concurso da Defensoria do Estado de Mato Grosso do Sul, realizado em 2008, pela Vunesp**, exigiu que o candidato explicasse o significado acerca do **"bloco de constitucionalidade"** e se ele seria admitido no Direito brasileiro, para o que reputamos suficientes os apontamentos acima alinhavados.

10. SÃO PAULO ORGANIZAÇÃO DO ESTADO: A) FORMAÇÃO, DESENVOLVIMENTO, EVOLUÇÃO, SOBERANIA, GLOBALIZAÇÃO, COMUNIDADES INTERNACIONAIS; B) ESTADO FEDERAL: CONCEITO, SURGIMENTO, EVOLUÇÃO E CARACTERÍSTICAS, VEDAÇÕES; C) FEDERAÇÃO BRASILEIRA: COMPONENTES E INTERVENÇÃO. COMPETÊNCIAS E SUA REPARTIÇÃO. CONFLITOS JURÍDICOS NO

---

[218] SOUZA NETO, Cláudio Pereira de; SARMENTO, Daniel. *Direito constitucional:* teoria, história e métodos de trabalho. 2. ed. Belo Horizonte: Fórum, 2014, p. 47.

Estado Federal brasileiro. Princípio da simetria e autonomia dos entes federativos; d) Federalismo cooperativo, princípio da solidariedade e igualação das condições sociais de vida; e) Federalismo assimétrico. **PARANÁ** Organização do Estado. Teoria do Estado. Elementos do Estado. Formação, evolução e desenvolvimento do Estado. Globalização e novos atores políticos. Organização do Estado brasileiro. Federalismo brasileiro. Autonomia dos entes. Repartição de Competências na Constituição Federal de 1988. Intervenção federal. Intervenção estadual. **RIO DE JANEIRO** Intervenção nos Estados e Municípios

Como se vê pela leitura do ponto acima, o edital da Defensoria do Rio de Janeiro limita-se à matéria relativa à intervenção nos Estados e Municípios, enquanto os editais das Defensorias de São Paulo e do Paraná trazem, além dela, muitas outras, todas tendo como pano de fundo principal a questão que envolve o **princípio federativo**.

É interessante que o candidato perceba que, constituindo a **autonomia** dos entes estatais a essência do federalismo, dela sobressaem os assuntos previstos nesse ponto e relacionados: aos conflitos jurídicos entre tais entes; à repartição de competências; às intervenções federal e estadual; à soberania, vista sob o enfoque do mundo globalizado, entre outros. Tendo isso em mente, passamos a discorrer sobre eles nos itens a seguir expostos.

■ **Organização do Estado. Teoria do Estado. Elementos do Estado. Formação, desenvolvimento, evolução, soberania, globalização (e novos atores políticos) e comunidades internacionais. Organização do Estado brasileiro**

Esse tópico relaciona-se, primeiramente, aos aspectos tratados pela Teoria Geral do Estado, enquanto ciência destinada ao estudo dos aspectos que estruturam o Estado.

Valendo-nos do conceito formulado pela doutrina, no sentido de o Estado constituir "a ordem jurídica soberana que tem por fim o bem comum de um povo situado em determinado território"[219], é ele formado pelos seguintes elementos:

---

[219] DALLARI, Dalmo de Abreu. *Elementos de teoria geral do Estado.* 20. ed. atual. São Paulo: Saraiva, 1998, p. 118.

a) **soberania:** compreendida tanto em seu aspecto interno (poder do Estado sobre os indivíduos situados em seu território) como externo (independência do Estado em relação aos demais Estados estrangeiros);

b) **território:** enquanto a delimitação geográfica do Estado;

c) **povo:** que pode ser conceituado como o conjunto de pessoas vinculadas, juridicamente, ao Estado;

d) **finalidade:** entendida como o objetivo a ser alcançado pelo Estado que, em linhas gerais, pode ser identificado como o bem comum;

A Teoria Geral do Estado também desenvolve as seguintes classificações (correspondendo aquelas em destaque aos modelos adotados por nosso País):

a) quanto à forma de Estado:

a.1) Estado unitário: cujo traço é a centralização político-administrativa;

a.2) **Estado federal**: marcado pela descentralização político-administrativa;

b) quanto às formas de Governo:

b.1) Monarquia: centrada na vitaliciedade e irresponsabilidade do monarca, além da hereditariedade como forma de escolha e sucessão dos demais monarcas;

b.2) **República**: identificada pela temporariedade e responsabilidade do Chefe de Governo, além da eletividade como modo de escolha e sucessão dos demais Chefes de Governo;

c) quanto ao sistema de Governo:

c.1) Parlamentarismo: cujas características são:

c.1.1) distinção entre Chefe de Estado (que representa o Estado) e Chefe de Governo (titular do Poder Executivo, tornando-se Primeiro Ministro com a aprovação do Parlamento);

c.1.2) inexistência de um prazo determinado para o mandato do Chefe de Governo, podendo, porém, ser demitido pela perda da maioria parlamentar ou pelo voto de desconfiança;

c.1.3) possibilidade de dissolução do Parlamento, convocando-se novas eleições, a fim de manter ou não o Chefe de Governo no poder;

c.2) **Presidencialismo:** caracterizado por:

c.2.1) concentração das funções de Chefe de Estado e de Governo na figura do Presidente da República;

c.2.2) existência de prazo determinado para o mandato do Presidente;

c.2.3) o Poder Legislativo é autônomo em relação ao Poder Executivo, embora o Presidente possua poder de veto em relação aos projetos de lei aprovados por aquele.

Em se tratando dos temas voltados à **soberania** e à **globalização**, o candidato deverá desenvolvê-lo na linha de que aquela soberania absoluta concebida por Thomas Hobbes tem sido sobremaneira relativizada com o advento do fenômeno da globalização. Isso porque o incremento da tecnologia, a integração e interdependência entre as economias dos países e a expansão dos meios de comunicação proporcionados pela globalização acabaram por gerar a necessidade de uma readequação do antigo Estado-nação à ordem internacional (sobretudo para salvaguardar os direitos humanos), tornando-se necessária, para tanto, a cessão, ainda que parcial, de sua soberania aos órgãos comunitários supranacionais.

A propósito, constou na prova objetiva do **VI Concurso da Defensoria do Estado de Minas Gerais, realizado em 2009, pela Fumarc,** que **não** seria característica do **Estado nacional** a **soberania compartilhada.**

DICA DO AUTOR : Além de seguir a diretriz supracitada, recomendamos ao candidato que relacione a abordagem da soberania e globalização com as ideias de "**poder constituinte supranacional**" e "**bloco de constitucionalidade**", por nós examinadas em tópicos próprios dos **pontos 8 e 9,** respectivamente, como forma de demonstrar um conhecimento global e sistemático a respeito do tema e sob a ótica do direito constitucional.

■ **Estado Federal: conceito, surgimento, evolução, características e vedações**

Segundo Fernanda Dias Menezes de Almeida,

> criação dos convencionais de Filadélfia, reunidos em 1787 com o objetivo de aprimorar a união dos Estados em que se haviam convertido, com a independência, treze das colônias britânicas da América do Norte, o modelo federal de Estado, como então proposto e aprovado, mostrou-se uma alternativa inovadora e eficaz para solucionar problemas vivenciados na constân-

cia da Confederação que os Estados recém-independentes haviam constituído, mediante tratado conhecido como "Artigos de Confederação", celebrado em 1776 e ratificado em 1781[220].

Este teria sido, portanto, o **surgimento** do Estado federal, cujo sistema foi posteriormente trazido ao Brasil. Ocorre que, como afirmam os doutrinadores, a importação do federalismo para nosso País se deu de modo inverso àquele de sua concepção, na medida em que o processo de descentralização partiu da ordem central para as ordens parciais e não o contrário. Daí falar, no caso brasileiro, em **federalismo "às avessas"**, não sendo poucos os estudiosos que apontam para uma ainda vigente e forte **centralização das competências nas mãos da União,** decorrente, ao menos historicamente, dessa inversão do processo de descentralização. Essa consideração constou, inclusive, na prova objetiva do **V Concurso da Defensoria do Estado de São Paulo, realizado em 2012, pela Fundação Carlos Chagas**, que, ao tratar da forma federativa do Estado, considerou como correta a seguinte assertiva: "**na repartição promovida pela Constituição da República Federativa do Brasil de 1988, após análise dos conteúdos das competências atribuídas aos entes federativos, pode-se observar uma acentuada concentração de poderes entre as atribuições da União"**.

Com efeito, o Estado federal pode ser **conceituado** como aquele calcado na descentralização administrativa e constituído por um Estado soberano (ordem central) composto de Estados autônomos (ordens parciais), cujas **características (e vedações)** foram examinadas no **ponto 4** deste livro, ao tratarmos da Federação, ao qual remetemos o leitor.

Finalmente, no que se refere à **evolução** do federalismo brasileiro, a doutrina[221] aponta que se adotou, inicialmente, em nosso País (Constituição de 1891) o **federalismo dual (clássico)** de origem norte-americana (identificado, como veremos mais à frente, por uma rígida separação de competências entre os entes que a compõe), passando-se, novamente em consonância com o que ocorrera nos Estados Unidos, para um **federalismo cooperativo** (sob a égide da Constituição de 1934), na linha do que será exposto no tópico seguinte. Posteriormente, houve um forte crescimento da centralização e ingerência da União sobre os demais entes, cujo auge se deu com o advento da Constituição de 1967, espe-

---

[220] CANOTILHO, J. J. Gomes et. al. *Comentários à Constituição do Brasil.* São Paulo: Saraiva/Almedina, 2013, p. 110.

[221] ALMEIDA, Fernanda Dias Menezes de. In: CANOTILHO, J. J. Gomes et. al. *Comentários à Constituição do Brasil.* São Paulo: Saraiva/Almedina, 2013, p. 112.

cialmente depois da Emenda Constitucional n. 1/69, ao que Alfredo Buzaid chamou de "**federalismo de integração**". Por fim, a Constituição de 1988 teria buscado reformular a Federação mediante um **federalismo de equilíbrio**, assentado, principalmente, nas competências concorrentes (em especial normativas), como forma de franquear aos Estados uma maior participação na produção normativa em prol de um equilíbrio entre os entes da Federação.

■ Federação brasileira (Federalismo brasileiro): componentes e intervenção. Competências e sua repartição. Conflitos jurídicos no Estado Federal brasileiro. Princípio da simetria e autonomia dos entes federativos. Federalismo cooperativo, princípio da solidariedade e igualação das condições sociais de vida. Federalismo assimétrico

Segundo os arts. 1º e 18 da Constituição brasileira, nossa Federação é composta de **União, Estados, Distrito Federal e Municípios**, todos **autônomos** entre si, razão pela qual a **intervenção** de um ente sobre o outro se dá de modo excepcional (como veremos mais à frente em tópico próprio deste ponto).

Nesse sentido, o constituinte estabeleceu uma organização político-administrativa do Estado, estabelecendo uma **repartição de competências**[222] entre os entes federativos que levou em conta o critério da **predominância do interesse**. Assim, compete à União aqueles assuntos de interesse **geral**; aos Estados, os de interesse **regional**; aos Municípios, aqueles de interesse **local**[223]; e ao Distrito Federal, os de interesse **regional e local**[224].

Além disso, há no texto constitucional a previsão de competências **específicas e expressas** da União e dos Municípios (arts. 21, 22 e 30), cabendo aos Estados membros a competência **reservada (remanescente)**, nos termos do art. 25, § 1º, da Constituição Federal.

De se observar que, ao tratar da repartição de competências, a prova objetiva do **V Concurso da Defensoria do Estado de Minas Gerais, realizado em**

---

[222] O tema específico sobre as "competências dos entes federativos" foi examinado em tópico próprio no ponto 11 deste livro.

[223] Como decidiu o Supremo Tribunal Federal, o município é competente para fixar o horário de funcionamento de estabelecimento comercial (**Súmula 645, convertida na Súmula Vinculante 38**).

[224] Salvo as duas exceções previstas no art. 21, XIV, e no art. 22, XVII (com redação dada pela Emenda Constitucional n. 69/2012) da Constituição Federal. Aliás, a primeira exceção é a justificativa para a **Súmula 647 do Supremo Tribunal Federal, convertida na Súmula Vinculante 39** consignar que "Compete privativamente à União legislar sobre vencimentos dos membros das polícias civil e militar e do corpo de bombeiros militar do Distrito Federal".

2006, pela Fundep – UFMG, considerou como correta alternativa que aponta que "**as chamadas competências reservadas são aquelas atribuídas aos Estados membros**".

Também sobre o tema, aponta a doutrina que cada ente federativo legisla de forma **integral** e **simultânea**, de modo que eventual conflito nessa seara seria resolvido pela prevalência da lei que confira maior proteção ao bem jurídico por ela tutelado.

Já no que diz respeito ao **princípio da simetria**, lembramos ao candidato que o seu exame foi feito no **ponto 8** deste livro, no tópico acerca do Poder Constituinte Derivado, que poderá ser consultado.

O ponto ainda prevê aquilo que se entende por "**federalismo cooperativo**" e "**federalismo assimétrico**".

Em relação ao **primeiro**, trata-se de um federalismo que surgiu com o advento do Estado Social, em contraposição ao **federalismo dual** (no qual há uma rígida separação de atribuições entre os entes federativos), pregando a **cooperação** entre os entes que compõe a Federação, como forma de **reduzir as desigualdades regionais** em prol de uma **homogeneização social** e **igualação das condições sociais** destinadas a conferir a todos, com fulcro no **princípio da solidariedade**, um patamar de vida digno independentemente da situação territorial de cada indivíduo.

Assim, o federalismo cooperativo teria sido adotado pelo Brasil na medida em que o texto constitucional previu as competências comuns e concorrentes dos entes federativos, além das normas contidas nos arts. 3º, III, e 43 da Constituição Federal.

O **federalismo simétrico**, a seu turno, é caracterizado por uma repartição de competência e receitas isonômica e homogênea entre os entes federativos, compostos dos Estados (ordens parciais) e da União (ordem central), distinguindo-se do **federalismo assimétrico**, cujo traço central residiria numa desigualdade jurídica e de competências entre tais entes.

Em razão disso, muitos dizem que o Brasil adotou, em princípio, o federalismo simétrico na Constituição de 1988, embora haja normas previstas no texto constitucional que apontem para um federalismo assimétrico, como é o caso dos arts. 3º, III, e 43 (que reconhecem uma desigualdade regional a ser combatida por meio de um tratamento diferenciado destinado aos entes mais necessitados), assim como pela introdução do município na Federação (vez que, no federalismo simétrico, somente haveria a ordem central e as ordens parciais, representadas, respectivamente, pela União e pelos Estados).

Por fim, chamamos a atenção do candidato para o fato de inexistir consenso sobre o significado dessas expressões (federalismo simétrico e assimétrico), como se deduz do posicionamento de **Pedro Lenza**[225], para o qual o **federalismo simétrico** se verifica na hipótese de homogeneidade de cultura, desenvolvimento e língua (apontando os Estados Unidos como exemplo), enquanto o **federalismo assimétrico** corresponderia a uma diversidade de língua e cultura (como nos casos da Suíça e Canadá).

Assim, é importante que o candidato saiba identificar, com clareza, a qual desses significados a questão do certame da Defensoria efetivamente se refere, podendo, se couber numa prova dissertativa ou oral, abordar a mencionada inexistência de consenso sobre esse assunto, como acima demonstramos.

■ Intervenção federal. Intervenção estadual

A **intervenção** é disciplinada pelos arts. 34 a 36 da Constituição Federal, constituindo uma medida excepcional destinada a limitar a autonomia dos entes federativos em prol da preservação de certos valores e bens jurídicos tidos como de grande relevância para o constituinte.

Abaixo, buscamos traçar um panorama didático da matéria, no qual constam as principais regras a serem apreendidas pelo candidato ao cargo de defensor público.

A **intervenção federal** é aquela promovida:

a) pela União nos Estados membros e Distrito Federal[226];

b) pela União nos Municípios localizados em Território[227].

No **primeiro caso**, a intervenção somente poderá ocorrer para atingir uma das hipóteses previstas no art. 34, I a VII, podendo ser classificada, a depender desta, em:

a) **espontânea** (art. 34, I, II, III e V, da Constituição Federal): o Presidente da República agirá de ofício;

---

[225] *Direito constitucional esquematizado.* 17. ed. rev. atual. e ampl. São Paulo: Saraiva, 2013, p. 448.

[226] Art. 34 da Constituição.

[227] Art. 35, segunda parte, da Constituição.

b) **provocada:** o Presidente da República dependerá de uma provocação mediante:

b.1) **solicitação**[228]: do Poder Legislativo ou do Poder Executivo coacto ou impedido, quando for violado o livre exercício destes poderes nas unidades da Federação (art. 34, IV, c/c o art. 36, I, primeira parte da Constituição);

b.2) **requisição**[229]:

b.2.1) do Supremo Tribunal Federal, se a coação for exercida contra o Poder Judiciário (art. 34, IV, c/c o art. 36, I, segunda parte da Constituição);

b.2.2) do Supremo Tribunal Federal, Superior Tribunal de Justiça ou Tribunal Superior Eleitoral, conforme a matéria tratada por estes Tribunais Superiores, no caso de desobediência a ordem ou decisão judicial (art. 34, VI, segunda parte c/c o art. 36, II da Constituição);

b.3) **representação** do Procurador-Geral da República (por meio de uma representação interventiva[230]) e provimento do Supremo Tribunal Federal, no caso de violação de qualquer princípio sensível ou de recusa à execução de lei federal (art. 34, VI, primeira parte e inciso VII, c/c o art. 36, III, da Constituição).

Assim, nesse primeiro caso de intervenção federal, o Presidente da República ouvirá seus órgãos de consulta (Conselhos da República e da Defesa[231]) e determinará a intervenção federal[232] por meio de um decreto, sendo este **submetido à apreciação do Congresso Nacional**, no prazo de 24 horas[233], que **aprovará ou suspenderá** a intervenção por meio de decreto legislativo[234].

Acaso se trate de intervenção baseada nas **hipóteses do art. 34, VI e VII, o decreto não será submetido ao Congresso Nacional** e se limitará a suspender

---

[228] Havendo discricionariedade do Presidente para decretar ou não a intervenção.

[229] Tratando-se de ato vinculado, de modo que o Presidente deverá decretar a intervenção.

[230] Cujo procedimento é previsto na Lei n. 12.562/2011.

[231] Art. 90, I, e art. 91, § 1º, II, da Constituição.

[232] Art. 84, X, da Constituição.

[233] Art. 36, § 1º, da Constituição.

[234] Art. 49, IV, da Constituição.

a execução do ato impugnado, caso esta medida seja suficiente ao restabelecimento da normalidade[235].

Já o **segundo caso de intervenção federal** (da União nos Municípios localizados em Território) seguirá as **regras da intervenção estadual**, sobre a qual passamos a tratar neste momento.

A **intervenção estadual**, por sua vez, consiste naquela promovida pelos Estados membros em seus municípios (art. 35, primeira parte, da Constituição), cujas hipóteses estão previstas nos incisos I a IV do art. 35 da Constituição e cujo procedimento seguirá os comandos do art. 36, §§ 1º a 4º, da Constituição, competindo a sua decretação ao **Governador do Estado**, sendo o respectivo decreto submetido à correspondente **Assembleia Legislativa**, salvo na hipótese do **art. 35, IV, da Constituição**.

11. SÃO PAULO UNIÃO: NATUREZA JURÍDICA, COMPETÊNCIAS E BENS. TERRITÓRIOS. ESTADOS FEDERADOS: NATUREZA JURÍDICA, COMPETÊNCIAS, AUTONOMIA, CAPACIDADE DE AUTO-ORGANIZAÇÃO E SEUS LIMITES, CONSTITUIÇÃO ESTADUAL E SEUS ELEMENTOS E ORGANIZAÇÃO POLÍTICA DO ESTADO DE SÃO PAULO. MUNICÍPIOS: NATUREZA JURÍDICA, CRIAÇÃO, COMPETÊNCIAS, AUTONOMIA, CAPACIDADE DE AUTO-ORGANIZAÇÃO E SEUS LIMITES, LEI ORGÂNICA E SEUS ELEMENTOS, REGIÕES METROPOLITANAS, AGLOMERAÇÕES URBANAS E MICRORREGIÕES. DISTRITO FEDERAL. PARANÁ DA ORGANIZAÇÃO POLÍTICO-ADMINISTRATIVA. UNIÃO. ESTADOS MEMBROS. DISTRITO FEDERAL. MUNICÍPIOS. TERRITÓRIOS. RIO DE JANEIRO CONSTITUIÇÃO DO ESTADO DO RIO DE JANEIRO. DA DEFENSORIA PÚBLICA

De início, compete-nos esclarecer que o edital da Defensoria Pública do Rio de Janeiro conjuga, nesse ponto, a Constituição do respectivo Estado com a Defensoria Pública, reiterando no ponto 17 deste livro o tema atinente à Defensoria enquanto função essencial à Justiça.

Com isso, parece que o mencionado edital, longe de ser redundante, buscou abordar no presente ponto os aspectos da Defensoria Pública previstos na Constituição do **Estado** do Rio de Janeiro (o que foi feito pelos editais de São

---

[235] Art. 36, § 3º, da Constituição.

Paulo e do Paraná somente no ponto 17, como se vê pelo sumário deste livro), deixando para o ponto 17 o tratamento conferido à Defensoria Pública Estadual pela **Constituição Federal**.

Contudo, para que seja dado um tratamento mais didático e uniforme à matéria, optamos por tratar no ponto ora em estudo **(ponto 11)** a respeito das Constituições estaduais em geral, deixando para o **ponto 17** o tratamento dispensado à Defensoria Pública pelas Constituições Federal e dos Estados cujos editais foram tomados como referência nesta obra (São Paulo, Paraná e Rio de Janeiro).

Uma vez feito esse prévio esclarecimento, adentremos nos assuntos previstos no ponto 11 em análise por meio dos itens abaixo indicados.

■ Da Organização Política – Administrativa

O Título III da Constituição Federal trata da "Organização do Estado", abordando em seu Capítulo I a sua organização política-administrativa (**arts. 18 e 19**), seguindo nos capítulos seguintes (Capítulos II a V – **arts. 20 a 33**) com o tratamento dispensado a cada um dos entes públicos (União, Estados membros, Municípios, Distrito Federal e Territórios) no que diz respeito às suas respectivas estruturas básicas, bens e competências, com o que delimitamos os temas objeto de estudo neste ponto (dada a importância do tema para os certames da Defensoria, optamos por destacar no último item deste ponto um item específico a respeito das "competências dos entes federativos").

Cabe anotar que o mesmo Título III da Carta Magna também disciplina os principais aspectos que envolvem tanto a "Intervenção" (Capítulo VI, **arts. 34 a 36**) como a "Administração Pública" (Capítulo VII, **arts. 37 a 43**), os quais, porém, são examinados em pontos próprios deste livro (pontos 10 e 12, respectivamente).

Assim, ao tratar da "organização político-administrativa" do Estado, é importante destacar que nossa Federação é composta de União, Estados membros, Distrito Federal e Municípios (conforme expressa dicção dos arts. 1º e 18 do texto constitucional), não fazendo parte da Federação os Territórios em virtude de integrarem a União (art. 18, § 2º, da Constituição Federal).

Segundo o art. 18, § 1º, a Capital Federal é Brasília, competindo ao Congresso Nacional, com sanção do Presidente da República, dispor sobre a transferência temporária da sede do Governo Federal (art. 48, VII, da Constituição Federal).

Após esses delineamentos gerais, vejamos, com mais vagar, o tratamento constitucional dispensado a cada um dos entes públicos supramencionados.

■ **União: natureza jurídica, competências e bens. Territórios**

A **União**, além de constituir um dos entes pertencentes à Federação (seria a ordem central, enquanto os Estados membros as ordens parciais), também é responsável por representar o Estado brasileiro no plano internacional.

Os bens da União são elencados pelo art. 20, I a XI, da Constituição Federal, dos quais, para efeito do concurso para ingresso na Defensoria Pública, destacamos as terras tradicionalmente ocupadas pelos índios, vez que estes constituem, via de regra, grupos sociais vulneráveis que demandam defesa pela Defensoria Pública[236].

É conveniente ressaltar que, embora as questões ligadas às suas terras sejam atribuídas à Defensoria Pública da União, por se tratar de bem da União (art. 20, XI, da Constituição Federal) e por competir à Justiça Federal processar e julgar a disputa sobre direitos indígenas (art. 109, XI, da Constituição Federal), compete às Defensorias Públicas estaduais a defesa dos demais direitos dos povos indígenas (como, por exemplo, o direito à saúde, educação, alimentação etc.), merecendo destaque, nesse sentido, o art. 282, § 2º, da Constituição Estadual de São Paulo, segundo o qual: "A Defensoria Pública prestará assistência jurídica aos índios do Estado, suas comunidades e organizações".

Em se tratando do **Território**, definido pela doutrina como a "pessoa de direito público, de capacidade administrativa e de nível constitucional, ligada à União, tendo nesta a fonte de seu regime jurídico e infraconstitucional"[237], é certo que estes não possuem autonomia política, tratando-se de mera descentralização administrativa.

Dos três territórios que havia em nosso País (Roraima, Amapá e Fernando de Noronha), os dois primeiros foram transformados em Estado (art. 14, *caput*, do Ato das Disposições Constitucionais Transitórias) e o terceiro foi extinto, sendo sua área reincorporada ao Estado de Pernambuco (art. 15 do Ato das Disposições Constitucionais Transitórias), de forma que não há, atualmente, territórios no Brasil.

---

[236] Conforme o art. 4º, IX, da Lei Complementar n. 80/94, é função institucional da Defensoria Pública exercer a defesa dos interesses individuais e coletivos de grupos sociais vulneráveis que mereçam proteção especial do Estado.

[237] TEMER, Michel. *Elementos de direito constitucional*. 11. ed. rev. e ampl. São Paulo: Malheiros, 1995, p. 96.

A seguir, traçamos um panorama geral acerca destes entes com vistas a otimizar o estudo pelo candidato:

a) a criação dos Territórios, sua transformação em Estado e sua reintegração ao Estado de origem constituem matérias de **lei complementar**[238];

b) os Estados podem formar novos territórios mediante a aprovação da população interessada (por meio de **plebiscito**) e do Congresso Nacional (por **lei complementar**)[239];

c) a lei disporá sobre sua organização **administrativa e judiciária**[240];

d) ao contrário do Distrito Federal[241], os Territórios **podem** ser divididos em Municípios[242];

e) as contas do governo do Território serão submetidas ao **Congresso Nacional**, com parecer prévio do **Tribunal de Contas da União**[243];

f) nos Territórios com **mais de 100 mil habitantes**, além do Governador, haverá **órgãos judiciários** de primeira e segunda instância, membros do **Ministério Público** e **defensores públicos federais**[244], sendo organizados e mantidos pela **União Federal**[245];

g) o Governador do Território será nomeado pelo **Presidente da República** após a aprovação do **Senado Federal**[246];

h) a lei disporá sobre as eleições para a **Câmara Territorial** e sua competência deliberativa[247];

i) o sistema de ensino é organizado pela União[248].

---

[238] Art. 18, § 2º, da Constituição Federal.

[239] Art. 18, § 3º, da Constituição Federal.

[240] Art. 33, *caput*, da Constituição Federal e Lei n. 11.697/2008.

[241] Art. 32, *caput*, da Constituição Federal.

[242] Art. 33, § 1º, da Constituição Federal.

[243] Art. 33, § 2º, da Constituição Federal.

[244] Art. 33, § 3º, primeira parte, da Constituição Federal.

[245] Art. 21, XIII, da CF **(com redação dada pela Emenda Constitucional n. 69/2012, a qual transferiu da União para o Distrito Federal as atribuições de organizar e manter a Defensoria Pública do Distrito Federal).**

[246] Art. 84, XIV, da Constituição Federal.

[247] Art. 33, § 3º, segunda parte, da Constituição Federal.

[248] Art. 211, § 1º, da Constituição Federal.

■ **Estados federados: natureza jurídica, competências, autonomia, capacidade de auto-organização e seus limites, Constituição Estadual e seus elementos e organização política do Estado de São Paulo. Constituição do Estado do Rio de Janeiro**

Os **Estados membros** (ou Estados federados como consta no edital) são entes que compõem a Federação e dotados de autonomia, que se manifesta sob quatro aspectos:

a) **auto-organização:** elaboram suas Constituições e leis próprias, sempre respeitando os princípios da Constituição Federal;

b) **autogoverno:** estruturam seus Poderes (Legislativo, Executivo e Judiciário);

c) **autolegislação:** possuem competência legislativa;

d) **autoadministração:** gerem seus próprios órgãos e serviços públicos.

Tal como ocorre com a União (art. 20, I a XI, da Constituição Federal), os bens dos Estados membros também são previstos pelo texto constitucional (art. 26, I a IV).

Por derradeiro, é importante assinalar que aos Estados membros é facultado:

a) incorporar-se entre si, subdividir-se ou desmembrar-se para se anexarem a outros, ou formarem novos Estados ou Territórios Federais, mediante aprovação da população diretamente interessada, por meio de **plebiscito**, e do Congresso Nacional, por **lei complementar**[249];

b) mediante **lei complementar**, instituir regiões metropolitanas, aglomerações urbanas e microrregiões, constituídas por agrupamentos de municípios limítrofes, para integrar a organização, o planejamento e a execução de funções públicas de interesse comum[250].

■ **Municípios: natureza jurídica, criação, competências, autonomia, capacidade de auto-organização e seus limites, lei orgânica e seus elementos, regiões metropolitanas, aglomerações urbanas e microrregiões**

A exemplo dos Estados membros, os **Municípios** também são entes federativos[251] dotados de autonomia, consistindo esta na:

---

[249] Arts. 18, § 3º, e 48, VI, da Constituição Federal.

[250] Art. 25, § 3º, da Constituição Federal.

[251] Digno de destaque é o posicionamento discordante e minoritário de José Afonso da Silva para quem

a) **auto-organização:** elaboram suas Leis Orgânicas (não possuem Poder Constituinte e, consequentemente, Constituição);

b) **autogoverno:** estruturam seus Poderes (apenas o Legislativo e o Executivo, vez que não há Poder Judiciário municipal);

c) **autolegislação:** possuem competência legislativa;

d) **autoadministração:** gerem seus próprios órgãos e serviços públicos.

Não se deve olvidar, ainda sobre o tema, da complexa regra inserida no art. 18, § 4º, da Constituição, segundo a qual:

> a criação, a incorporação, a fusão e o desmembramento de Municípios, far-se-ão por **lei estadual**, dentro do período determinado por **Lei Complementar Federal**, e dependerão de consulta prévia, mediante **plebiscito**, às populações dos Municípios envolvidos, após divulgação dos **Estudos de Viabilidade Municipal**, apresentados e publicados na forma da lei.

A propósito, assinalamos que o conhecimento dessa norma foi exigido na prova objetiva do **Concurso da Defensoria do Estado de Mato Grosso do Sul, realizado em 2008, pela Vunesp**, na qual constou, acerca do desmembramento de Municípios previsto na Constituição Federal, a seguinte assertiva como correta: "**far-se-á por lei estadual, dentro do período determinado por lei complementar federal e dependerá de plebiscito, após divulgação dos Estudos de Viabilidade Municipal**".

Trata-se de um comando constitucional com tantos requisitos que são inúmeros os casos[252] submetidos ao Supremo Tribunal Federal (normalmente

---

os municípios **não** fariam parte da Federação, na medida em que não seria uma união de municípios que formaria a Federação, mas sim uma união de Estados membros. Assim, os municípios nada mais seriam do que divisões dos Estados membros, tanto que, segundo o jurista, o art. 18, § 4º, da Constituição Federal, dispõe que a criação, fusão, incorporação e desmembramento dos Municípios realizam-se por lei estadual (*Comentário contextual à Constituição*. 5. ed. São Paulo: Malheiros, 2008, p. 249-250). A doutrina francamente majoritária, porém, confere aos municípios a condição de ente federativo com base na expressa dicção dos arts. 1º, 18, *caput* e 34, VII, *c*, da Constituição Federal, além de seus atributos conferidos pelo texto constitucional relativos à auto-organização, autogoverno, autolegislação e autoadministração.

[252] Como exemplo, citamos o seguinte acórdão: "Ação Direta de Inconstitucionalidade. 2. Lei n. 2.264/2010, do Estado de Rondônia, que dispõe sobre a criação do Município de Extrema de Rondônia, a partir de desmembramento de área territorial do Município de Porto Velho, fixa os seus limites, bem como informa os Distritos que integrarão a municipalidade criada. 3. Autorização, pelo Tribunal Superior Eleitoral, apenas para realização de consulta plebiscitária. 4. Violação ao art. 18, § 4º, da Constituição Federal. Inexistência de Lei Complementar Federal. Impossibilidade de criação, fusão, incorporação ou desmembramento de novos municípios antes do

ações diretas de inconstitucionalidade ajuizadas pelo Procurador-Geral da República) questionando a criação de municípios sem a plena observância daqueles, em especial ante a ausência da lei complementar federal (ainda não editada pelo legislador) à qual alude o comando constitucional.

■ **Distrito Federal**

Em se tratando do **Distrito Federal**, este igualmente integra a Federação, dispondo de:

a) **auto-organização:** por meio de suas leis orgânicas;

b) **autogoverno:** estruturam seus Poderes (Legislativo, Executivo e Judiciário);

c) **autolegislação:** possuem competência legislativa;

d) **autoadministração:** geram seus próprios órgãos e serviços públicos.

Na linha do que fizemos ao abordar os Territórios, elaboramos abaixo um breve panorama geral acerca das disposições constitucionais pertinentes ao Distrito Federal:

a) é **vedada** a sua divisão em Municípios[253];

b) tem o Poder Judiciário, o Ministério Público, a polícia civil, a polícia militar e o corpo de bombeiros militar organizados e mantidos pela **União**[254-255];

---

advento dessa legislação. Precedentes. 5. A Emenda Constitucional n. 57/2008 não socorre a lei impugnada, editada no ano de 2010. 6. Medida cautelar confirmada. 7. Ação Direta de Inconstitucionalidade julgada procedente" (STF, Pleno, ADI 4.992, Rel. Min. Gilmar Mendes, j. 11-9-2014, *DJE*-223, divulg. 12-11-2014, public. 13-11-2014, grifos nossos). **Também nesse sentido, os seguintes acórdãos:** ADI-MC 2.381/RS, Rel. Min. Sepúlveda Pertence, *DJ* 14-12-2001; ADI 3.149/SC, Rel. Min. Joaquim Barbosa, *DJ* 1-4-2005; ADI 2.702/PR, Rel. Min. Maurício Corrêa, *DJ* 6-2-2004; ADI 2.967/BA, Rel. Min. Sepúlveda Pertence, *DJ* 19-3-2004; ADI 2.632/BA, Rel. Min. Sepúlveda Pertence, *DJ* 12-3-2004; ADI 3.489, Rel. Min. Eros Grau, *DJE* 3-8-2007; ADI 3.682, de minha relatoria, *DJE* 6-9-2007; ADI 3.689, Rel. Min. Eros Grau, *DJE* 29-6-2007; ADI 2.381-AgR, Rel. Min. Cármen Lúcia, *DJE* 11-4-2011, ADI 3.286, Rel. Min. Joaquim Barbosa, *DJE* 19-10-2011; ADI 3.755, Rel. Min. Marco Aurélio, *DJE* 6-8-2012.

[253] Art. 32, *caput*, da Constituição Federal.

[254] Art. 21, XIII e XIV, primeira parte, da Constituição Federal. Daí a razão para competir privativamente à União legislar sobre vencimentos dos membros das polícias civil e militar e do corpo de bombeiros militar do Distrito Federal, conforme assinala a **Súmula 647 do Supremo Tribunal Federal**, convertida na **Súmula Vinculante 39** do mesmo tribunal.

[255] Enfatizamos, mais uma vez, que a **redação atual** do art. 21, XIII, da Constituição Federal decorre da **Emenda Constitucional n. 69/2012, a qual transferiu da União para o Distrito Federal as atribuições de organizar e manter a Defensoria Pública do Distrito Federal.**

c) podem receber **assistência financeira da União** para a execução de serviços públicos, por meio de **fundo próprio**[256].

■ Competências dos entes federativos

As competências atribuídas aos entes federativos podem ser divididas em:

a) **competência administrativa (ou material):** aquela destinada à realização de certa atividade administrativa (arts. 21 e 23 da Constituição Federal);

b) **competência legislativa:** estabelece a aptidão para legislar sobre determinada matéria (arts. 22 e 24 da Constituição Federal);

c) **competência privativa:** aquela que pode ser delegada (art. 22 da Constituição Federal);

d) **competência exclusiva:** não autoriza delegação (art. 21 da Constituição Federal);

e) **competência comum:** trata-se da competência administrativa que cabe a mais de um ente federativo (art. 23 da Constituição Federal);

f) **competência concorrente:** trata-se da competência legislativa que cabe a mais de um ente federativo (art. 24 da Constituição Federal);

g) **competência negativa:** envolve aquelas hipóteses nas quais os entes federativos não possuem competência para tratar a respeito (art. 19 da Constituição Federal).

Nesse campo, podemos afirmar que as terminologias acima empregadas pela doutrina servem mais para que o candidato compreenda o mecanismo traçado pelo constituinte para tais competências (vale dizer: se são para o exercício de uma atividade administrativa ou para legislar; se se trata de uma competência delegável ou não etc.) do que para simplesmente memorizar.

Acerca de tais mecanismos, o texto constitucional estabelece regras específicas a serem apreendidas pelo candidato e que seguem sistematizadas a seguir:

a) **Art. 22, parágrafo único, da Constituição Federal:** estabelece que as competências **legislativas privativas** da União fixadas nos incisos do

---

[256] Art. 21, XIV, segunda parte, da Constituição Federal. Saliente-se que referido fundo (Fundo Constitucional do Distrito Federal) foi criado pela Lei n. 10.633/2002.

art. 22 do texto constitucional possam ser **delegadas**, por meio de **lei complementar**, aos Estados membros, a fim de que estes legislem sobre questões específicas das matérias arroladas no artigo mencionado;

b) **Art. 23, parágrafo único, da Constituição Federal:** após estabelecer em seus incisos as competências **administrativas comuns**, determina que leis complementares fixarão normas para a **cooperação** entre a União, os Estados, o Distrito Federal e os municípios, levando-se em conta o equilíbrio do desenvolvimento e do bem-estar em âmbito nacional;

c) **Art. 24, §§ 1º a 4º, da Constituição Federal:** ao fixar a competência **legislativa concorrente**, prevê que à União caberá estabelecer as **normas gerais** e aos Estados membros as **normas suplementares**, sendo que, acaso a União **não** elabore normas gerais, os Estados poderão fazê-lo de forma **plena**, com vistas a atender a suas peculiaridades. Contudo, a eficácia desta lei estadual será **suspensa** caso a lei federal venha a dispor sobre o assunto de forma **contrária**.

No entanto, os assuntos versados nos incisos dos arts. 21 a 24 da Constituição Federal devem ser memorizados pelo candidato, já que é comum a cobrança, nas provas objetivas dos certames da Defensoria, do conhecimento acerca da redação literal e expressa destes incisos (lembrando aqueles que tratam expressamente da Defensoria, como, por exemplo, o art. 22, XVII, e o art. 24, XIII, da Constituição).

12. SÃO PAULO ORGANIZAÇÃO ADMINISTRATIVA DO ESTADO: A) ADMINISTRAÇÃO PÚBLICA: NOÇÃO, NORMAS E ORGANIZAÇÃO; B) PRINCÍPIOS CONSTITUCIONAIS DA ADMINISTRAÇÃO PÚBLICA; C) SERVIDORES PÚBLICOS CIVIS E MILITARES: REGIME JURÍDICO CONSTITUCIONAL; D) RESPONSABILIDADE CIVIL DO ESTADO. PARANÁ ADMINISTRAÇÃO PÚBLICA. DISPOSIÇÕES GERAIS. SERVIDORES PÚBLICOS. DOS MILITARES. DAS REGIÕES

Como o presente ponto diz respeito mais propriamente à disciplina de **direito administrativo**, o candidato, para estar preparado, no âmbito do direito constitucional, para a eventual cobrança de tais matérias no concurso da Defensoria, deve não apenas concentrar seu estudo nas normas previstas nos

arts. 37 a 43 da Constituição Federal que tratam deste ponto do edital, como também dominar as **regras básicas** atinentes aos **servidores públicos** e à responsabilidade civil do Estado.

Por se tratar de recente alteração promovida no texto constitucional em matéria de servidores públicos (o que aumenta a chance de sua cobrança nos concursos da Defensoria, a fim de testar se o candidato tem atualizado seus estudos), chamamos a atenção para o teor da **Emenda Constitucional n. 88/2015**, por meio da qual foi:

a) alterada a redação do art. 40, § 1º, II, da Constituição Federal, que trata da aposentadoria compulsória dos servidores públicos, passando a prever que esta se dá aos 70 anos de idade, ou aos 75 anos de idade, na forma de lei complementar;

b) incluído o art. 100 no Ato das Disposições Constitucionais Transitórias nos seguintes termos: "Art. 100. Até que entre em vigor a lei complementar de que trata o inciso II do § 1º do art. 40 da Constituição Federal, **os Ministros do Supremo Tribunal Federal, dos Tribunais Superiores e do Tribunal de Contas da União** aposentar-se-ão, compulsoriamente, aos **75 (setenta e cinco) anos de idade**, nas condições do art. 52 da Constituição Federal".

Embora seja recente, a referida Emenda Constitucional já é objeto da **Ação Direta de Inconstitucionalidade 5.316**, proposta por três associações de magistrados, tendo o Plenário do Supremo Tribunal Federal, em 21-5-2015 e por maioria (seguindo o voto do Rel. Min. Luiz Fux), **deferido a medida cautelar** nela formulado, para:

a) suspender a aplicação da expressão "nas condições do art. 52 da Constituição Federal" contida no art. 100 do Ato das Disposições Constitucionais Transitórias, introduzido pela Emenda Constitucional n. 88/2015, por vulnerar as condições materiais necessárias ao exercício imparcial e independentemente da função jurisdicional, ultrajando a separação dos Poderes, cláusula pétrea inscrita no art. 60, § 4º, III, da Constituição Federal;

b) fixar a interpretação, quanto à parte remanescente da Emenda Constitucional n. 88/2015, de que o art. 100 do Ato das Disposições Constitucionais Transitórias não pode ser estendido a outros agentes públicos até que seja editada a lei complementar a que alude o art. 40, § 1º, II, da Constituição Federal, a qual, quanto à magistratura, é a lei complementar de iniciativa do Supremo Tribunal Federal nos termos do art. 93 da Constituição Federal;

c) suspender a tramitação de todos os processos que envolvam a aplicação a magistrados do art. 40, § 1º, II, da Constituição Federal e do art. 100 do Ato das Disposições Constitucionais Transitórias, até o julgamento definitivo da presente demanda;

d) declarar sem efeito todo e qualquer pronunciamento judicial ou administrativo que afaste, amplie ou reduza a literalidade do comando previsto no art. 100 do Ato das Disposições Constitucionais Transitórias e, com base neste fundamento, assegure a qualquer outro agente público o exercício das funções relativas a cargo efetivo após ter completado setenta anos de idade.

A respeito de servidores públicos, também merece destaque as seguintes e recentes **súmulas vinculantes** do Supremo Tribunal Federal:

a) **Súmula Vinculante 33:** "Aplicam-se ao servidor público, no que couber, as regras do regime geral da previdência social sobre aposentadoria especial de que trata o art. 40, § 4º, III da Constituição Federal, até a edição de lei complementar específica".

b) **Súmula Vinculante 37:** "Não cabe ao Poder Judiciário, que não tem função legislativa, aumentar vencimentos de servidores públicos sob o fundamento de isonomia".

c) **Súmula Vinculante 42:** "É inconstitucional a vinculação do reajuste de vencimentos de servidores estaduais ou municipais a índices federais de correção monetária".

d) **Súmula Vinculante 43:** "É inconstitucional toda modalidade de provimento que propicie ao servidor investir-se, sem prévia aprovação em concurso público destinado ao seu provimento, em cargo que não integra a carreira na qual anteriormente investido".

e) **Súmula Vinculante 44:** "Só por lei se pode sujeitar a exame psicotécnico a habilitação de candidato a cargo público".

Vale registrar, nesse diapasão, o reconhecimento, pelo Supremo Tribunal Federal, da **constitucionalidade** da **cláusula de barreira** prevista em editais de **concursos públicos** (Pleno, Recurso Extraordinário 635.739, Rel. Min. Gilmar Mendes, j. 19-2-2014).

Ainda sobre o ponto do edital em estudo e no plano da **jurisprudência**, destacamos **três questões** que, por guardarem pertinência com a matéria e especialmente com a Defensoria Pública, poderão ser cobradas nos certames da instituição.

A **primeira** delas diz respeito ao entendimento consolidado pelo Superior Tribunal de Justiça e pelo Supremo Tribunal Federal no sentido de que a **morte de presos sob a custódia prisional do Estado dá ensejo à responsabilidade objetiva deste** (respectivamente: 2ª Turma, AgRg no AREsp 490.772/PE, Rel. Min. Mauro Campbell Marques, j. 5-6-2014, *DJE* 11-6-2014; e ARE 814.744, Rel. Min. Rosa Weber, j. 7-8-2014, publicado em *DJE*-160, divulg. 19-8-2014, public. 20-8-2014).

A segunda, envolvendo caso trazido pela **Defensoria Pública do Estado do Mato Grosso do Sul**, trata da **responsabilidade civil do Estado por danos morais decorrentes de superlotação carcerária e eventual aplicação da cláusula da reserva do possível na hipótese**, tendo o Supremo Tribunal Federal fixado a seguinte tese a respeito: "**Considerando que é dever do Estado, imposto pelo sistema normativo, manter em seus presídios os padrões mínimos de humanidade previstos no ordenamento jurídico, é de sua responsabilidade, nos termos do art. 37, § 6º, da Constituição, a obrigação de ressarcir os danos, inclusive morais, comprovadamente causados aos detentos em decorrência da falta ou insuficiência das condições legais de encarceramento**"[257].

Na ocasião, a Corte consignou, ainda, que **não incide a cláusula da reserva do possível**[258], bem como, por maioria, que **não se aplicaria a remissão da pena como indenização**, a qual deve se dar **em pecúnia**.

Cabe registrar que, sobre o mesmo tema, o Conselho Federal da Ordem dos Advogados do Brasil ajuizou, em 20-10-2014, a **Ação Direta de Inconstitucionalidade 5.170**, de relatoria da Ministra Rosa Weber, por meio da qual pleiteia o julgamento procedente da ação, a fim de: a) conferir interpretação conforme os arts. 43, 186 e 927, *caput* e parágrafo único, do Código Civil, para que seja declarado que o **Estado é civilmente responsável pelos danos morais**

---

[257] Recurso Extraordinário 580.252, Rel. Min. Teori Zavascki, Rel. p/ Acórdão: Min. Gilmar Mendes, Tribunal Pleno, j. 16-2-2017.

[258] Lembramos que a "cláusula da reserva do possível" é examinada em tópico próprio no item 25 deste livro.

causados aos detentos quando os submete à prisão em condições sub-humanas, insalubres, degradantes ou de superlotação; b) determinar que a indenização seja paga por meio de prestações mensais, iguais e sucessivas por tempo equivalente ao da prisão nas referidas condições; e c) editar sentença aditiva de princípio determinando que o Executivo e o Legislativo providenciem a criação de um fundo, que receberá uma proporção das indenizações pagas, para financiar políticas não estatais de ressocialização dos detentos.

A última delas se relaciona à possibilidade de autorizar o cumprimento de pena em regime carcerário menos gravoso em virtude da impossibilidade de o Estado fornecer vagas para o cumprimento no regime estabelecido na condenação penal. Sobre a questão, o Supremo Tribunal Federal editou a Súmula Vinculante 56, segundo a qual: "A falta de estabelecimento penal adequado não autoriza a manutenção do condenado em regime prisional mais gravoso, devendo-se observar, nessa hipótese, os parâmetros fixados no RE 641.320/RS".

13. **SÃO PAULO** ORGANIZAÇÃO FUNCIONAL DO ESTADO: A) PRINCÍPIO DA SEPARAÇÃO DOS PODERES: ESSÊNCIA, EVOLUÇÃO, SIGNIFICADO E ATUALIDADE; B) CONTROLES INTERORGÂNICOS E FUNÇÕES TÍPICAS E ATÍPICAS DE CADA PODER. **PARANÁ** ORGANIZAÇÃO DOS PODERES. PRINCÍPIO DA SEPARAÇÃO DOS PODERES. EVOLUÇÃO DO PRINCÍPIO DA SEPARAÇÃO DOS PODERES. MECANISMO DE FREIOS E CONTRAPESOS

O princípio da separação de poderes[259], previsto no art. 2º da Constituição Federal, surgiu como reação ao regime absolutista, no qual havia uma concentração de todos os poderes do Estado nas mãos de um único governante.

O precursor remoto desta teoria foi o filósofo **Aristóteles**, em sua obra *A política,* na qual pregava a necessidade de se separar as atividades do Estado ligadas às funções públicas, à deliberação sobre assuntos públicos e à tarefa de julgar, como forma de se atingir a felicidade humana[260].

O principal expoente contemporâneo do princípio em comento, por sua vez, é **Montesquieu** que, em "O espírito das leis", ponderou que: "para que não se possa abusar do poder, é preciso que, pela disposição das coisas, o poder li-

---

[259] "Poderes" no sentido de "funções", vez que o Poder em si é uno e indivisível.

[260] *A política.* São Paulo: Edipro, 1995, Livros III e VI.

132

mite o poder"[261]. Assim, o pensador francês buscou traçar uma divisão das funções do Estado em três órgãos: o Legislativo, responsável pela formulação das leis e por sua posterior correção ou revogação; o Executivo, cuja função estaria ligada às questões que envolvem a segurança e o Judiciário, incumbido de punir os crimes e julgar as questões dos indivíduos. Ou seja: as **funções típicas** do Estado (legislação, administração e jurisdição) deveriam ser exercidas por diferentes órgãos, todos independentes e harmônicos entre si.

Essa rígida divisão das funções do Estado, como forma de se evitar arbítrios, tem cedido lugar ao sistema de **freios e contrapesos** (*checks and balances*) adotado pela Constituição de 1787 dos Estados Unidos, aptos a assegurar o controle recíproco entre as três funções desempenhadas pelo Estado.

Como observa **Mauro Cappelletti**:

> a verdade é que apenas um sistema equilibrado de controles recíprocos pode, sem perigo para a liberdade, fazer coexistir um legislativo forte com um executivo forte e um judiciário forte. Justamente esse equilíbrio de forças, de contrapesos e controles recíprocos, constitui o grande segredo do inegável sucesso do sistema constitucional americano [...] na verdade, mostra-se interessante ressaltar que a própria França, onde nasceu e se exaltou a ideia da *separatión*, como também outros países continentais (que por muito tempo compartilharam dessa ideia), estão se movimentando nesta direção, partindo do sistema de rígida separação para o sistema de controles recíprocos[262].

Nessa linha, é imperioso notar que o princípio da separação dos poderes, assim como os demais princípios presentes em nosso sistema jurídico, não é absoluto, admitindo exceções expressas à regra geral. Nesse sentido, além das funções típicas de cada órgão, também há as **funções atípicas**, entendidas como aquelas não identificáveis com a principal função de certo Poder, mas, mesmo assim, por ele exercida.

Como exemplo, podemos encontrar em nosso texto constitucional hipóteses em que o Poder Executivo exerce funções próprias do Legislativo (edição de medidas provisórias com força de lei, nos termos do art. 62 da Constituição Federal); ou então funções típicas do Poder Judiciário, cuja prática incumbe ao

---

[261] *O espírito das leis*. 2. ed. Trad. Cristina Murachco. São Paulo: Martins Fontes, 2000, p. 166.

[262] *Juízes legisladores*. Trad. Carlos Alberto Alvaro de Oliveira. Porto Alegre: Sergio Antonio Fabris Editor, 1993, p. 54-55.

Legislativo (o Senado enquanto órgão julgador do Presidente da República pela prática de crimes de responsabilidade, conforme a dicção do art. 52, I, da Constituição Federal), e assim por diante.

É conveniente apontar que essas exceções não maculam a existência do princípio em comento, mas apenas o flexibilizam, a fim de não engessar o funcionamento dos Poderes, além de criar uma cooperação harmônica entre eles em prol dos interesses primários do Estado.

Após essa breve exposição acerca do princípio da separação dos Poderes, que pode servir de parâmetro para o candidato tratar do tema em eventual prova dissertativa ou oral da Defensoria, é possível afirmar que, para efeito dos certames da instituição, ganha relevo a **leitura atual** que deve ser conferida ao princípio[263].

Isso porque, especialmente nas demandas movidas pela Defensoria Pública em face do Estado para fins de implementação ou aprimoramento de determinada política pública, a defesa judicial do último utiliza-se, muitas vezes, do princípio da separação de Poderes para indicar que o Poder Judiciário, acaso determine que o Estado o faça, estaria usurpando sua função em violação ao princípio da separação de Poderes.

Esse argumento somente poderia ser válido sob a ótica de uma divisão rígida das funções do Estado sobre a qual o princípio em exame foi originalmente concebido, o que, como vimos, não mais ocorre. Aliás, tal utilização do princípio importaria verdadeiro contrassenso, vez que desvirtuaria o seu principal propósito, qual seja: a limitação do poder do Estado, imprescindível à preservação dos direitos fundamentais dos cidadãos.

Daí a necessidade, apontada por inúmeros doutrinadores e aplicadores do Direito, de rever o atual significado do princípio da separação de poderes, que deve, em verdade, assegurar, numa concepção neoconstitucionalista[264], a expansão do Poder Judiciário em prol da efetividade da Constituição Federal, repelindo ações e omissões estatais que a violem.

---

[263] Trata-se de matéria inserida na "espinha dorsal" do direito constitucional, nos termos em que preconizamos no tópico "conteúdo" do Direito Constitucional no ponto 1 deste livro.

[264] A respeito do neoconstitucionalismo, *vide* ponto 7 deste livro.

Como aponta **Américo Bedê Freire Júnior:**

> O juiz tem a missão constitucional de impedir ações ou omissões contrárias ao texto, sem que com essa atitude esteja violando a Constituição. O juiz não é mais a simples boca da lei, mas intérprete constitucional qualificado, que vai permitir que a Constituição não soçobre numa realidade instável como a que vivemos. Tal postura é ínsita à nova leitura da separação de poderes[265].

Segundo **Marcus Aurélio de Freitas Barros:** "é preciso atualizar o postulado da separação de poderes, de molde a retirar-lhe o caráter sagrado e intocável, admitindo-se uma expansão da fiscalização judicial da atividade e das omissões dos demais poderes públicos"[266].

Na mesma linha, pontifica **Andreas J. Krell**:

> torna-se cada vez mais evidente que o vetusto princípio da Separação de Poderes, idealizado por Montesquieu no século XVIII, está produzindo, com sua grande força simbólica, um "efeito paralisante" às reivindicações de cunho social e precisa ser submetido a uma nova leitura, para poder continuar servindo ao seu escopo original de garantir Direitos Fundamentais contra o arbítrio e, hoje também, a omissão estatal[267].

Em desfecho ao ponto em estudo, colacionamos o seguinte excerto extraído da doutrina a respeito do princípio da separação dos Poderes:

> impõe-se "reinterpretar" esse velho dogma para adaptá-lo ao moderno Estado "constitucional", que sem deixar de ser "liberal", tornou-se igualmente "social" e "democrático", e isso não apenas pela ação legislativa dos Parlamentos, ou pelo intervencionismo igualitarista do Poder Executivo, mas também pela atuação "política" do Poder Judiciário, sobretudo das modernas Cortes Constitucionais, crescentemente comprometidas com o "alargamento" da cidadania e a "realização" dos direitos fundamentais[268].

---

[265] *O controle judicial de políticas públicas.* São Paulo: Revista dos Tribunais, 2005, p. 44.

[266] *Controle jurisdicional de políticas públicas:* parâmetros objetivos e tutela coletiva. Porto Alegre: Sergio Antonio Fabris Editor, 2008, p. 136.

[267] *Direitos sociais e controle judicial no Brasil e na Alemanha. Os (des)caminhos de um direito constitucional "comparado".* Porto Alegre: Sergio Antonio Fabris Editor, 2002, p. 88.

[268] MENDES, Gilmar Ferreira; COELHO, Inocêncio Mártires; e BRANCO, Paulo Gustavo Gonet. *Curso de direito constitucional.* São Paulo: Saraiva, 2007, p. 90.

14. **SÃO PAULO** Poder Legislativo: a) Funções, organização e funcionamento; b) Atos parlamentares; c) Espécies normativas; d) Processo legislativo; e) Estatuto dos congressistas; f) Tribunal de Contas. **PARANÁ** Poder Legislativo. Estrutura, atribuições, funções, funcionamento. Congresso Nacional. Câmara dos Deputados e Senado Federal. Poder Legislativos estadual, municipal e distrital. Reuniões, comissões e sessões. Comissões parlamentares de inquérito. Processo legislativo. Procedimento legislativo. Espécies normativas. Estatuto dos congressistas. Fiscalização contábil, financeira e orçamentária. Tribunal de Contas. **RIO DE JANEIRO** Processo legislativo. Repartição de competências

A partir deste ponto, são abordadas as normas constitucionais que disciplinam os **três Poderes (funções) do Estado** (Poderes Legislativo, Executivo e Judiciário nos **pontos 14, 15 e 16**, respectivamente, deste livro), sendo possível perceber que os editais das Defensorias de São Paulo e Paraná buscam elencar as matérias de cada um destes pontos em consonância, basicamente, com o disposto no texto constitucional, com exceção do ponto 16 do edital da Defensoria paulista, que traz outros temas associados ao Poder Judiciário (como a "responsabilidade do Estado por atos jurisdicionais", o "papel do tribunal constitucional na efetivação da Justiça" e as "políticas públicas e controle jurisdicional", que serão examinados em momento oportuno).

Quanto ao edital da Defensoria carioca, notamos que este se atém ao processo legislativo (matéria do ponto 14 ora examinado) e à repartição de competências (cuja abordagem é feita no ponto 10 deste livro, ao qual remetemos o leitor).

Passemos, assim, a estudar o ponto 14 a respeito do Poder Legislativo, incumbido, precipuamente, da elaboração de leis, bem como da fiscalização do Poder Executivo por meio do Tribunal de Contas.

Dentro da miríade de normas constitucionais a respeito do Poder Legislativo, o candidato deverá, para fins de concursos públicos da Defensoria, enfatizar seus estudos nos seguintes assuntos:

a) **processo legislativo e espécies normativas**, com especial enfoque às regras atinentes às **emendas constitucionais**[269] (art. 60 da Constituição) e às **medidas provisórias** (art. 62 da Constituição);

---

[269] Cujos limites foram examinados ao tratarmos, no ponto 8, do Poder Constituinte Derivado Reformador.

b) **Comissão Parlamentar de Inquérito** (art. 58, § 3º, da Constituição Federal), sobretudo os **entendimentos doutrinário e jurisprudencial a respeito de seus poderes,** que podem ser assim sintetizados:

b.1) as Comissões Parlamentares de Inquérito **podem:**

b.1.1) decretar, por ato devidamente fundamentado e em relação às pessoas por elas investigadas, a quebra de sigilos bancário, fiscal e de registros telefônicos[270];

b.1.2) ouvir os investigados;

b.1.3) ouvir as testemunhas, sob pena de condução coercitiva;

b.1.4) obter, mediante solicitação previamente aprovada pela Comissão Parlamentar de Inquérito, as informações e documentos sigilosos de que necessitarem, diretamente das instituições financeiras, ou por intermédio do Banco Central do Brasil ou da Comissão de Valores Mobiliários;

b.2) as Comissões Parlamentares de Inquérito **não podem** determinar atos cobertos pela reserva de jurisdição[271], como:

b.2.1) busca e apreensão domiciliar;

b.2.2) interceptação telefônica;

b.2.3) ordem de prisão, salvo no caso de flagrante delito;

b.2.4) indisponibilidade de bens[272].

15. SÃO PAULO PODER EXECUTIVO: A) PRESIDENTE DA REPÚBLICA, GOVERNADORES E PREFEITOS: ELEIÇÃO, REELEIÇÃO, PERDA DO MANDATO, IMPEDIMENTO, SUBSTITUIÇÃO, SUCESSÃO, VACÂNCIA, RESPONSABILIDADE E ATRIBUIÇÕES; B) MINISTROS DE ESTADO, CONSELHO DA REPÚBLICA E CONSELHO DE DEFESA NACIONAL. PARANÁ PODER EXECUTIVO. COMPOSIÇÃO, ESTRUTURA, ATRIBUIÇÕES, ELEIÇÕES, IMUNIDADES. PRESIDENTE DA REPÚBLICA E VICE-PRESIDENTE DA REPÚBLICA. GOVERNADORES E

---

[270] Plenário, Mandado de Segurança 23.868, Rel. Min. Celso de Mello, j. 30-8-2001, *DJ* 21-6-2002.

[271] Plenário, Mandado de Segurança 23.652, Rel. Min. Celso de Mello, j. 22-11-2000, *DJ* 16-2-2001. No mesmo sentido: Plenário, *Habeas Corpus* 100.341, Rel. Min. Joaquim Barbosa, j. 4-11-2010, *DJE* 2-12-2010.

[272] Plenário, Mandado de Segurança 23.480, Rel. Min. Sepúlveda Pertence, j. 4-5-2000, *DJ* 15-9-2000.

PREFEITOS. RESPONSABILIDADES DO CHEFE DO PODER EXECUTIVO. MINISTROS DE ESTADO. CONSELHO DA REPÚBLICA E CONSELHO DE DEFESA NACIONAL

Em comparação aos pontos relativos aos Poderes Legislativo (ponto 14) e Judiciário (ponto 16), podemos afirmar que o ponto ora em análise (ponto 15) é, normalmente, o menos explorado nos certames da Defensoria Pública.

De toda forma, para efeito desses concursos, podemos apontar que os principais aspectos a serem estudados pelo candidato são:

a) as normas constitucionais relativas à **vacância, impedimento, exercício provisório do cargo de Presidente e perda do cargo;**

b) as normas atinentes ao **procedimento de responsabilização do Presidente da República nos crimes de responsabilidade e nos crimes comuns.**

Quanto ao primeiro item, sistematizamos o seu estudo do seguinte modo:

a) **Vacância:** vagando o cargo de Presidente da República, será ele sucedido pelo **Vice-Presidente da República** (art. 79, segunda parte, da Constituição Federal), enquanto, havendo vacância de **ambos** os cargos (de Presidente da República e Vice-Presidente da República)[273], e ocorrendo ela:

a.1) **nos dois primeiros anos de mandato:** far-se-á eleição 90 dias depois de aberta a última vaga (art. 81, *caput*, da Constituição Federal);

a.2) **nos dois últimos anos de mandato:** a eleição para ambos os cargos será feita 30 dias depois da última vaga, pelo Congresso Nacional, na forma da lei (art. 81, § 1º, da Constituição Federal), tratando-se, nesse caso, de hipótese de **eleição indireta**, enquanto exceção à regra geral do voto direto (tido como cláusula pétrea).

b) **Impedimento:** no caso de impedimento, o Vice-Presidente substituirá o Presidente da República (art. 79, primeira parte, da Constituição Federal).

---

[273] O que pode ocorrer, por exemplo, se decorrer dez dias da data fixada para tomarem posse, salvo motivo de força maior (art. 78, parágrafo único, da Constituição Federal).

c) **Exercício provisório do cargo de Presidente:** nos casos de impedimento ou vacância dos cargos de Presidente e Vice-Presidente da República, serão **sucessivamente** chamados ao exercício da presidência (art. 80 da Constituição Federal):

c.1) **Presidente da Câmara dos Deputados;**

c.2) **Presidente do Senado Federal;**

c.3) **Presidente do Supremo Tribunal Federal.**

d) **Perda do cargo:** o Presidente e o Vice-Presidente da República não poderão, sem licença do Congresso Nacional, ausentar-se do País por período superior a 15 dias, sob pena de perda do cargo (art. 83 da Constituição Federal).

Já no que diz respeito à **responsabilidade** do chefe do Poder Executivo, cabe-nos frisar (como fizemos no **ponto 4** deste livro) que esta decorre do **princípio republicano** e está prevista nos arts. 85 e 86 da Constituição Federal.

De início, é válido lembrar o teor da **Súmula 722 do Supremo Tribunal Federal:** "São da competência legislativa da União a definição dos crimes de responsabilidade e o estabelecimento das respectivas normas de processo e julgamento". Veja que o conhecimento do enunciado dessa Súmula foi exigido do candidato em questão da prova objetiva do **IV Concurso da Defensoria do Estado de Minas Gerais, realizado em 2004, pela Fundep – UFMG,** que, após se referir à previsão, pela Constituição de um Estado da Federação, de que os crimes de responsabilidade do Governador de Estado seriam definidos em lei estadual, na qual seriam estabelecidas as normas do processo e julgamento, considerou como correta a assertiva no sentido de que tal previsão seria **inconstitucional,** sob o fundamento constante, justamente, na referida súmula, qual seja, a de se tratar de competência legislativa da União a definição dos crimes de responsabilidade e o estabelecimento das respectivas normas de processo e julgamento.

Assim, poderá ser o Presidente da República responsabilizado tanto pela prática de **crimes comuns** (infrações penais comuns existentes em nosso ordenamento jurídico), sendo julgado nesse caso pelo **Supremo Tribunal Federal** (art. 102, I, *b*, da Constituição Federal) como de **crimes de responsabilidade** (infrações político-administrativas, cujo rol exemplificativo é previsto nos incisos I a VII do art. 85 da Constituição Federal), cujo julgamento será feito pelo **Senado Federal** (art. 52, I, da Constituição Federal).

Nesses dois casos, haverá um **juízo prévio de admissibilidade** da acusação, empreendido pela **Câmara dos Deputados**, que somente autorizará o julgamento do Presidente pelo voto de 2/3 de seus membros (art. 51, I, e art. 86, *caput*, ambos da Constituição Federal)[274].

Se, depois de autorizado o julgamento pela Câmara, for **recebida a denúncia ou queixa-crime pelo Supremo Tribunal Federal** (no caso de crime comum) ou **for instaurado o processo pelo Senado Federal** (no caso de crime de responsabilidade), o Presidente da República ficará **suspenso de suas funções**, somente as retomando na hipótese do julgamento não se concluir no prazo de **180 dias**, sem prejuízo, porém, do regular prosseguimento do processo (art. 86, § 1º, I e II, e § 2º, da Constituição Federal).

Ainda no plano constitucional sobre a matéria, merecem destaque duas normas constitucionais a respeito, respectivamente, da:

a) **prisão:** tratando-se de crimes comuns, o Presidente da República não estará sujeito à prisão enquanto não sobrevier sentença condenatória (art. 86, § 3º, da Constituição Federal);

b) **irresponsabilidade penal relativa:** há impedimento provisório da persecução criminal em relação às infrações penais praticadas pelo Presidente antes do mandato ou, durante este, desde que sem relação com a função presidencial (art. 86, § 4º, da Constituição Federal).

Finalmente, é importante tecer breves apontamentos a respeito dos **procedimentos** destinados à responsabilização do Presidente da República em cada uma das hipóteses acima aventadas.

A **Lei n. 1.079/50** prevê o procedimento a ser adotado nos crimes de responsabilidade do presidente, chamado de processo de *impeachment*, que, como se extrai do art. 52, I, segunda parte, e inciso II, da Constituição Federal, não se restringe aos Chefes do Poder Executivo, podendo ser igualmente aplicado

---

[274] Sobre o assunto, é importante lembrar o entendimento fixado pelo Supremo Tribunal Federal no sentido de vedar às unidades federativas a instituição de normas que condicionem a instauração de ação penal contra o governador, por crime comum, à prévia autorização da casa legislativa, não obstante caiba ao Superior Tribunal de Justiça dispor, fundamentadamente, sobre a aplicação de medidas cautelares penais, inclusive afastamento do cargo. Segundo a Corte, o artigo 51, inciso I, da Constituição Federal seria, nesse sentido, uma norma de reprodução proibida (Informativo 863, ADI 4.764, ADI 4.797 e ADI 4.798).

ao Vice-Presidente da República, aos Ministros de Estado e os Comandantes da Marinha, do Exército e da Aeronáutica (nos crimes conexos com aqueles praticados pelo Presidente da República), aos Ministros do Supremo Tribunal Federal, ao Procurador-Geral da República, ao Advogado-Geral da União e aos membros do Conselho Nacional de Justiça e do Conselho Nacional do Ministério Público.

Assim, depois da mencionada autorização da Câmara dos Deputados, o Senado Federal instaura o processo, presidido pelo **Presidente do Supremo Tribunal Federal**, a fim de proceder ao julgamento do Presidente da República. Caso o procedimento resulte em **sentença condenatória**, tomada por **2/3** dos votos do Senado Federal, esta adotará a forma de **resolução**, limitando-se a condenação à **perda do cargo, com inabilitação, por oito anos, para o exercício da função pública, sem prejuízo das demais sanções judiciais cabíveis** (art. 52, parágrafo único, da Constituição Federal).

De outro lado, os **arts. 1º a 12 da Lei n. 8.038/90 e os arts. 230 a 246 do Regimento Interno do Supremo Tribunal Federal** dispõem sobre as regras de processo e julgamento do Presidente da República em se tratando da prática de crimes comuns. Assim, depois da aludida autorização da Câmara dos Deputados, o Supremo Tribunal Federal recebe a **denúncia** (ofertada pelo Procurador-Geral da República em não sendo caso de arquivamento e na hipótese de crime de ação penal pública) ou a **queixa-crime** (apresentada pelo ofendido ou por quem tenha capacidade de fazê-lo, se se tratar de crime de ação penal privada), tendo por escopo o julgamento do Presidente da República. Caso seja condenado, este incorrerá, diferentemente do que ocorre nos crimes de responsabilidade, nas sanções previstas no **tipo penal em questão**.

16. ~~SÃO PAULO~~ PODER JUDICIÁRIO: A) FUNÇÕES, ORGANIZAÇÃO, COMPETÊNCIAS E FUNCIONAMENTO; B) ESTATUTO DA MAGISTRATURA E SEUS PRINCÍPIOS INFORMATIVOS; C) GARANTIAS INSTITUCIONAIS DA FUNÇÃO JUDICIAL; D) PRECATÓRIOS; E) JURISDIÇÃO CONSTITUCIONAL DO SUPREMO TRIBUNAL FEDERAL E DO TRIBUNAL DE JUSTIÇA DO ESTADO DE SÃO PAULO; F) SÚMULA VINCULANTE; G) CONSELHO NACIONAL DE JUSTIÇA; H) RESPONSABILIDADE DO ESTADO POR ATOS JURISDICIONAIS; I) O PAPEL DO TRIBUNAL CONSTITUCIONAL NA EFETIVAÇÃO DA JUSTIÇA; J) POLÍTICAS PÚBLICAS E CONTROLE JURISDICIONAL. ~~PARANÁ~~ PODER JUDICIÁRIO. DISPOSIÇÕES GERAIS. ÓRGÃOS DO PODER JUDICIÁRIO BRASI-

LEIRO. ORGANIZAÇÃO E COMPETÊNCIAS. SUPREMO TRIBUNAL FEDERAL. SUPERIOR TRIBUNAL DE JUSTIÇA. A JUSTIÇA FEDERAL. A JUSTIÇA DO TRABALHO. A JUSTIÇA MILITAR. A JUSTIÇA ELEITORAL. A JUSTIÇA ESTADUAL. O CONSELHO NACIONAL DE JUSTIÇA. ESTATUTO DA MAGISTRATURA. SÚMULA VINCULANTE

Se, como dissemos, o ponto anterior que envolve o Poder Executivo é, via de regra, o menos explorado nos certames da Defensoria, o presente ponto, sob o prisma dos três Poderes, costuma ser o mais cobrado nessas provas.

E isso tem uma razão de ser: sendo a Defensoria Pública uma das funções essenciais à **justiça**, parece intuitivo que o ponto relativo ao **Poder Judiciário** seja o mais exigido em comparação àqueles atinentes aos demais Poderes. Porém, desde já, destaca-se que a Defensoria Pública é instituição independente, não integrando qualquer um dos três Poderes.

Da leitura desse ponto contido nos editais das Defensorias de São Paulo e do Paraná, podemos extrair de essencial para o estudo do candidato as matérias que seguem abaixo, com os correspondentes apontamentos a respeito de cada uma delas:

a) **Garantias institucionais da função judicial:** para que ajam em seus ofícios com independência e imparcialidade, o texto constitucional prevê as seguintes garantias e vedações aos magistrados (art. 95 da Constituição):

a.1) **vitaliciedade** (que, no primeiro grau, só será adquirida após dois anos de exercício, dependendo a perda do cargo, nesse período, de deliberação do tribunal a que o juiz estiver vinculado, e, nos demais casos, de sentença judicial transitada em julgado);

a.2) **inamovibilidade** (salvo por motivo de interesse público, na forma do art. 93, VIII, da Constituição Federal);

a.3) **irredutibilidade de subsídio** (ressalvado o disposto nos arts. 37, X e XI; 39, § 4º; 150, II; 153, III e 153, § 2º, I, todos da Constituição Federal);

a.4) **vedação ao (à):**

a.4.1) exercício, ainda que em disponibilidade, de outro cargo ou função, salvo uma de magistério;

a.4.2) recebimento, a qualquer título ou pretexto, de custas ou participação em processo;

a.4.3) dedicação à atividade político-partidária;

a.4.4) recebimento, a qualquer título ou pretexto, de auxílios ou contribuições de pessoas físicas, entidades públicas ou privadas, ressalvadas as exceções previstas em lei;

a.4.5) exercício da advocacia no juízo ou tribunal do qual se afastou, antes de decorridos três anos do afastamento do cargo por aposentadoria ou exoneração.

b) **Justiça Itinerante e Câmaras Regionais:** constituindo uma das principais funções inerentes à Defensoria Pública a ampliação do acesso das pessoas carentes ao Poder Judiciário, ganha relevo as normas constitucionais que preveem a instalação da **justiça itinerante** (arts. 107, § 2º; 115, § 1º; e 125, § 7º, da Constituição Federal), assim como das **Câmaras Regionais** (arts. 107, § 3º; 115, § 2º; e 125, § 6º, da Constituição Federal).

c) **Súmula Vinculante:** sendo o **defensor público geral federal** (art. 103-A, § 2º, combinado com o art. 3º, VI da Lei n. 11.417/2006), assim como a **Associação Nacional dos Defensores Públicos – Anadep** (art. 103, IX, e art. 103-A, § 2º, ambos da Constituição Federal, além do art. 3º, VIII, da Lei n. 11.417/2006) legitimados, entre outros, para propor a edição, a revisão ou o cancelamento de enunciado de **súmula vinculante** (algumas dessas propostas tendo, inclusive, sido tratadas neste trabalho), as normas constitucionais relacionadas à matéria **(art. 103-A, *caput* e §§ 1º, 2º e 3º, da Constituição Federal e art. 8º da Emenda Constitucional n. 45/2004)** devem ocupar importante espaço nos estudos pelo candidato.

d) **Responsabilidade do Estado por atos jurisdicionais:** embora esse tema remeta ao ponto 12 deste livro, por tratar da responsabilidade civil do Estado, o edital da Defensoria de São Paulo fez aqui constar esse tema em razão de estar relacionado aos atos jurisdicionais. De todo modo, o candidato poderá abordá-lo seguindo o raciocínio proposto nos subitens abaixo:

d.1) por muitos anos, prevaleceu a tese da **irresponsabilidade do Estado por atos dos magistrados**, salvo nas hipóteses nas quais o dever de indenizar constasse expressamente por lei (como é o caso, por exemplo, do art. 630 do Código de Processo Penal[275], ao tratar do erro judiciário após a revisão criminal), a qual se assentava em três fundamentos principais: i) a soberania exercida pelo juiz em seu mister; ii) a força de lei conferida à coisa julgada; e iii) a liberdade e independência a serem asseguradas ao magistrado;

d.2) contudo, nos dias atuais, essa concepção foi alterada para o sentido de se admitir a **responsabilidade do Estado por atos jurisdicionais,** com amparo nos seguintes argumentos principais: i) o ato estatal praticado pelo juiz não difere, na essência, dos demais atos praticados pelo Estado, a ponto de justificar um tratamento diferenciado em termos de responsabilidade, sob pena de violação ao próprio princípio da igualdade; ii) o juiz insere-se em um conceito amplo de agente público, que o torna igualmente responsável por atos por ele praticados em nome do Estado;

d.3) diante disso, a interpretação mais condizente e em conformidade com o sistema constitucional vigente se dá pela aplicação do **art. 37, § 6º, da Constituição Federal** àqueles atos praticados pelos juízes que geraram prejuízos de ordem material ou moral à vítima (levando-se em conta, por evidente, os pressupostos desta responsabilidade delineados pelo direito administrativo), a fim de que o Estado seja responsabilizado primária e objetivamente por aqueles, sem prejuízo de ação regressiva a ser movida em face do juiz responsável que agiu com dolo ou culpa (constituindo exemplos de tais condutas aquelas previstas no **art. 143 do Código de Processo Civil**[276] e arts. 49 e 56[277] da Lei Complementar n. 35/79 – Lei Orgânica da Magistratura);

---

[275] Assim dispõe o art. 630 do Código de Processo Penal: "Art. 630. O tribunal, se o interessado o requerer, poderá reconhecer o direito a uma justa indenização pelos prejuízos sofridos. § 1º Por essa indenização, que será liquidada no juízo cível, responderá a União, se a condenação tiver sido proferida pela justiça do Distrito Federal ou de Território, ou o Estado, se o tiver sido pela respectiva justiça. § 2º A indenização não será devida: a) se o erro ou a injustiça da condenação proceder de ato ou falta imputável ao próprio impetrante, como a confissão ou a ocultação de prova em seu poder; b) se a acusação houver sido meramente privada".

[276] Segundo o art. 143 do Código de Processo Civil (em sentido semelhante ao que já constava no art. 49 da Lei Complementar n. 35/79): "Art. 143. O juiz responderá, civil e regressivamente, por perdas e danos quando: inciso I – no exercício de suas funções, proceder com dolo ou fraude; inciso II – recusar, omitir ou retardar, sem justo motivo, providência que deva ordenar de ofício ou a requerimento da parte. Parágrafo único. As hipóteses previstas no inciso II somente serão verificadas depois que a parte requerer ao juiz que determine a providência e o requerimento não for apreciado no prazo de 10 (dez) dias".

[277] De acordo com o art. 56 da Lei Complementar n. 35/79: "Art. 56. O Conselho Nacional da Magistratura poderá determinar a aposentadoria, com vencimentos proporcionais ao tempo de serviço,

d.4) por fim, também é oportuno lembrar que o **art. 5º, LXXV, da Constituição Federal** contempla, na qualidade de direito fundamental, dois casos específicos de responsabilidade do Estado, quais sejam: por erro judiciário (decorrente do ato do magistrado) e pelo transcurso do tempo de prisão fixado na sentença (que poderá advir não apenas de ato do juiz, mas também de outros agentes públicos, como cartorários, funcionários do sistema penitenciário, entre outros);

d.5) não obstante o raciocínio acima construído, cabe apontar que **ainda prevalece no Supremo Tribunal Federal** o entendimento (embora com certo temperamento) no sentido de que a responsabilidade objetiva do Estado **não se aplica** aos atos dos juízes, salvo nos casos **expressos em lei** (como seriam as hipóteses acima aventadas do art. 5º, LXXV, da Constituição e art. 630 do Código de Processo Penal). Nesse sentido, o seguinte acórdão: "Erro judiciário. Responsabilidade civil objetiva do Estado. Direito à indenização por danos morais decorrentes de condenação desconstituída em revisão criminal e de prisão preventiva. CF, art. 5º, LXXV. C. Pr. Penal, art. 630. 1. O direito à indenização da vítima de erro judiciário e daquela presa além do tempo devido, previsto no art. 5º, LXXV, da Constituição, já era previsto no art. 630 do C. Pr. Penal, com a exceção do caso de ação penal privada e só uma hipótese de exoneração, quando para a condenação tivesse contribuído o próprio réu. 2. A regra constitucional não veio para aditar pressupostos subjetivos à regra geral da responsabilidade fundada no risco administrativo, conforme o art. 37, § 6º, da Lei Fundamental: a partir do entendimento consolidado de que a **regra geral é a irresponsabilidade civil do Estado por atos de jurisdição**, estabelece que, naqueles casos, a indenização é uma garantia individual e, manifestamente, não a submete à exigência de dolo ou culpa do magistrado. 3. O art. 5º, LXXV, da Constituição: é uma garantia, um mínimo, que nem impede a lei, nem impede even-

---

do magistrado: I – manifestadamente negligente no cumprimento dos deveres do cargo; II – de procedimento incompatível com a dignidade, a honra e o decoro de suas funções; III – de escassa ou insuficiente capacidade de trabalho, ou cujo proceder funcional seja incompatível com o bom desempenho das atividades do Poder Judiciário".

tuais construções doutrinárias que venham a reconhecer a responsabilidade do Estado em hipóteses que não a de erro judiciário *stricto sensu*, mas de evidente falta objetiva do serviço público da Justiça"[278] (grifos nossos).

e) **Papel do tribunal constitucional na efetivação da Justiça:** fazendo clara alusão ao trabalho da Defensora Pública paulista Franciane de Fátima Marques (por nós examinados no tópico "Legitimidade, pauta normativa e pauta axiológica", inserido no **ponto 2** deste livro, ao qual remetemos o leitor), na medida em que a autora atribui aos tribunais constitucionais a qualidade de principal órgão destinado a buscar e efetivar a Justiça.

f) **Políticas públicas e controle jurisdicional:** sobre o qual nos debruçamos em tópico próprio do **ponto 25** deste livro e sob o título "Efetivação. Intervenção do Poder Judiciário em tema de implementação de políticas públicas e de direitos sociais", que deverá ser consultado pelo leitor.

g) **Súmula 649 do Supremo Tribunal Federal:** "É inconstitucional a criação, por Constituição Estadual, de órgão de controle administrativo do Poder Judiciário do qual participem representantes de outros poderes ou entidades".

h) **Súmulas Vinculantes do Supremo do Tribunal Federal sobre a competência da Justiça do Trabalho:**

h.1) **Súmula Vinculante 22:** "A Justiça do Trabalho é competente para processar e julgar as ações de indenização por danos morais e patrimoniais decorrentes de acidente de trabalho propostas por empregado contra empregador, inclusive aquelas que ainda não possuíam sentença de mérito em primeiro grau quando da promulgação da Emenda Constitucional n. 45/2004".

h.2) **Súmula Vinculante 23:** "A Justiça do Trabalho é competente para processar e julgar ação possessória ajuizada em decorrência do exercício do direito de greve pelos trabalhadores da iniciativa privada".

---

[278] STF, 1ª T., Recurso Extraordinário 505.393, Rel. Min. Sepúlveda Pertence, j. 26-6-2007. Essa posição do Supremo foi, inclusive, objeto de cobrança na prova objetiva do **Concurso da Defensoria do Estado de Goiás, realizado em 2010, pelo Instituto Cidades**, constando como assertiva correta o seguinte: **"a responsabilidade objetiva do Estado não se aplica aos atos dos juízes, salvo os casos expressamente previstos em lei"**.

h.3) **Súmula Vinculante 53:** "A competência da Justiça do Trabalho prevista no art. 114, VIII, da CF, alcança a execução de ofício das contribuições previdenciárias relativas ao objeto da condenação constante das sentenças que proferir e acordos por ela homologados".

i) **Precatórios:** em relação aos precatórios, o candidato deverá se concentrar nos seguintes aspectos:

i.1) comandos das normas a eles relativas no plano constitucional (**art. 100, *caput* e §§ 1º a 16, da Constituição Federal, além dos arts. 33, 78, 86, 87 e 97 do Ato das Disposições Constitucionais Transitórias**);

i.2) **Súmula 655 do Supremo Tribunal Federal,** que submete os créditos de natureza alimentícia a ordem cronológica distinta daquela incidente sobre os demais precatórios, nos seguintes termos: "A exceção prevista no art. 100, *caput*, da Constituição, em favor dos créditos de natureza alimentícia, não dispensa a expedição de precatório, limitando-se a isentá-los da observância da ordem cronológica dos precatórios decorrentes de condenações de outra natureza";

i.3) **Súmula Vinculante 17 do Supremo Tribunal Federal:** "Durante o período previsto no parágrafo 1º do art. 100 da Constituição, não incidem juros de mora sobre os precatórios que nele sejam pagos";

i.4) **Súmula Vinculante 47 do Supremo Tribunal Federal:** "Os honorários advocatícios incluídos na condenação ou destacados do montante principal devido ao credor consubstanciam verba de natureza alimentar cuja satisfação ocorrerá com a expedição de precatório ou requisição de pequeno valor, observada ordem especial restrita aos créditos dessa natureza";

i.5) alterações promovidas pela **Emenda Constitucional n. 62/2009,** bem como o julgamento proferido pelo Supremo Tribunal Federal a seu respeito nos autos da **Ação Direta de Inconstitucionalidade 4.357** (Rel. Min. Ayres Britto, Rel. para acórdão Ministro Luiz Fux), tanto em relação ao **mérito** da ação (ocorrido em **14-3-2013**), como no que se refere à **questão de ordem e modulação dos efeitos** dessa decisão (que se deu em **25-3-2015**).

j) **Foro por prerrogativa de função:** sobre esse assunto, é importante que o candidato esteja atento aos seguintes posicionamentos adotados pelo Supremo Tribunal Federal:

j.1) o foro especial por prerrogativa de função previsto na Constituição Federal em relação às infrações penais comuns **não é extensível** às ações de improbidade administrativa[279];

j.2) o foro por prerrogativa de função aplica-se apenas aos crimes cometidos **durante o exercício do cargo** e **relacionado às funções desempenhadas**. Após o final da instrução processual, com a publicação do despacho de intimação para **apresentação de alegações finais,** a competência para processar e julgar ações penais **não será mais afetada** em razão de o agente público vir a ocupar outro cargo ou deixar o cargo que ocupava, qualquer que seja o motivo[280].

17. SÃO PAULO Funções essenciais à Justiça: a) Ministério Público: regime jurídico constitucional; b) Defensoria Pública: enquadramento constitucional, princípios, garantias institucionais e funcionais, Defensoria Pública na Constituição do Estado de São Paulo; c) Advocacia Pública: Advocacia da União e Procuradorias; d) Advocacia. PARANÁ Funções essenciais à justiça. Conceito e composição. A Defensoria Pública. A Defensoria Pública na Constituição Federal de 1988. A Defensoria Pública na Constituição do Estado do Paraná. O Ministério Público: regime jurídico constitucional. Conselho Nacional do Ministério Público. Advocacia. Advocacia Pública. RIO DE JANEIRO Funções essenciais à Justiça. Da Defensoria Pública

O Título IV (intitulado "Da Organização dos Poderes") da Constituição brasileira, depois de tratar dos Poderes Legislativo (Capítulo I), Executivo (Capítulo II) e Judiciário (Capítulo III), prevê sob a rubrica **"Das Funções Essenciais à Justiça"** (Capítulo IV) e em seções apartadas, três instituições e uma profissão, a saber:

---

[279] Informativo 901; Pet 3.240 AgR, j. 10-5-2018. Assim, salvo o Presidente da República que responde por improbidade enquanto crime de responsabilidade, conforme dicção do artigo 85, inciso V, da Constituição Federal, os demais agentes políticos estão sujeitos a um duplo regime sancionatório: a) responsabilidade civil por improbidade; b) responsabilidade político-administrativa por crime de responsabilidade.

[280] Informativo 900; AP 937 QO, j. 2-5-2018 e 3-5-2018. Com esse entendimento, buscou-se evitar o desvirtuamento da função conferida ao Supremo Tribunal Federal, além de reforçar os princípios republicano e da igualdade.

a) **Ministério Público (Seção I, arts. 127 a 130-A);**
b) **Advocacia Pública (Seção II, arts. 131 e 132);**
c) **Advocacia (Seção III, art. 133);**
d) **Defensoria Pública (Seção IV, art. 134)**[281].

Em se tratando da disciplina de direito constitucional cobrada nos editais dos certames da Defensoria Pública, é evidente que se exigirá de seus candidatos um conhecimento mais aprofundado acerca desta instituição se comparado às demais funções essenciais à Justiça acima arroladas, sobre as quais será suficiente o conhecimento dos aspectos básicos traçados pelo constituinte nos artigos supracitados.

Em razão disso, concentraremos o estudo do presente ponto na **Defensoria Pública**, examinando a disciplina da instituição pela **Constituição Federal**, assim como nas **Constituições estaduais**[282], conforme os itens abaixo[283].

■ Defensoria Pública na Constituição Federal de 1988

Após alçar à categoria de direito fundamental a prestação, pelo Estado, da assistência jurídica integral e gratuita aos que comprovarem insuficiência de

---

[281] Embora o art. 135 da Constituição Federal esteja inserido na Seção IV (que trata da Defensoria Pública), deixamos de mencioná-lo, vez que trata de regra não específica à instituição. Aliás, é interessante observar que a referida norma preceitua que os servidores integrantes das carreiras disciplinadas nas Seções II (Advocacia Pública) e III (que abrangia, antes da Emenda Constitucional n. 80/2014, a Advocacia e a Defensoria Pública) serão remunerados na forma do § 4º do art. 39 da Constituição (subsídio). Como a Emenda Constitucional n. 80/2014 deslocou a Defensoria para uma seção própria (Seção IV), mantendo a Seção III destinada apenas à Advocacia, resta saber se o art. 135 da Constituição se aplicaria ou não à Defensoria Pública. Se, de um lado, essa norma constitucional não faz menção expressa à Seção IV (não se aplicando, dessa forma, à Defensoria), por outro, o Poder Constituinte Reformador, ao promulgar a Emenda Constitucional n. 80/2014, pode ter se omitido, involuntariamente, ao deixar de ajustar a redação do art. 135 para contemplar a Seção IV por ele criada. A respeito dessa discussão, porém, não há registro de qualquer posicionamento adotado pelo Supremo Tribunal Federal.

[282] Levando-se em conta, nesse passo, os Estados membros cujos editais serviram como referência a este livro, quais sejam: São Paulo, Paraná e Rio de Janeiro.

[283] **DICA DO AUTOR** : Recomendamos que, na matéria de direito constitucional, o candidato ao concurso da Defensoria Pública não limite seus estudos ao tratamento conferido à Defensoria pela **Constituição Federal,** devendo abarcar também o exame acurado das normas que, sobre a instituição, são estabelecidas na **Constituição do Estado membro correspondente ao certame ao qual concorre,** o que costuma, inclusive, constar expressamente no respectivo edital, como ocorre nos casos dos Estados de São Paulo (sob a denominação "Defensoria Pública na Constituição do Estado de São Paulo") e Paraná (sob a denominação "A Defensoria Pública na Constituição do Estado do Paraná").

149

recursos (art. 5º, LXXIV), o constituinte atribuiu essa incumbência estatal à Defensoria Pública, nos termos do art. 134, *caput*, que reza:

> A Defensoria Pública é instituição permanente, essencial à função jurisdicional do Estado, incumbindo-lhe, como expressão e instrumento do regime democrático, fundamentalmente, a orientação jurídica, a promoção dos direitos humanos e a defesa, em todos os graus, judicial e extrajudicial, dos direitos individuais e coletivos, de forma integral e gratuita, aos necessitados, na forma do inciso LXXIV do art. 5º desta Constituição Federal.

Ademais, os §§ 1º a 4º do art. 134 do texto constitucional trazem comandos importantes aplicáveis à instituição, que podem ser assim resumidos:

a) ingresso na carreira mediante concurso público de provas e títulos;

b) atribuição à lei complementar[284] tanto para organizar a Defensoria Pública da União e do Distrito Federal e dos Territórios como para prescrever normas gerais para sua organização nos Estados;

c) garantia da inamovibilidade;

d) vedação ao exercício da advocacia fora das atribuições institucionais[285];

e) autonomia funcional e administrativa e iniciativa de proposta orçamentária às Defensorias Públicas Estaduais, do Distrito Federal e da União;

f) princípios institucionais da unidade, indivisibilidade e independência funcional;

g) aplicação, no que couber, dos arts. 93 e 96, II, da Constituição Federal.

No cenário atual, é válido registrar que a Defensoria Pública tem recebido uma série de influxos provenientes dos **Poderes Legislativo e Judiciário** destinados a fortalecer a instituição, sobre os quais passamos a discorrer com mais vagar.

No primeiro caso (Poder Legislativo), constatam-se as seguintes emendas constitucionais:

a) **Emenda Constitucional n. 45/2004**: que conferiu às Defensorias Públicas Estaduais autonomia funcional e administrativa e a iniciativa de sua proposta orçamentária;

---

[284] Trata-se da Lei Complementar n. 80/94.

[285] Referida norma foi objeto de cobrança no **Concurso da Defensoria do Estado do Pará, realizado em 2009, pela Fundação Carlos Chagas**, que, ao tratar da disciplina constitucional da Defensoria Pública, considerou como **incorreta** a seguinte assertiva: "**cabe aos Estados-membros estabelecer os limites do exercício da advocacia fora das atribuições institucionais dos defensores públicos**".

b) **Emenda Constitucional n. 69/2012**: que transferiu da União para o Distrito Federal as atribuições de organizar e manter a Defensoria Pública do Distrito Federal;

c) **Emenda Constitucional n. 74/2013**: que estendeu às Defensorias Públicas da União e do Distrito Federal a autonomia funcional e administrativa e a iniciativa de sua proposta orçamentária;

d) **Emenda Constitucional n. 80/2014**: que promoveu as seguintes alterações:

d.1) criou uma seção própria para a Defensoria (Seção IV no Capítulo IV do Título IV da Constituição Federal), retirando-a da Seção III (também do Capítulo IV do Título IV), que passou a contemplar apenas a Advocacia;

d.2) adequou a redação do *caput* do art. 134 da Constituição Federal ao art. 1º da Lei Complementar n. 80/94 (com a redação dada pela Lei Complementar n. 132/2009), promovendo as modificações a seguir colocadas em negrito para facilitar a identificação pelo candidato: "A Defensoria Pública é instituição permanente, essencial à função jurisdicional do Estado, incumbindo-lhe, **como expressão e instrumento do regime democrático, fundamentalmente,** a orientação jurídica, **a promoção dos direitos humanos** e a defesa, em todos os graus, **judicial e extrajudicial, dos direitos individuais e coletivos, de forma integral e gratuita,** aos necessitados, na forma do inciso LXXIV do art. 5º desta Constituição Federal";

d.3) acrescentou o § 4º ao art. 134, para fixar no plano constitucional (tal como já era previsto no art. 3º da Lei Complementar n. 80/94) como princípios institucionais da Defensoria a unidade, a indivisibilidade e a independência funcional;

d.4) também mediante o acréscimo do § 4º ao art. 134, estabeleceu a aplicação, no que couber, dos arts. 93[286] e 96, II[287], da Constituição Federal;

---

[286] Neste ponto, ressaltamos que a expressão "no que couber" tem gerado uma série de discussões no seio de cada uma das Defensorias Públicas existentes no País em relação a quais regras contidas no art. 93 da Constituição Federal seriam, efetivamente, aplicáveis à instituição. Dentre essas regras suscetíveis de debate, destacamos, como exemplo, a exigência de três anos de atividade jurídica para o ingresso na carreira (art. 93, I, da Constituição Federal) e os critérios de promoção fixados nas alíneas do inciso II do art. 93 da Constituição Federal.

[287] Quanto ao art. 96, II, da Constituição Federal, cabe ressaltar que a sua aplicação à Defensoria passou a conferir à instituição a iniciativa para a apresentação de projeto de lei ao Poder Legislativo respectivo para: a alteração do número de seus membros; a criação ou extinção de cargos e a

d.5) acrescentou o art. 98 ao Ato das Disposições Constitucionais Transitórias, tendo por objetivo assegurar que a União, os Estados e o Distrito Federal contem com defensores públicos em todas as unidades jurisdicionais[288].

Por estarem direta ou indiretamente relacionadas às emendas constitucionais acima elencadas, cabe o registro das seguintes ações diretas de inconstitucionalidade ajuizadas perante o Supremo Tribunal Federal, às quais o candidato deve estar atento para efeito dos certames da Defensoria:

a) **Ação Direta de Inconstitucionalidade 5.296**: ajuizada em 10-4-2015 pela Presidente da República contra a Emenda Constitucional n. 74/2013, sob o fundamento de que esta teria violado o art. 61, § 1º, II, *c*, da Constituição Federal (que atribui privativamente ao Presidente da República a iniciativa de lei que disponha sobre servidores públicos da União e Territórios, seu regime jurídico, provimento de cargos, estabilidade e aposentadoria), acarretando, nesse sentido, a violação ao princípio da separação dos Poderes, tido como cláusula pétrea pelo art. 60, § 4º, III, da Constituição (tratar-se-ia, segundo a ação, de uma inconstitucionalidade formal, por vício de iniciativa no ato normativo de origem parlamentar)[289].

---

remuneração dos seus serviços auxiliares, bem como a fixação de subsídio de seus membros; a criação ou extinção de seus órgãos e a alteração de sua organização ou divisão.

[288] O art. 98 do Ato das Disposições Constitucionais Transitórias é examinado no ponto 30 deste livro, ao qual remetemos o leitor.

[289] Vários podem ser os argumentos levantados pelo candidato para contrariar esse entendimento exposto nessa ação direta de inconstitucionalidade, dos quais apontamos os seguintes: a) as regras sobre iniciativa privativa de lei disposta no art. 61, § 1º, II, *c*, da Constituição Federal trata do processo legislativo de leis ordinárias e complementares, não se estendendo às emendas constitucionais, que tem a iniciativa comum (e não privativa) prevista no art. 60, *caput*, I a III, da Constituição Federal; b) a emenda constitucional não atinge o núcleo essencial do princípio da separação de poderes, vez que não teria violado qualquer atribuição conferida ao Poder Executivo, mas apenas fortalecido a autonomia da Defensoria Pública da União em prol dos direitos dos necessitados; e c) inexiste subordinação hierárquica da Defensoria Pública da União diante do Poder Executivo federal, sob pena de prejudicar a garantia e a efetividade dos direitos dos necessitados, que ficariam dependentes de uma atuação do Poder Executivo. A propósito, é interessante notar que o ajuizamento dessa ação direta de inconstitucionalidade se deu poucos meses depois da decisão liminar proferida, em 30-10-2014, pela Ministra Rosa Weber nos autos do **Mandado de Segurança 33.193** impetrado pela Defensoria Pública da União contra ato praticado pela Presidência da República consistente na supressão de valores referentes a despesas com pessoal previstas na proposta orçamentária da impetrante durante a consolidação da Proposta Orçamentária da União para o ano de 2015. Na ocasião, a Ministra deferiu o pedido de liminar, para assegurar que a proposta orçamentária original encaminhada pela Defensoria fosse aprecia-

b) **Ação Direta de Inconstitucionalidade 5.334**: ajuizada em 19-6-2015 pelo Procurador-Geral da República em face do art. 3º, *caput* e § 1º da Lei n. 8.094/94 (Estatuto da Ordem dos Advogados do Brasil)[290], sob o fundamento de que violaria os arts. 131, 132 e 134 da Constituição Federal ao instituir a vinculação dos integrantes da Advocacia-Geral da União, da Procuradoria da Fazenda Nacional, da Defensoria Pública e das Procuradorias e Consultorias Jurídicas dos Estados, do Distrito Federal, dos Municípios e das respectivas entidades de administração indireta ou fundacional, na medida em que se sujeitam a regime próprio (estatuto específico), não necessitando de inscrição na Ordem dos Advogados do Brasil, tampouco a ela se submetendo[291].

A respeito desse objeto da Ação Direta de Inconstitucionalidade 5.334, verifica-se que o próprio Supremo Tribunal Federal reconheceu a **repercussão**

---

da pelo Congresso Nacional como parte integrante (e não apenas anexa à Mensagem Presidencial) do Projeto de Lei Orçamentária Anual de 2015. Contudo, em razão da posterior conclusão da tramitação do projeto de lei impugnado, culminando em sua transformação em lei (Lei n. 13.115/2015, que estima a receita e fixa a despesa da União para o exercício financeiro de 2015) e na medida em que o mandado de segurança em questão tinha por fim a incorporação da proposta orçamentária original da Defensoria ao projeto de lei orçamentária anual a ser apreciado pelo Congresso, a Ministra Rosa Weber decidiu, em 30-4-2015, pela extinção da ação, sem resolução do mérito, pela perda superveniente do objeto.

[290] Assim prevê o dispositivo legal questionado: "Art. 3º O exercício da atividade de advocacia no território brasileiro e a denominação de advogado são privativos dos inscritos na Ordem dos Advogados do Brasil (OAB). § 1º **Exercem atividade de advocacia, sujeitando-se ao regime desta lei**, além do regime próprio a que se subordinem, os integrantes da Advocacia-Geral da União, da Procuradoria da Fazenda Nacional, da **Defensoria Pública** e das Procuradorias e Consultorias Jurídicas dos Estados, do Distrito Federal, dos Municípios e das respectivas entidades de administração indireta e fundacional" (grifos nossos).

[291] Veja o candidato que a Emenda Constitucional n. 80/2014, já sinalizando para a **desvinculação da Defensoria Pública em relação à Advocacia**, retirou aquela da Seção III do Capítulo IV do Título IV da Constituição Federal, passando a ocupar uma seção própria criada pela emenda (Seção IV, no mesmo Capítulo e Título da Constituição). A respeito do tema, também deve ser lembrada a **Ação Direta de Inconstitucionalidade 4.636**, ajuizada em 1-8-2011 pelo Conselho Federal da Ordem dos Advogados do Brasil, cujo ponto principal é o questionamento da desvinculação do defensor público em relação à Ordem dos Advogados do Brasil sob o prisma do art. 4º, § 6º, da Lei Complementar n. 80/94 (com redação dada pela Lei Complementar n. 132/2009) segundo o qual: "a capacidade postulatória do defensor público decorre exclusivamente de sua nomeação e posse no cargo público". É interessante notar que um dos argumentos utilizados nesta ação contra o mencionado dispositivo legal foi justamente no sentido de que o constituinte não teve a intenção de tratar a Advocacia e a Defensoria Pública como institutos diversos, uma vez que teria previsto ambas na mesma seção (Seção III à época) e sob o mesmo título ("Da Advocacia e da Defensoria Pública"), o que, como vimos, não mais ocorre após o advento da Emenda Constitucional n. 80/2014.

geral envolvendo a discussão acerca da **obrigatoriedade de inscrição na Ordem dos Advogados do Brasil pelos advogados públicos**[292].

Ademais, o Superior Tribunal de Justiça decidiu, em duas oportunidades, **não ser necessária a inscrição na Ordem dos Advogados do Brasil para que os defensores públicos exerçam suas atividades,** já que possuem regime próprio e estatutos específicos, submetendo-se à fiscalização disciplinar por órgãos próprios (e não pela OAB) e lhes sendo vedada a prática da advocacia privada, incidindo, pois, o comando do art. 4º, § 6º, da Lei Complementar n. 80/1994 (com redação dada pela Lei Complementar n. 132/2009), o qual é posterior e específico em relação ao art. 3º, § 1º, da Lei n. 8.906/1994[293].

Em se tratando dos influxos recebidos pela Defensoria do Poder Judiciário, é possível vislumbrar **diversos julgados proferidos pelo Supremo Tribunal Federal** em prol da **autonomia** e do **fortalecimento** da instituição. Com o propósito de otimizar o estudo do candidato sobre eles, destacamos abaixo, de modo resumido, o entendimento exposto em cada um deles, com referência ao respectivo julgado a que se refere:

a) **possibilidade de o Poder Judiciário determinar o cumprimento de políticas públicas relativas à criação, implantação e estruturação da Defensoria Pública quando constatada a omissão estatal**[294];

b) **impossibilidade de manutenção de "Defensoria Pública Dativa" e dever do Estado de implantar o modelo público de Defensoria traçado pela Constituição**[295];

c) **reconhecimento da legitimidade conferida à Defensoria Pública para o ajuizamento de ação civil pública**[296];

---

[292] Recurso Extraordinário 609.517, Rel. Min. Ricardo Lewandowski, j. 2-3-2017, *DJE* 15-3-2017.

[293] Informativo 630, Recurso Especial 1.710.155/CE, Rel. Min. Herman Benjamin, Segunda Turma, j. 1º-3-2018, *DJE* 2-8-2018 e Recurso Especial 1.670.310/SP, decisão monocrática do Min. Og Fernandes, j. 20-8-2018. Enquanto o primeiro caso envolveu uma defensora pública do Ceará, o segundo trata de mandado de segurança coletivo impetrado pela Associação Paulista de Defensores Públicos (APADEP) em prol de seus associados.

[294] 2ª T., Agravo de Instrumento 598.212, Rel. Min. Celso de Mello, j. 25-3-2014, *DJE* 24-4-2014.

[295] Plenário, Ações Diretas de Inconstitucionalidade 3.892 e 4.270, Rel. Min. Joaquim Barbosa, j. 14-3-2012, *DJE* 25-9-2012.

[296] Ação Direta de Inconstitucionalidade 3.943/DF, Rel. Min. Cármen Lúcia, 6 e 7-5-2015 – Informativo 784 do Supremo Tribunal Federal. Em sede de embargos de declaração envolvendo essa

d) impossibilidade de contratação temporária de advogados para o exercício da função de defensor público[297];

e) impossibilidade de livre nomeação, por ato do governador do Estado, de pessoas estranhas à carreira da Defensoria estadual para ocuparem os cargos de defensor público geral, defensor público geral adjunto e corregedor geral da Defensoria do Estado[298];

f) impossibilidade de lei estadual atribuir à Defensoria a defesa judicial de servidores públicos estaduais processados civil ou criminalmente em razão do regular exercício do cargo, independentemente da insuficiência de recursos de tais servidores[299];

Ação Direta de Inconstitucionalidade, o Supremo Tribunal Federal esclareceu que a legitimidade da Defensoria Pública para ajuizar ação civil pública não está condicionada à comprovação prévia da hipossuficiência dos possíveis beneficiados pela prestação jurisdicional, destacando que essa questão suscitada pelo embargante foi solucionada no julgamento do Recurso Extraordinário 733.433/MG, em cuja tese de repercussão geral se determina: "A Defensoria Pública tem legitimidade para a propositura da ação civil pública em ordem a promover a tutela judicial de direitos difusos e coletivos de que sejam titulares, em tese, pessoas necessitadas". Veja o candidato que essa questão foi cobrada em questão de múltipla escolha no **certame da Defensoria Pública do Estado do Amazonas realizado em 2018 pela Fundação Carlos Chagas**, tendo sido considerada correta, à luz da situação concreta exposta no enunciado, a seguinte alternativa: a Defensoria está legitimada para a propositura da Ação Civil Pública em que a tutela de interesses transindividuais beneficiará os economicamente necessitados, restando evidenciada a pertinência temática entre o objeto da ação e a função institucional do órgão.

[297] Plenário, Ação Direta de Inconstitucionalidade 3.700, Rel. Min. Ayres Britto, j. 15-10-2008, *DJE* 6-3-2009.

[298] Tribunal Pleno, Ação Direta de Inconstitucionalidade 2.903, Rel. Min. Celso de Mello, j. 1º-12-2005, *DJE*-177, divulg. 18-9-2008.

[299] Plenário, Ação Direta de Inconstitucionalidade 3.022, Rel. Min. Joaquim Barbosa, j. 2-8-2004, *DJ* 4-3-2005. Não obstante esse entendimento fixado pelo Supremo Tribunal Federal, foi editada, pela Assembleia Legislativa de São Paulo, a Lei estadual n. 16.786/2018, no sentido de atribuir à Defensoria Pública do Estado de São Paulo a prestação de assistência jurídica integral e gratuita aos policiais civis, militares e profissionais da superintendência da polícia técnico-científica que, no exercício de suas funções ou em razão delas, se envolvam ou sejam implicados em casos que demandem tutela jurídica, seja judicial ou extrajudicial. Essa lei merece crítica, vez que, conforme já decidido pelo Supremo Tribunal Federal na mencionada Ação Direta de Inconstitucionalidade 3.022, não se pode desvirtuar a função institucional da Defensoria Pública delineada pelo art. 134 da Constituição Federal em prol das pessoas necessitadas, exigindo, ainda que por lei, que a instituição atue em favor dos referidos servidores independentemente da insuficiência de seus recursos. Em síntese, embora seja possível a atuação da Defensoria Pública em favor daqueles servidores que efetivamente comprovarem seus respectivos estados de carência, não se pode exigir que a instituição preste assistência jurídica integral e gratuita a pessoas não necessitadas. Cabe registrar que foi justamente nesse sentido o entendimento do Tribunal de Justiça de São Paulo ao julgar, em 5-6-2019, procedente a Ação Direta de Inconstitucionalidade n. 2260616-93.2018.8.26.0000 ajuizada pela Ordem dos Advogados do Brasil – Seção São Paulo e tendo por objeto a referida Lei estadual n. 16.786/2018. Por fim, é importante ressaltar que lei do mesmo teor foi editada no que

g) impossibilidade de impor à Defensoria o estabelecimento de convênio exclusivo com a Ordem dos Advogados do Brasil ou qualquer outra entidade para a prestação de serviço jurídico integral e gratuito aos necessitados[300];

h) impossibilidade de vinculação da Defensoria Pública a Secretaria de Estado[301];

i) impossibilidade do chefe do Poder Executivo estadual reduzir, unilateralmente, a proposta orçamentária da Defensoria Pública compatível com a Lei de Diretrizes Orçamentárias[302].

Em razão da discussão travada no último julgado acima citado, a Associação Nacional dos Defensores Públicos – Anadep protocolou no Supremo Tribunal Federal, em 27-3-2015, a **primeira Proposta de Súmula Vinculante (PSV n. 114) da entidade**, que trata da autonomia funcional, administrativa e financeira assegurada à Defensoria pelo art. 134, § 2º, da Constituição Federal, com a seguinte redação: "**O art. 134, § 2º, da Constituição da República, é norma de eficácia plena e aplicabilidade imediata, sendo inconstitucionais quaisquer medidas do Poder Executivo, ou demais Poderes, que violem a autonomia funcional, administrativa e financeira da instituição**".

Indubitavelmente, a aprovação dessa proposta de súmula vinculante seria de extrema relevância para a instituição, a fim de evitar investidas dos demais

---

se refere aos integrantes da Secretaria de Administração Penitenciária e aos agentes socioeducativos da Fundação Casa (Lei estadual n. 16.920/2018), cabendo aqui as mesmas observações acima feitas em relação à Lei estadual n. 16.786/2018.

[300] Plenário, Ação Direta de Inconstitucionalidade 4.163, Rel. Min. Cezar Peluso, j. 29-2-2012, *DJE* 1º-3-2013.

[301] Plenário, Ação Direta de Inconstitucionalidade 3.568, Rel. Min. Sepúlveda Pertence, j. 2-4-2007, *DJ* 11-5-2007. No mesmo sentido: Plenário, Ação Direta de Inconstitucionalidade 4.056, Rel. Min. Ricardo Lewandowski, j. 7-3-2012, *DJE* 1º-8-2012; Plenário, Ação Direta de Inconstitucionalidade 3.965, Rel. Min. Cármen Lúcia, j. 7-3-2012, *DJE* 30-3-2012; 2ª T., Recurso Extraordinário 599.620, Rel. Min. Eros Grau, j. 27-10-2009, *DJE* 20-11-2009. Esse entendimento do Supremo Tribunal Federal foi explorado na prova objetiva do **Concurso da Defensoria do Distrito Federal, realizado em 2013, pelo Cespe**, que considerou como **incorreta** a seguinte assertiva: "Segundo o STF, as DPs dos estados podem ter relação de vinculação, mas não de subordinação, a órgãos do Poder Executivo, desde que o vínculo seja estabelecido pela própria Constituição estadual e não afete sua autonomia funcional e administrativa".

[302] Plenário, Arguição de Descumprimento de Preceito Fundamental 307, Rel. Min. Dias Toffoli, j. 19-12-2013, *DJE* 27-3-2014.

Poderes contra a autonomia atribuída à Defensoria pela Carta Magna, como já ocorreu recentemente na Paraíba[303] e na União[304].

Ao lado das decisões do Supremo Tribunal Federal visualizadas acima em prol da autonomia e do fortalecimento da Defensoria, também merecem citação, **por sua importância e relação direta com a instituição**, as seguintes:

a) **recebimento de ofício encaminhado ao defensor público geral por servidor da Defensoria configura intimação pessoal**[305];

b) **vedação do exercício de advocacia privada por defensores públicos mesmo antes da fixação de subsídio**[306];

c) **necessidade de concurso público para ingresso na defensoria pública**[307];

d) **prerrogativa do prazo em dobro no processo penal:** essa questão merece uma digressão, que, para fins didáticos, passamos a fazer a partir desse momento por meio dos subitens a seguir:

d.1) de início, o Supremo Tribunal Federal decidiu que o prazo em dobro concedido à Defensoria Pública só incidiria, no processo penal, **até a sua efetiva instalação** (dada a precariedade estrutural da instituição naquele momento), sob pena de gerar um **tratamento desigual em relação ao Ministério Público,** que não dispõe da prerrogativa de prazo em dobro nessa seara[308];

d.2) posteriormente, o **Supremo Tribunal Federal** passou a admitir, em diversos julgados, a prerrogativa do prazo em dobro à Defen-

---

[303] Cujo Chefe do Poder Executivo reduziu, unilateralmente, a proposta orçamentária da Defensoria daquele Estado antes de incorporá-la ao Projeto de Lei Orçamentária Anual, dando ensejo à Arguição de Descumprimento de Preceito Fundamental 307 acima referida.

[304] Ocasião em que a Chefe do Poder Executivo federal também procedeu à redução unilateral da proposta orçamentária da Defensoria Pública da União, o que foi igualmente vedado pelo Supremo Tribunal Federal por meio da decisão liminar proferida pela Ministra Rosa Weber nos autos no Mandado de Segurança 33.193 por nós já examinado ao tratar da Ação Direta de Inconstitucionalidade 5.296 ajuizada pela Presidente da República contra a Emenda Constitucional n. 74/2013.

[305] 2ª T., *Habeas Corpus* 99.540, Rel. Min. Ellen Gracie, j. 4-5-2010, *DJE* 21-5-2010.

[306] Plenário, Ação Direta de Inconstitucionalidade 3.043, Rel. Min. Eros Grau, j. 26-4-2006, *DJ* 27-10-2006.

[307] Plenário, Ação Direta de Inconstitucionalidade 3.819, Rel. Min. Eros Grau, j. 24-10-2007, *DJE* 28-3-2008.

[308] Tribunal Pleno, *Habeas Corpus* 70.514, Rel. Min. Sydney Sanches, j.23-3-1994, *DJ* 27-6-1997.

soria Pública também no processo penal, **sem tecer quaisquer considerações ou ressalvas quanto à sua efetiva instalação ou não,** tomando por base a dicção dos seguintes dispositivos legais (que conferem o prazo em dobro à instituição em todo tipo de processo, cível ou penal, não fazendo qualquer distinção a respeito): **art. 5º, § 5º, da Lei n. 1.060/50 (na redação dada pela Lei n. 7.871/89) e arts. 44, I; 89, I e 128, I, todos estes da Lei Complementar n. 80/94.** Como exemplo, citamos os seguintes julgados: 2ª Turma, *Habeas Corpus* 81.019, Rel. Min. Celso de Mello, j. 23-10-2001, *DJE*-200, divulg. 22-10-2009; 1ª Turma, ARE 642.654 AgR, Rel. Min. Rosa Weber, j. 27-11-2012, *DJE*-243, divulg. 11-12-2012, public. 12-12-2012; 1ª Turma, RHC 116.061, Rel. Min. Rosa Weber, j. 23-4-2013, *DJE*-112, divulg. 13-6-2013, public. 14-6-2013; e 2ª Turma, HC 91.098-ED, Rel. Min. Gilmar Mendes, j. 26-6-2007, *DJE*-082, divulg. 16-8-2007, public. 17-8-2007, *DJ* 17-8-2007, p. 90, Ement. v. 2285-04, p. 792;

d.3) por fim, embora tenhamos aqui nos concentrado em julgados do Supremo Tribunal Federal, vale anotar que o **Superior Tribunal de Justiça,** igualmente, tem reconhecido, também no processo penal e sem quaisquer ressalvas, a prerrogativa de prazo em dobro atribuída à Defensoria Pública (nesse sentido: 5ª Turma, EDcl no AgRg no RMS 36.050/PI, Rel. Min. Laurita Vaz, j. 22-10-2013, *DJE* 5-11-2013; 5ª Turma, AgRg nos EDcl no HC 148.921/ES, Rel. Min. Jorge Mussi, j. 14-2-2012, *DJE* 1º-3-2012; 5ª Turma, AgRg nos EDcl no Ag 1.333.473/AC, Rel. Min. Jorge Mussi, j. 22-11-2011, *DJE* 5-12-2011; 5ª Turma, HC 24.079/PB, Rel. Min. Felix Fischer, j. 19-8-2003, *DJ* 29-9-2003, p. 288; e 5ª Turma, REsp 160.749/RS, Rel. Min. José Arnaldo da Fonseca, j. 16-3-2000, *DJ* 17-4-2000);

e) **legitimidade do Ministério Público para ajuizamento de ação civil** *ex delicto* **(art. 68 do Código de Processo Penal) somente até a efetiva instalação da Defensoria Pública**[309];

---

[309] 1ª Turma, Recurso Extraordinário 147.776, Rel. Min. Sepúlveda Pertence, j. 19-5-1998, *DJ* 19-6-1998. No mesmo sentido: 2ª Turma, Recurso Extraordinário 341.717, Rel. Min. Celso de Mello, j. 5-8-2003, *DJE* 5-3-2010.

f) extensão das prerrogativas de prazo em dobro e intimação pessoal aos Procuradores do Estado no exercício de assistência judiciária[310];

g) não extensão das prerrogativas de prazo em dobro e intimação pessoal aos advogados dativos (salvo na hipótese específica mencionada no item seguinte que trata da necessidade de intimação pessoal dos advogados dativos no processo penal após o advento da Lei n. 9.271/96)[311];

h) necessidade de intimação pessoal dos advogados dativos no processo penal após o advento da Lei n. 9.271/96 (que incluiu o § 4º ao art. 370 do Código de Processo Penal[312])[313];

i) prerrogativa de intimação pessoal da Defensoria Pública se efetiva com a entrega dos autos[314];

j) não exclusividade da Defensoria Pública da União para atuação perante os Tribunais Superiores[315];

k) incidência do prazo de 3 anos para estabilidade no cargo de defensor público[316];

l) inconstitucionalidade de poder de requisição da Defensoria Pública[317];

---

[310] *Habeas Corpus* 81.342, Rel. Min. Nelson Jobim, 20-11-2001 – Informativo 251 do Supremo Tribunal Federal.

[311] Carta Rogatória (AgRg-AgRg) 7.870 – Estados Unidos da América, Rel. Min. Carlos Velloso, 7-3-2001 – Informativo 219 do Supremo Tribunal Federal. Acerca da prerrogativa do prazo em dobro, não se deve olvidar os comandos do art. 186, §§ 3º e 4º, do Código de Processo Civil.

[312] Art. 370, § 4º, do CPP: "A intimação do Ministério Público e do defensor nomeado será pessoal".

[313] 1ª Turma, *Habeas Corpus* 89.315, Rel. Min. Ricardo Lewandowski, j. 19-9-2006, *DJ* 13-10-2006. No mesmo sentido: 2ª Turma, *Habeas Corpus* 91.567, Rel. Min. Ellen Gracie, j. 2-9-2008, *DJE* 26-9-2008; 2ª Turma, *Habeas Corpus* 90.963, Rel. Min. Joaquim Barbosa, j. 19-8-2008, *DJE* 19-12-2008; 1ª Turma, *Habeas Corpus* 89.081, Rel. Min. Ayres Britto, j. 13-2-2007, *DJ* 27-4-2007; 1ª Turma, *Habeas Corpus* 89.710, Rel. Min. Cármen Lúcia, j. 12-12-2006, *DJ* 23-3-2007.

[314] 2ª Turma, *Habeas Corpus* 125.270, Rel. Min. Teori Zavascki, 23-6-2015. Obtido no sítio do Supremo Tribunal Federal em "Notícias do STF de 23-6-2015", acesso em 25-6-2015 por meio do seguinte sítio: <http://www.stf.jus.br/portal/cms/verNoticiaDetalhe.asp?idConteudo=294286>. Nesse sentido, também os comandos dos arts. 183, § 1º, e 186, § 1º, ambos do Código de Processo Civil.

[315] 1ª Turma, *Habeas Corpus* 92.399, Rel. Min. Ayres Britto, j. 29-6-2010, *DJE* 27-8-2010.

[316] Plenário, Ação Direta de Inconstitucionalidade 230, Rel. Min. Cármen Lúcia, j. 1º-2-2010, *DJE* 30-10-2014.

[317] Plenário, Ação Direta de Inconstitucionalidade 230, Rel. Min. Cármen Lúcia, j. 1º-2-2010, *DJE* 30-10-2014.

m) reconhecimento do direito do defensor público de se comunicar pessoal e reservadamente com seus assistidos (ainda que presos, detidos ou incomunicáveis) e de ter livre acesso e trânsito aos estabelecimentos públicos ou destinados ao público no exercício de suas funções[318];

n) nulidade de audiência de instrução realizada sem a presença da Defensoria Pública não intimada pessoalmente para o ato[319];

o) legitimidade da Defensoria (e não do Ministério Público) para propor medida judicial de internação compulsória, para tratamento de saúde, de pessoa vítima de alcoolismo (por envolver família carente e não se tratar de direito indisponível)[320].

p) inconstitucionalidade formal e material de lei estadual de iniciativa parlamentar que determina que os escritórios de prática jurídica de universidade estadual mantenham plantão criminal para atendimento, nos finais de semana e feriados, dos hipossuficientes presos em flagrante delito[321];

q) inconstitucionalidade do art. 147, § 1º, da Constituição do Estado do Ceará, que concedia aos defensores públicos a aplicação do regime de garantias, vencimentos, vantagens e impedimentos do Ministério Público e da Procuradoria-Geral do Estado[322].

Por derradeiro e ainda no campo jurisprudencial, só que do Superior Tribunal de Justiça, trazemos ao candidato a **Súmula 421** deste tribunal, que foi assim redigida: "Os honorários advocatícios não são devidos à Defensoria Pública quando ela atua contra a pessoa jurídica de direito público à qual pertença" (Corte Especial, j. 3-3-2010, *DJE* 11-3-2010).

Esse enunciado significa que, acaso a Defensoria Pública Estadual, por exemplo, ingresse em juízo em face do respectivo Estado membro e de deter-

---

[318] Plenário, Ação Direta de Inconstitucionalidade 230, Rel. Min. Cármen Lúcia, j. 1º-2-2010, *DJE* 30-10-2014.

[319] 1ª Turma, *Habeas Corpus* 121.682, Rel. Min. Dias Toffoli, j. 30-9-2014, *DJE* 17-11-2014.

[320] 1ª Turma, Recurso Extraordinário 496.718, Rel. para o acórdão Min. Menezes Direito, j. 12-8-2008, *DJE* 31-10-2008.

[321] Informativo 840 de 1º-8-2017; ADI 3.792, Rel. Min. Dias Toffoli, j. 22-9-2016, *DJ* 1º-8-2017.

[322] Informativo 907; ADI 145, j. 20-6-2018.

minado município e logre êxito na demanda, os honorários sucumbenciais poderiam ser cobrados tão somente do ente municipal, vez que, em relação ao Estado, incidiria o instituto da confusão (a Defensoria estaria a exigir valores daquele Estado que, em última instância, a remunera).

Entendemos que esse raciocínio merece ser criticado, uma vez que, como vimos, o art. 134, §§ 2º e 3º, da Constituição Federal asseguram **autonomia funcional, administrativa e financeira** às Defensorias Estaduais, do Distrito Federal e da União, inexistindo qualquer tipo de subordinação hierárquica da Defensoria em relação ao correspondente Poder Executivo, a indicar até mesmo a impropriedade do termo "a que pertença" utilizado pelo enunciado da Súmula.

Nessa linha, temos que a referida autonomia assegurada à Defensoria pelo texto constitucional possibilita que esta exija, quando vencedora na demanda, honorários sucumbenciais em face de todas as pessoas jurídicas de direito público.

Nesse sentido, inclusive, prevê o art. 4º, XXI, da Lei Complementar n. 80/94 como função institucional da Defensoria: "executar e receber as verbas sucumbenciais decorrentes de sua atuação, **inclusive quando devidas por quaisquer entes públicos**, destinando-as a fundos geridos pela Defensoria Pública e destinados, exclusivamente, ao aparelhamento da Defensoria Pública e à capacitação profissional de seus membros e servidores" (grifos nossos).

Atentos a essa crítica e fundados na autonomia administrativa e financeira da Defensoria, os Tribunais do País têm **superado o entendimento da súmula em exame**, assegurando, de forma plena, a verba sucumbencial devida à Defensoria em tais hipóteses (como exemplo, os seguintes acórdãos do Tribunal de Justiça de São Paulo: 7ª Câmara de Direito Público, Apelação Cível 0051780-97.2012.8.26.0053, São Paulo, Rel. Magalhães Coelho, v.u., j. 23-6-2014; 3ª Câmara de Direito Público, Apelação Cível 0032716-37.2011.8.26.0506, Ribeirão Preto, Rel. Camargo Pereira, v.u., j. 27-8-2013; e 3ª Câmara de Direito Público, Apelação 990.10.081901-1, São Paulo, maioria de votos, Rel. designado Antonio Carlos Malheiros, j. 24-8-2010).

Veja o candidato que a questão em exame teve a **repercussão geral reconhecida pelo Supremo Tribunal Federal** em 3-8-2018, por ocasião do Recurso Extraordinário 1.140.005 RG, Rel. Min. Roberto Barroso, cuja ementa é a seguinte: Direito Constitucional. Recurso Extraordinário. Pagamento de honorários à Defensoria Pública que litiga contra o ente público ao qual se vincula. Presença de repercussão geral. 1. A decisão recorrida excluiu a condenação da União ao pagamento de honorários advocatícios à Defensoria Pública da União. 2. A possibilidade de se condenar ente federativo a pagar honorários advocatícios à Defensoria Pública que o integra teve a repercussão geral negada no RE 592.730, Rel. Min. Menezes Direito, paradigma do tema n. 134. 3. **As Emendas Constitucionais n. 74/2013 e n. 80/2014, que asseguraram autonomia administrativa às Defensorias Públicas, representaram alteração relevante do quadro normativo, o que justifica a rediscussão da questão.** 4. Constitui questão constitucional relevante definir se os entes federativos devem pagar honorários advocatícios às Defensorias Públicas que os integram. 5. Repercussão geral reconhecida.

Como se vê, a intenção do Supremo Tribunal Federal de rediscutir a matéria bem demonstra a atualidade do tema, além de indicar possível revisão do entendimento sobre o assunto, na linha das críticas acima alinhavadas, merecendo, pois, especial atenção do candidato.

DICA DO AUTOR : Por ter sido bastante frequente sua cobrança nos certames da Defensoria, é imprescindível que o candidato tenha pleno conhecimento dos assuntos aqui destacados a respeito:

a) das Emendas Constitucionais n. 45/2004, 69/2012, 74/2013 e 80/2014;

b) das Ações Diretas de Inconstitucionalidade 5.296, 5.334 e 4.636 ajuizadas perante o Supremo Tribunal Federal;

c) dos julgados do Supremo Tribunal Federal acima selecionados;

d) do teor e crítica acerca da Súmula 421 do Superior Tribunal de Justiça.

■ **Defensoria Pública na Constituição do Estado de São Paulo**

Como esclarecemos linhas atrás, passaremos, a partir desse momento, a destacar as normas das Constituições dos Estados de São Paulo, Paraná e Rio de Janeiro pertinentes à Defensoria, elencando-as em ordem cronológica, seguidas de um breve apontamento a respeito dos temas por ela abordados.

Ademais, com o escopo de facilitar a consulta de tais normas pelo candidato, buscamos transcrevê-las, integralmente, nas notas de rodapé, destacando a referência à "Defensoria Pública", além de tecer algumas observações relevantes acerca de algumas delas.

Assim, as normas previstas na Constituição do Estado de São Paulo que dizem respeito à Defensoria Pública deste Estado e que, portanto, devem ocupar a atenção dos candidatos são:

a) **art. 3º:** elenca como fundamento do Estado a prestação da assistência jurídica integral e gratuita aos que declara insuficiência de recursos[323];

b) **art. 13, § 1º, item 4:** pelo qual se confere às comissões da Assembleia Legislativa a competência para convocar o defensor público geral para prestar informações a respeito de assuntos previamente fixados relativos com à sua área[324];

c) **art. 19, VIII:** que atribui à Assembleia Legislativa, com a sanção do Governador, dispor sobre a organização da Defensoria Pública[325];

d) **art. 20, XV:** que estabelece a competência exclusiva da Assembleia Legislativa para convocar o defensor público geral para prestar informações sobre assuntos previamente determinados, no prazo de 30 dias, sujeitando-se às penas da lei acaso se ausente sem justificativa[326];

e) **art. 23, parágrafo único, item 4:** que prevê como lei complementar a lei orgânica da Defensoria Pública[327];

f) **art. 24, § 2º, item 3:** que confere ao Governador do Estado a iniciativa de leis que disponham sobre a organização da Defensoria Pública[328];

---

[323] "Art. 3º O Estado prestará assistência jurídica integral e gratuita aos que declararem insuficiência de recursos."

[324] "Art. 13. A Assembleia Legislativa terá Comissões permanentes e temporárias, na forma e com as atribuições previstas no Regimento Interno.
§ 1ª Às comissões, em razão da matéria de sua competência, cabe: 4 – convocar o Procurador-Geral de Justiça, o Procurador-Geral do Estado e o **Defensor Público Geral**, para prestar informações a respeito de assuntos previamente fixados, relacionados com a respectiva área."

[325] "Art. 19. Compete à Assembleia Legislativa, com a sanção do Governador, dispor sobre todas as matérias de competência do Estado, ressalvadas as especificadas no art. 20, e especialmente sobre: [...] VIII – organização administrativa, judiciária, do Ministério Público, **da Defensoria Pública** e da Procuradoria Geral do Estado."

[326] "Art. 20. Compete, exclusivamente, à Assembleia Legislativa:
XV – convocar o Procurador-Geral de Justiça, o Procurador-Geral do Estado e o **Defensor Público Geral**, para prestar informações sobre assuntos previamente determinados, no prazo de trinta dias, sujeitando-se às penas da lei, na ausência sem justificativa."

[327] "Art. 23. As leis complementares serão aprovadas pela maioria absoluta dos membros da Assembleia Legislativa, observados os demais termos da votação das leis ordinárias. **Parágrafo único**. Para os fins deste artigo, consideram-se complementares: [...]
4 – a Lei Orgânica da Defensoria Pública."

[328] "Art. 24. A iniciativa das leis complementares e ordinárias cabe a qualquer membro ou Comissão da Assembleia Legislativa, ao Governador do Estado, ao Tribunal de Justiça, ao Procurador-Geral de Justiça e aos cidadãos, na forma e nos casos previstos nesta Constituição [...]
§ 2º Compete, exclusivamente, ao Governador do Estado a iniciativa das leis que disponham sobre: [...]

g) **art. 65:** no qual consta a garantia de salas privativas, condignas e permanentes aos membros da Defensoria Pública nos imóveis e instalações forenses[329];

h) **art. 74, I:** atribui ao Tribunal de Justiça a competência para processar e julgar originariamente, nas infrações penais comuns, o defensor público geral[330];

i) **art. 103, *caput*:** que prevê, de forma específica, a Defensoria Pública enquanto instituição essencial à função jurisdicional do Estado e responsável pela orientação jurídica e defesa dos necessitados em todos os graus[331];

j) **art. 103, § 1º:** no qual se definem as matérias a serem tratadas pela lei orgânica da instituição, bem como a sua observância à Constituição Federal e às normas previstas por lei complementar federal (no caso, a Lei Complementar n. 80/94)[332];

k) **art. 103, § 2º:** por meio do qual se assegura à Defensoria a autonomia funcional, administrativa e financeira[333];

l) **art. 109:** determina que o Poder Executivo deve manter quadros fixos de defensores públicos em cada juizado e, quando necessário, de advogados designados pela Ordem dos Advogados do Brasil mediante convênio[334];

---

3 – organização da Procuradoria Geral do Estado e da Defensoria Pública do Estado, observadas as normas gerais da União."

[329] "Art. 65. Aos órgãos do Poder Judiciário do Estado competem a administração e uso dos imóveis e instalações forenses, podendo ser autorizada parte desse uso a órgãos diversos, no interesse do serviço judiciário, como dispuser o Tribunal de Justiça, asseguradas salas privativas, condignas e permanentes aos advogados e membros do Ministério Público e da Defensoria Pública, sob a administração das respectivas entidades".

[330] "Art. 74. Compete ao Tribunal de Justiça, além das atribuições previstas nesta Constituição, processar e julgar originariamente:
I – nas infrações penais comuns, o Vice-Governador, os Secretários de Estado, os Deputados Estaduais, o Procurador-Geral de Justiça, o Procurador-Geral do Estado, o Defensor Público Geral e os Prefeitos Municipais."

[331] "Art. 103, *caput:* À Defensoria Pública, instituição essencial à função jurisdicional do Estado, compete a orientação jurídica e a defesa dos necessitados, em todos os graus."

[332] "Art. 103, § 1º: Lei Orgânica disporá sobre a estrutura, funcionamento e competência da Defensoria Pública, observado o disposto na Constituição Federal e nas normas gerais prescritas por lei complementar federal."

[333] "Art. 103, § 2º: À Defensoria Pública é assegurada autonomia funcional e administrativa e a iniciativa de sua proposta orçamentária dentro dos limites estabelecidos na lei de diretrizes orçamentárias e subordinação ao disposto no artigo 99, § 2º, da Constituição Federal."

[334] "Art. 109. Para efeito do disposto no art. 3º desta Constituição, o Poder Executivo manterá quadros fixos de defensores públicos em cada juizado e, quando necessário, advogados designados pela Ordem dos Advogados do Brasil – SP, mediante convênio."

m) **art. 111-A:** veda a nomeação de pessoas em condições de inelegibilidade para o cargo de defensor público geral[335];

n) **art. 115, XII:** sobre o limite ("teto") da remuneração dos Defensores Públicos[336];

o) **art. 171:** a respeito da entrega, à Defensoria, dos recursos correspondentes às dotações orçamentárias[337];

p) **art. 282, § 2º:** cuja norma estabelece que competirá à Defensoria a prestação de assistência jurídica aos índios do Estado, suas comunidades e organizações[338].

■ Defensoria Pública na Constituição do Estado do Paraná

A Constituição do Estado do Paraná contempla as seguintes normas atinentes à Defensoria Pública:

a) **art. 13, XIII:** sobre a competência concorrente do Estado e da União para legislar sobre assistência jurídica e defensoria pública[339], reproduzindo o disposto no art. 24, XIII, da Constituição Federal[340];

---

[335] "**Art. 111-A.** É vedada a nomeação de pessoas que se enquadram nas condições de inelegibilidade nos termos da legislação federal para os cargos de Secretário de Estado, Secretário-Adjunto, Procurador-Geral de Justiça, Procurador-Geral do Estado, **Defensor Público Geral,** Superintendentes e Diretores de órgãos da administração pública indireta, fundacional, de agências reguladoras e autarquias, Delegado Geral de Polícia, Reitores das universidades públicas estaduais e ainda para todos os cargos de livre provimento dos poderes Executivo, Legislativo e Judiciário do Estado."

[336] "**Art. 115.** Para a organização da administração pública direta e indireta, inclusive as fundações instituídas ou mantidas por qualquer dos Poderes do Estado, é obrigatório o cumprimento das seguintes normas: [...] **XII** – em conformidade com o artigo 37, XI, da Constituição Federal, a remuneração e o subsídio dos ocupantes de cargos, funções e empregos públicos da administração direta, autárquica e fundacional, os proventos, pensões ou outra espécie remuneratória, percebidos cumulativamente ou não, incluídas as vantagens pessoais ou de qualquer outra natureza, não poderão exceder o subsídio mensal do Governador no âmbito do Poder Executivo, o subsídio dos Deputados Estaduais no âmbito do Poder Legislativo e o subsídio dos Desembargadores do Tribunal de Justiça, limitado a noventa inteiros e vinte e cinco centésimos por cento do subsídio mensal, em espécie, dos Ministros do Supremo Tribunal Federal, no âmbito do Poder Judiciário, aplicável este limite aos membros do Ministério Público, aos Procuradores e aos **Defensores Públicos.**"

[337] "**Art. 171.** Os recursos correspondentes às dotações orçamentárias, compreendidos os créditos suplementares e especiais, destinados aos órgãos dos Poderes Legislativo e Judiciário, do Ministério Público e da **Defensoria Pública,** ser-lhes-ão entregues até o dia 20 de cada mês, em duodécimos, na forma da lei complementar a que se refere o artigo 165, § 9º, da Constituição Federal."

[338] "**Art. 282, § 2º:** A **Defensoria Pública** prestará assistência jurídica aos índios do Estado, suas comunidades e organizações."

[339] "**Art. 13.** Compete ao Estado, concorrentemente com a União, legislar sobre: [...] **XIII** – assistência jurídica e **defensoria pública.**"

[340] "**Art. 24.** Compete à União, aos Estados e ao Distrito Federal legislar concorrentemente sobre: [...] **XIII** – assistência jurídica e **Defensoria pública.**"

b) **art. 53, XI:** sobre a competência da Assembleia Legislativa para, com a sanção do Governador, dispor sobre a organização da Defensoria Pública[341];

c) **art. 54, XII:** que trata da competência privativa da Assembleia Legislativa para processar e julgar o Defensor-Geral nos crimes de responsabilidade[342];

d) **art. 66, III:** confere ao Governador a iniciativa privativa de lei que disponha sobre a organização da Defensoria Pública[343];

e) **art. 101, VII, *b*:** atribui ao Tribunal de Justiça a competência privativa para processar e julgar, originariamente, os mandados de segurança contra atos do Defensor-Geral[344];

f) **art. 101, § 2º:** assegura aos agentes da Defensoria instalações próprias nos fóruns e em condições assemelhadas aos juízes[345];

g) **art. 127, *caput*:** contempla a Defensoria Pública como instituição essencial à função jurisdicional do Estado, competindo-lhe a orientação jurídica integral e gratuita, a postulação e a defesa, em todas as instâncias, judicial e extrajudicial, dos direitos e dos interesses individuais e coletivos dos necessitados[346];

---

[341] "Art. 53. Cabe à Assembleia Legislativa, com a sanção do Governador do Estado, a qual não é exigida, no entanto, para o especificado no art. 54, dispor sobre todas as matérias de competência do Estado, especificamente: [...] XI – organização do Ministério Público, da Procuradoria-Geral do Estado, da **Defensoria Pública**, do Tribunal de Contas, da Polícia Militar, da Polícia Civil e demais órgãos da administração pública."

[342] "Art. 54. Compete, privativamente, à Assembleia Legislativa: [...] XII – processar e julgar o Procurador-Geral de Justiça, o Procurador-Geral do Estado e o **Defensor-Geral da Defensoria Pública** nos crimes de responsabilidade."

[343] "Art. 66. Ressalvado o disposto nesta Constituição, são de iniciativa privativa do Governador do Estado as leis que disponham sobre: [...] III – organização da **Defensoria Pública** do Estado e das Polícias Civil e Militar."

[344] "Art. 101. Compete privativamente ao Tribunal de Justiça, através de seus órgãos [...]
VII – processar e julgar, originariamente: [...]
b) os mandados de segurança contra atos do Governador do Estado, da Mesa e da Presidência da Assembleia Legislativa, do próprio Tribunal ou de algum de seus órgãos, de Secretário de Estado, do Presidente do Tribunal de Contas, do Procurador-Geral de Justiça, do Procurador-Geral do Estado e do **Defensor-Geral da Defensoria Pública**."

[345] "Art. 101, § 2º: Os agentes do Ministério Público e da **Defensoria Pública** terão, no conjunto arquitetônico dos fóruns, instalações próprias ao exercício de suas funções, com condições assemelhadas às dos juízes de Direito junto aos quais funcionem."

[346] "Art. 127. A **Defensoria Pública** é instituição essencial à função jurisdicional do Estado, incumbindo-lhe a orientação jurídica integral e gratuita, a postulação e a defesa, em todas as instâncias,

h) **art. 127, parágrafo único:** prevê como princípios institucionais da Defensoria a unidade, a impessoalidade e a independência na função[347];

i) **art. 128:** atribui à lei complementar a disposição acerca da organização, estrutura e funcionamento da Defensoria Pública, bem como sobre os direitos, deveres, prerrogativas, atribuições e carreiras de seus membros[348].

■ **Defensoria Pública na Constituição do Estado do Rio de Janeiro**

Em se tratando da Constituição do Estado do Rio de Janeiro, temos os seguintes comandos relativos à instituição:

a) **art. 28:** estabelece falta grave àquele que impedir ou dificultar a verificação das condições da permanência, alojamento e segurança para os que estejam sob guarda do Estado por membro da Defensoria Pública[349];

b) **art. 30, *caput*:** institui como obrigação do Estado, por meio da Defensoria, a prestação de assistência jurídica integral e gratuita àqueles que comprovarem insuficiência de recursos[350];

c) **art. 30, § 1º:** a respeito do atendimento jurídico pela Defensoria a mulheres e familiares vítimas de violência[351];

---

judicial e extrajudicial, dos direitos e dos interesses individuais e coletivos dos necessitados, na forma da lei."

[347] "**Art. 127, parágrafo único:** São princípios institucionais da **Defensoria Pública** a unidade, a impessoalidade e a independência na função."

[348] "**Art. 128.** Lei complementar, observada a legislação federal, disporá sobre a organização, estrutura e funcionamento da **Defensoria Pública**, bem como sobre os direitos. deveres, prerrogativas, atribuições e carreiras de seus membros."

[349] "**Art. 28.** Incorre em falta grave, punível na forma da lei, o responsável por qualquer órgão público, seu preposto ou agente, que impeça ou dificulte, sob qualquer pretexto, a verificação imediata das condições da permanência, alojamento e segurança para os que estejam sob guarda do Estado, por parlamentares federais ou estaduais, autoridades judiciárias, membros do Ministério Público, da **Defensoria Pública**, representantes credenciados da Ordem dos Advogados do Brasil, ou quaisquer outras autoridades, instituições ou pessoas com tal prerrogativa por força da lei ou de sua função."

[350] "**Art. 30.** O Estado obriga-se, através da **Defensoria Pública**, a prestar assistência jurídica integral e gratuita aos que comprovarem insuficiência de recursos."

[351] "**Art. 30, § 1º:** A lei disporá, como função institucional da **Defensoria Pública,** sobre o atendimento jurídico pleno de mulheres e familiares vítimas de violência, principalmente física e sexual, através da criação de um Centro de Atendimento para Assistência, Apoio e Orientação Jurídica à Mulher."

d) art. 30, § 2º: sobre a comprovação de carência[352];

e) art. 74, XIII: a respeito da competência concorrente do Estado e da União para legislar sobre assistência jurídica e defensoria pública[353], repetindo, como faz a Constituição Estadual do Paraná, o disposto no art. 24, XIII, da Constituição Federal[354];

f) art. 77, XIII: sobre o limite ("teto") da remuneração dos Defensores Públicos[355];

g) art. 77, XXIX: a exemplo da Constituição Estadual de São Paulo, veda a nomeação de pessoas em condições de inelegibilidade para o cargo de defensor público geral[356];

h) art. 98, IX: sobre a competência da Assembleia Legislativa para, com a sanção do Governador, dispor sobre a organização da Defensoria Pública[357];

i) art. 99, XIV: acerca da competência privativa da Assembleia Legislati-

---

[352] "Art. 30, § 2º: Comprova-se a insuficiência de recursos com a simples afirmação do assistido, na forma da lei."

[353] "Art. 74. Compete ao Estado, concorrentemente com a União, legislar sobre: [...] XIII – assistência jurídica e **defensoria pública**."

[354] *Vide* nota de rodapé 340.

[355] "Art. 77. A administração pública direta, indireta ou fundacional, de qualquer dos Poderes do Estado e dos Municípios, obedecerá aos princípios da legalidade, impessoalidade, moralidade, publicidade, interesse coletivo e, também, ao seguinte: [...] XIII – a remuneração e o subsídio dos ocupantes de cargos, funções e empregos públicos da administração direta, autárquica e fundacional, dos Poderes do Estado do Rio de Janeiro, do Ministério Público, do tribunal de Contas do Estado, da procuradoria Geral do Estado e da **Defensoria Pública** e os proventos, pensões ou outra espécie remuneratória, percebidos cumulativamente ou não, incluídas as vantagens pessoais ou de qualquer outra natureza, não poderão exceder o subsídio mensal, em espécie, dos Desembargadores do Tribunal de Justiça, nos termos do § 12 do art. 37 da Constituição da República Federativa do Brasil."

[356] "Art. 77, XXIX: É vedada a nomeação de pessoas que se enquadram nas condições de inelegibilidade nos termos da legislação federal para os cargos de Secretário de Estado, Subsecretário, Procurador Geral de Justiça, Procurador Geral do Estado, **Defensor Público Geral,** Superintendentes e Diretores de órgãos da administração pública indireta, fundacional, de agências reguladoras e autarquias, Chefe de Polícia Civil, Titulares de Delegacias de Polícia, Comandante Geral da Polícia Militar, Comandante Geral do Corpo de Bombeiros, Comandantes de Batalhões de Polícia Militar, Comandante de Quartéis de Bombeiro Militar, Reitores das Universidades Públicas Estaduais e ainda para todos os cargos de livre provimento dos poderes Executivo, Legislativo e Judiciário do Estado."

[357] "Art. 98. Cabe à Assembleia Legislativa com a sanção do Governador do Estado, não exigida esta para o especificado nos artigos 99 e 100, legislar sobre todas as matérias de competência do Estado, entre as quais: [...] IX – organização administrativa, judiciária, do Ministério Público, da Procuradoria Geral do Estado, da **Defensoria Pública** e do Tribunal de Contas do Estado."

va para processar e julgar o defensor público geral nos crimes de responsabilidade[358];

j) **art. 112, § 1º, *c*:** confere ao Governador a iniciativa privativa de lei sobre a organização da Defensoria[359];

k) **art. 118, parágrafo único, VI:** define como lei complementar a Lei Orgânica da Defensoria[360];

l) **art. 145, XI:** sobre a competência privativa do Governador para nomear o defensor público geral[361];

m) **art. 161, IV, *d*, item 2:** que atribui ao Tribunal de Justiça a competência para processar e julgar originariamente, nos crimes comuns e de responsabilidade, os membros da Defensoria Pública[362];

n) **art. 161, IV, *e*, item 6:** em relação à competência do Tribunal de Justiça para processar e julgar originariamente mandado de segurança e *habeas data* contra atos da Defensoria Pública[363];

o) **art. 162:** que confere legitimidade ao defensor público geral para ajui-

---

[358] "Art. 99. Compete privativamente à Assembleia Legislativa: [...] XIV – processar e julgar o Procurador-Geral de Justiça, o Procurador-Geral do Estado e o Defensor Público Geral do Estado nos crimes de responsabilidade."

[359] "Art. 112. A iniciativa das leis complementares e ordinárias cabe a qualquer membro ou Comissão da Assembleia Legislativa, ao Governador do Estado, ao Tribunal de Justiça, ao Ministério Público e aos cidadãos, na forma e nos casos previstos nesta Constituição. § 1º São de iniciativa privativa do Governador do Estado as leis que: [...] c) organização do Ministério Público, sem prejuízo da faculdade contida no artigo 172 desta Constituição, da Procuradoria Geral do Estado e da **Defensoria Pública**."

[360] "Art. 118. As leis complementares serão aprovadas por maioria absoluta e receberão numeração distinta das leis ordinárias. **Parágrafo único:** Considerar-se-ão leis complementares, entre outras previstas nesta Constituição: [...] VI – Lei Orgânica da **Defensoria Pública**."

[361] "Art. 145. Compete privativamente ao Governador do Estado: [...] XI – nomear magistrado, no caso previsto no parágrafo único do artigo 157 desta Constituição, bem como o Procurador-Geral do Estado e o **Defensor Público Geral do Estado**, estes observados os artigos 176, § 1º e 180, parágrafo único, respectivamente."

[362] "Art. 161. Compete ao Tribunal de Justiça: [...] IV – processar e julgar originariamente: [...] d) nos crimes comuns e de responsabilidade: [...] 2 – os juízes estaduais e os membros do Ministério Público, das Procuradorias Gerais do Estado, da Assembleia Legislativa e da **Defensoria Pública** e os Delegados de Polícia, ressalvada a competência da Justiça Eleitoral."

[363] "Art. 161. Compete ao Tribunal de Justiça: [...] IV – processar e julgar originariamente: [...] e) mandado de segurança e o *habeas data* contra atos: [...] 6 – dos Procuradores-Gerais da Justiça, do Estado e da **Defensoria Pública**."

zar representação de inconstitucionalidade de leis ou atos normativos estaduais ou municipais em face da Constituição Estadual[364];

p) **art. 179**: prevê, de forma específica, a Defensoria Pública, com a mesma redação conferida pela Emenda Constitucional n. 80/2014 ao art. 134, *caput*, da Constituição Federal[365];

q) **art. 179, § 1º**: a respeito da autonomia funcional, administrativa e financeira da Defensoria[366];

r) **art. 179, § 2º**: dispondo como princípios institucionais da instituição a unicidade, a impessoalidade e a independência funcional[367];

s) **art. 179, § 3º, I a V**: acerca das funções institucionais da Defensoria[368];

---

[364] "Art. 162. A representação de inconstitucionalidade de leis ou de atos normativos estaduais ou municipais, em face desta Constituição, pode ser proposta pelo Governador do Estado, pela Mesa, por Comissão Permanente ou pelos membros da Assembleia Legislativa, pelo Procurador-Geral da Justiça, pelo Procurador-Geral do Estado, pelo **Defensor Público Geral do Estado**, por Prefeito Municipal, por Mesa de Câmara de Vereadores, pelo Conselho Seccional da Ordem dos Advogados do Brasil, por partido político com representação na Assembleia Legislativa ou em Câmara de Vereadores, e por federação sindical ou entidade de classe de âmbito estadual."

[365] "Art. 179. A **Defensoria Pública** é instituição essencial à função jurisdicional do Estado, incumbindo-lhe, como expressão e instrumento do regime democrático, fundamentalmente, a orientação jurídica integral e gratuita, a postulação e a defesa, em todos os graus e instâncias, judicial e extrajudicialmente, dos direitos e interesses individuais e coletivos dos necessitados, na forma da lei."

[366] "Art. 179, § 1º: À **Defensoria Pública** são asseguradas autonomia funcional e administrativa e a iniciativa de sua proposta orçamentária dentro dos limites estabelecidos na lei de diretrizes orçamentárias e subordinação ao disposto no art. 152, § 2º."

[367] "Art. 179, § 2º: São princípios institucionais da **Defensoria Pública** a unicidade, a impessoalidade e a independência funcional."

[368] "Art. 179, § 3º: São funções institucionais da **Defensoria Pública**, dentre outras que lhe são inerentes, as seguintes: I – promover a conciliação entre as partes em conflitos de interesses; II – atuar como curador especial; III – atuar junto às delegacias de polícia e estabelecimentos penais; IV – atuar como defensora do vínculo matrimonial; V – patrocinar: a) ação penal privada; b) ação cível; c) defesa em ação penal; d) defesa em ação civil; e) ação civil pública em favor das associações necessitadas que incluam entre suas finalidades estatutárias a proteção ao meio ambiente e a de outros interesses difusos e coletivos; f) os direitos e interesses do consumidor lesado, desde que economicamente hipossuficiente, na forma da Lei; g) a defesa do interesse do menor e do idoso, na forma da lei; h) os interesses de pessoas jurídicas de direito privado e necessitadas na forma da lei; i) a assistência jurídica integral às mulheres vítimas de violência específica e seus familiares." Cabe apontar que o Supremo Tribunal Federal, por meio da **Medida Cautelar na Ação Direta de Inconstitucionalidade 558 (Pleno, Rel. Min. Sepúlveda Pertence, j. 16-8-1991, *DJ* 26-3-1993)**, havia condicionado as funções da Defensoria elencadas nas alíneas *e* e *f* (que em suas redações originais, à época contidas no art. 176, § 2º, V, da Constituição Estadual do Rio de Janeiro, não se referiam à hipossuficiência econômica das associações e consumidores nelas referidas) à comprovação de hipossuficiência econômica, a qual já consta, como se vê, expressamente na atual redação de tais alíneas.

t) **art. 180,** *caput*: acerca do órgão administrativo da Defensoria representado pela Defensoria Pública Geral (ainda sob a denominação de "Procuradoria Geral")[369];

u) **art. 180, parágrafo único:** quanto à escolha do defensor público geral[370];

v) **art. 181, I a IV:** atribuindo à lei complementar a disposição sobre a estrutura e os membros da Defensoria, bem como elencando as diretrizes a ser por ela seguida[371];

---

[369] "**Art. 180. A Defensoria Pública** tem como órgão administrativo sua Procuradoria Geral, ocupando na estrutura administrativa estadual posição equivalente à de Secretaria de Estado." Lembramos, nesse aspecto, a decisão do Supremo Tribunal Federal transcrita alhures (**Plenário, Ação Direta de Inconstitucionalidade 3.568, Rel. Min. Sepúlveda Pertence, j. 2-4-2007,** *DJ* **11-5-2007**), no sentido de que a Defensoria, em razão de sua autonomia, não pode ser vinculada à Secretaria de Estado, de modo a impedir que essa norma constante na Constituição do Estado de Rio de Janeiro seja interpretada nesse sentido de "vinculação" da instituição a certa secretaria estadual ou mesmo ao Poder Executivo de qualquer forma.

[370] "**Art. 180, parágrafo único: A Defensoria Pública**, pelo voto secreto e universal de seus membros, formará lista tríplice, dentre os integrantes da carreira, para escolha do Defensor Público Geral do Estado, cuja nomeação e exoneração se dará na forma da Lei Complementar respectiva."

[371] "**Art. 181.** Lei complementar disporá sobre e organização e funcionamento da **Defensoria Pública**, bem como sobre os direitos. deveres, prerrogativas, atribuições e regime disciplinar dos seus membros, observadas, entre outras: I – as seguintes diretrizes: a) a Defensoria Pública é organizada em cargos de carreira, providos, na classe inicial, mediante concurso público de provas e títulos, promovidos por sua Defensoria Pública Geral, com a participação da Ordem dos Advogados do Brasil, obedecendo-se, nas nomeações, à ordem de classificação; b) autonomia administrativa e financeira, com dotação orçamentária própria, assegurada a iniciativa de sua proposta orçamentária dentro dos limites estabelecidos na Lei de diretrizes orçamentárias; c) residência do defensor público titular na comarca onde estiver lotado, nos termos da lei; d) promoção segundo os critérios de antiguidade e merecimento, alternadamente, na forma da lei; e) distribuição territorial proporcional à população das regiões e municípios, assegurando-se a lotação de pelo menos um defensor em cada comarca; f) aposentadoria dos membros da Defensoria Pública nos termos do artigo 172, § 2º, desta Constituição; g) o defensor público, após dois anos de exercício na função, não perderá o cargo senão por sentença judicial transitada em julgado; II – a garantia de inamovibilidade; III – a vedação do exercício da advocacia fora das atribuições institucionais; IV – as seguintes prerrogativas: a) requisitar, administrativamente, de autoridade pública ou dos seus agentes ou de entidade particular: certidões, exames, perícias, vistorias, diligências, processos, documentos, informações, esclarecimentos e providências, necessários ao exercício de suas atribuições; b) comunicar-se pessoal e reservadamente com o preso, tendo livre acesso e trânsito a qualquer local e dependência em que ele se encontrar; c) ter livre acesso e trânsito a estabelecimentos públicos e os destinados ao público no exercício de suas funções." Em relação a esse dispositivo, vale lembrar a decisão do Supremo Tribunal Federal na **Ação Direta de Inconstitucionalidade 230 (Plenário, Rel. Min. Cármen Lúcia, j. 1º-2-2010,** *DJE* **30-10-2014)** por nós transcrita linhas antes quanto a **três aspectos** que envolvem a norma em comento, quais sejam: **a)** incidência do prazo de três anos para estabilidade no cargo de defensor público (e não de dois anos, como consta na norma em exame); **b)** inconstitucionalidade de poder de requisição da Defensoria Pública e **c)** reconhecimento do direito

w) **art. 212:** quanto à entrega de recursos correspondentes às dotações orçamentárias à Defensoria[372];

x) **art. 248, IV:** ao tratar de política agrária, estabelece a incumbência da Defensoria nessa seara[373];

y) **art. 51, *caput*, e parágrafo único, do Ato das Disposições Constitucionais Transitórias:** cria o Conselho Estadual de Defesa da Criança e do Adolescente, assegurando a participação de representante da Defensoria Pública neste[374].

18. SÃO PAULO SISTEMA CONSTITUCIONAL DAS CRISES: A) ESTADO DE DEFESA; B) ESTADO DE SÍTIO; C) FORÇAS ARMADAS; D) SEGURANÇA PÚBLICA. PARANÁ DA DEFESA DO ESTADO E DAS INSTITUIÇÕES DEMOCRÁTICAS. ESTADO DE DEFESA. ESTADO DE SÍTIO. DISPOSIÇÕES GERAIS. FORÇAS

---

do defensor público de se comunicar pessoal e reservadamente com seus assistidos (ainda que presos, detidos ou incomunicáveis) e de ter livre acesso e trânsito aos estabelecimentos públicos ou destinados ao público no exercício de suas funções.

[372] "Art. 212. Os recursos correspondentes às dotações orçamentárias, compreendidos os créditos suplementares e especiais, destinados aos órgãos dos Poderes Legislativo e Judiciário, do Ministério Público e da **Defensoria Pública**, ser-lhes-ão entregues até o dia 20 de cada mês, em duodécimos, na forma da Lei complementar a que se refere o art. 207."

[373] "Art. 248. Compete ao Instituto Estadual de Terras e Cartografia, organizado sob a forma de autarquia e obedecida a legislação específica da União, promover: [...] IV – levantamento de áreas agrícolas ocupadas por posseiros, apoiando-os, no caso de indivíduos ou famílias que trabalham diretamente a gleba, incumbindo-se a **Defensoria Pública** e o serviço jurídico do órgão das ações de proteção, legitimação e reconhecimento da posse e da propriedade da terra, inclusive das ações de usucapião especial."

[374] "Art. 51. Fica criado o Conselho Estadual de Defesa da Criança e do Adolescente, como órgãos normativo, consultivo, deliberativo e controlador da política integrada de assistência à infância e à juventude. **Parágrafo único.** A lei disporá sobre a organização, composição e funcionamento do Conselho, garantindo a participação de representantes do Poder Judiciário, Ministério Público, **Defensoria Pública**, Ordem dos Advogados do Brasil, órgãos públicos encarregados da execução da política de atendimento à infância e à juventude, assim como, em igual número, de representantes de organizações populares de defesa dos direitos da criança e do adolescente, legalmente constituídas e em funcionamento há pelo menos um ano." A respeito desse dispositivo, é conveniente destacar a decisão do Supremo Tribunal Federal na **Ação Direta de Inconstitucionalidade 3.463 (Pleno, Rel. Min. Ayres de Britto, j. 27-10-2011, *DJE*-110, divulg. 5-6-2012)**, no sentido de julgá-la parcialmente procedente para: **a)** conferir interpretação conforme a Constituição ao parágrafo único do art. 51 do Ato das Disposições Constitucionais Transitórias da Constituição do Estado do Rio de Janeiro a fim de assentar que a participação do Ministério Público no Conselho Estadual de Defesa da Criança e do Adolescente deve se dar na condição de membro convidado sem direito a voto; e **b)** declarar a inconstitucionalidade da expressão "Poder Judiciário", sob o fundamento de que tal participação poderia comprometer a imparcialidade do membro deste Poder.

ARMADAS. SEGURANÇA PÚBLICA. **RIO DE JANEIRO** ESTADO DE DEFESA E ESTADO DE SÍTIO

Enquanto neste ponto o edital do Rio de Janeiro concentra-se no Estado de Defesa e Estado de Sítio (arts. 136 a 141 da Constituição Federal), os editais de São Paulo e Paraná acrescentam as matérias ligadas às Forças Armadas (arts. 142 e 143 da Constituição Federal) e à Segurança Pública (art. 144 da Constituição Federal), motivo pelo qual subdividimos esses temas nos quadros a seguir.

■ Estado de Defesa e Estado de sítio

Dos assuntos versados no ponto em estudo, aquele que trata do Estado de Defesa e do Estado de Sítio é o mais cobrado nos concursos públicos em geral, inclusive da Defensoria Pública, seguindo abaixo uma breve exposição do tratamento constitucional conferido a tais institutos.

O **Estado de Defesa** envolve uma medida excepcional que é decretada pelo Presidente da República, depois de ouvidos os Conselhos da República e de Defesa Nacional, para preservar ou prontamente restabelecer, em locais restritos e determinados, a ordem pública ou a paz social ameaçadas por grave e iminente instabilidade institucional ou atingidas por calamidades de grandes proporções na natureza.

No **decreto** presidencial deverá constar:

a) o tempo de sua duração, que não será superior a 30 dias, podendo ser prorrogado uma vez, por igual período, se persistirem as razões que justificaram a sua decretação;

b) a especificação das áreas abrangidas pela medida;

c) a indicação, nos termos e limites da lei, das medidas coercitivas a vigorarem, que consistirão em:

c.1) restrição ao direito de reunião, ainda que exercida no seio de associações;

c.2) restrição ao sigilo de correspondência;

c.3) restrição ao sigilo de comunicação telegráfica e telefônica;

c.4) ocupação e uso temporário de bens e serviços públicos, na hipótese de calamidade pública, respondendo a União pelos danos e custos decorrentes.

No que diz respeito à **prisão** na vigência do Estado de Defesa, o texto constitucional traz as quatro regras abaixo:

a) a prisão por crime contra o Estado, determinada pelo executor da medida, será por este comunicada imediatamente ao juiz competente, que a relaxará, se não for legal, facultado ao preso requerer exame de corpo de delito à autoridade policial;

b) a comunicação será acompanhada de declaração, pela autoridade, do estado físico e mental do detido no momento de sua autuação;

c) a prisão ou detenção de qualquer pessoa não poderá ser superior a dez dias, salvo quando autorizada pelo Poder Judiciário;

d) é vedada a incomunicabilidade do preso.

Em virtude da excepcionalidade da medida, há um **controle político posterior** à decretação (ou prorrogação) do Estado de Defesa, competindo ao Presidente da República, em 24 horas, submeter o ato, com a respectiva justificação, ao Congresso Nacional (que se estiver em recesso, será convocado extraordinariamente), que decidirá por maioria absoluta, acarretando a rejeição do decreto a cessação imediata do Estado de Defesa.

O **Estado de Sítio**, por sua vez, também envolve uma medida excepcional decretada pelo Presidente da República, depois de ouvidos os Conselhos da República e de Defesa Nacional. Todavia, por envolver **situações mais graves** em comparação às hipóteses do Estado de Defesa, depende de **anterior** autorização, por maioria absoluta, do Congresso Nacional **(controle político prévio)** que, se estiver em recesso parlamentar, será convocado extraordinariamente pelo Presidente do Senado Federal.

As **hipóteses** que dão ensejo ao Estado de Sítio são:

a) comoção grave de repercussão nacional ou ocorrência de fatos que comprovem a ineficácia de medida tomada durante o estado de defesa;

b) declaração de estado de guerra ou resposta a agressão armada estrangeira.

Em seu **decreto presidencial**, deverá constar a:

a) indicação de sua duração (na primeira hipótese de Estado de Sítio acima mencionada, não poderá durar por mais de 30 dias, nem prorrogado, de cada vez, por prazo superior, enquanto, no segundo caso, poderá ser decretado por todo o tempo que perdurar a guerra ou a agressão armada estrangeira);

b) indicação das normas necessárias a sua execução e das garantias constitucionais que ficarão suspensas;

c) designação, depois de sua publicação, das áreas abrangidas e do executor das medidas específicas.

Na vigência do Estado de Sítio decretado com base na **primeira hipótese**, só poderão ser tomadas contra as pessoas as seguintes **medidas**:

a) obrigação de permanência em localidade determinada;

b) detenção em edifício não destinado a acusados ou condenados por crimes comuns;

c) restrições relativas à inviolabilidade da correspondência, ao sigilo das comunicações, à prestação de informações e à liberdade de imprensa, radiodifusão e televisão, na forma da lei (não se inclui nessas restrições a difusão de pronunciamentos de parlamentares efetuados em suas Casas Legislativas, desde que liberada pela respectiva Mesa);

d) suspensão da liberdade de reunião;

e) busca e apreensão em domicílio;

f) intervenção nas empresas de serviços públicos;

g) requisição de bens.

Além das regras próprias, respectivamente, do Estado de Defesa e do Estado de Sítio acima examinadas, a Constituição Federal também prevê alguns comandos destinados a ambos **(disposições gerais)**, que podem ser assim resumidos:

a) uma Comissão designada pela Mesa do Congresso Nacional e composta de cinco de seus membros será responsável pela fiscalização e acompanhamento da execução das medidas excepcionais;

b) com a cessação do Estado de Defesa ou Estado de Sítio, as medidas neles aplicadas serão relatadas pelo Presidente da República, em mensagem ao Congresso Nacional, com especificação e justificação das providências adotadas, com relação nominal dos atingidos e indicação das restrições aplicadas;

c) com a cessação das medidas excepcionais, também cessarão seus efeitos, sem prejuízo da responsabilidade pelos ilícitos cometidos por seus executores ou agentes.

■ Forças Armadas

As **Forças Armadas** são constituídas pela Marinha, pelo Exército e pela Aeronáutica, sob a autoridade suprema do Presidente da República e se destinam à defesa da Pátria, à garantia dos poderes constitucionais e, por iniciativa de qualquer destes, da lei e da ordem.

Em relação aos seus **membros (militares)**, cabe anotar o seguinte:

a) além das que vierem a ser fixadas em lei, aplicam-se a estes as disposições constantes no art. 142, § 3º, I a X, da Constituição Federal[375], das quais se destacam duas:

a.1) o militar **não pode estar filiado a partidos políticos enquanto em serviço ativo;**

a.2) ao militar são **proibidas a sindicalização e a greve.**

b) **não caberá** *habeas corpus* **em relação a punições disciplinares militares.**

No que concerne ao **serviço militar**, este é, via de regra, **obrigatório**, salvo em relação às **mulheres** e aos **eclesiásticos**, que ficarão dele isentos em tempo de paz, não se eximindo, porém, de outros encargos que a lei lhes atribuir (Lei n. 8.239/91).

Por derradeiro, faz-se mister assinalar que, em obediência ao direito à **escusa de consciência**, compete às Forças Armadas, na forma da lei (Lei n. 8.239/91), atribuir **serviço alternativo** aos que, em tempo de paz, após alistados, alegarem imperativo de consciência, entendendo-se como tal o decorrente de crença religiosa e de convicção filosófica ou política, para se eximirem de atividades de caráter essencialmente militar.

■ Segurança pública

O tratamento constitucional dispensado à Segurança Pública, que se destina à preservação da ordem pública e da incolumidade das pessoas e do patrimônio, limita-se a apontar os órgãos por ela incumbidos e correspondentes funções principais, sendo possível sintetizá-los da seguinte forma:

a) No âmbito **federal**, a polícia é composta de:

a.1) **Polícia federal**, responsável por:

a.1.1) apurar infrações penais contra a ordem política e social ou em detrimento de bens, serviços e interesses da União ou de

---

[375] *Vide* **Emenda Constitucional n. 77/2014**, que alterou os incisos II, III e VIII do § 3º do art. 142 da Constituição Federal, com o objetivo de estender aos profissionais de saúde das Forças Armadas a possibilidade de cumulação de cargo a que se refere o art. 37, XVI, *c*, da Constituição Federal.

suas entidades autárquicas e empresas públicas, assim como outras infrações cuja prática tenha repercussão interestadual ou internacional e exija repressão uniforme, segundo se dispuser em lei;

a.1.2) prevenir e reprimir o tráfico ilícito de entorpecentes e drogas afins, o contrabando e o descaminho, sem prejuízo da ação fazendária e de outros órgãos públicos nas respectivas áreas de competência;

a.1.3) exercer as funções de polícia marítima, aeroportuária e de fronteiras;

a.1.4) exercer, com exclusividade, as funções de polícia judiciária da União.

a.2) **Polícia rodoviária federal**: incumbida do patrulhamento ostensivo das rodovias federais.

a.3) **Polícia ferroviária federal**: à qual compete o patrulhamento ostensivo das ferrovias federais.

b) No âmbito **estadual** temos:

b.1) **polícias civis**: às quais cabem, ressalvada a competência da União, as funções de polícia judiciária e a apuração de infrações penais, exceto as militares;

b.2) **polícias militares**: responsáveis pela polícia ostensiva e preservação da ordem pública;

b.3) **corpo de bombeiros militares**: incumbido da execução de atividades de defesa civil.

c) Em relação ao **Distrito Federal**, verifica-se que:

c.1) compete à **União** organizar e manter sua polícia civil, militar e seu corpo de bombeiros militar (art. 21, XIV, da Constituição Federal);

c.2) cabe à **lei federal** dispor sobre a utilização, pelo Governo do Distrito Federal, das polícias civil e militar e do corpo de bombeiros militar (art. 32, § 4º, da Constituição Federal).

d) No âmbito **municipal**: compete às **guardas municipais** a proteção dos bens, serviços e instalações dos municípios.

Por fim, não se deve esquecer da **Emenda Constitucional n. 82/2014**, que incluiu o § 10 ao art. 144 da Constituição Federal, a fim de disciplinar a **segurança viária** no âmbito dos Estados, do Distrito Federal e dos Municípios (por meio de seus respectivos órgãos e agentes de trânsito), destinada à preservação da ordem pública e da incolumidade das pessoas e do seu patrimônio nas **vias públicas**, compreendendo a educação, engenharia e fiscalização de trânsito (além de outras atividades previstas em lei) que assegurem ao cidadão o direito à **mobilidade urbana eficiente.**

19. SÃO PAULO FINANÇAS PÚBLICAS: A) NORMAS GERAIS; B) ORÇAMENTOS: PRINCÍPIOS, ELABORAÇÃO, GESTÃO, FISCALIZAÇÃO E CONTROLE DA EXECUÇÃO ORÇAMENTÁRIA. PARANÁ DA TRIBUTAÇÃO E DO ORÇAMENTO. SISTEMA TRIBUTÁRIO NACIONAL. PRINCÍPIOS GERAIS. LIMITAÇÕES AO PODER DE TRIBUTAR. DOS IMPOSTOS DA UNIÃO, DOS ESTADOS MEMBROS, DO DISTRITO FEDERAL E DOS MUNICÍPIOS. REPARTIÇÃO DAS RECEITAS TRIBUTÁRIAS. FINANÇAS PÚBLICAS. NORMAS GERAIS SOBRE FINANÇAS PÚBLICAS. ORÇAMENTOS

O ponto 19 traz os comandos dos arts. 145 a 162 da Constituição Federal, que trata dos aspectos constitucionais atinentes à disciplina de direito tributário, além das normas previstas nos arts. 163 a 169 do texto constitucional relativas ao direito financeiro.

Inicialmente, cabe salientar que parte dos editais para ingresso na carreira de defensor público contempla o direito tributário como matéria autônoma[376], relegando a matéria relativa ao direito financeiro (normalmente exigida em concursos na órbita federal) ao programa de direito constitucional.

Em razão disso, o candidato que pretende se preparar para as provas de direito constitucional nos certames da Defensoria deverá dirigir sua atenção para as normas de direito financeiro estabelecidas no plano constitucional e, a depender do edital, estudar as normas constitucionais relativas ao direito tributário ou então examiná-las quando do estudo específico do programa de direito tributário[377].

---

[376] Exemplos: editais dos Estados de São Paulo (2013), Amazonas (2012), Rio Grande do Sul (2014) e Distrito Federal (2013).

[377] Veja o candidato que a Defensoria de São Paulo não exige, no ponto 19 de direito constitucional,

Depois de feitas essas observações, adentremos nos assuntos pertinentes ao ponto em comento, conforme a divisão de itens abaixo sugerida.

■ **Finanças públicas: a) normas gerais; b) orçamentos: princípios, elaboração, gestão, fiscalização e controle da execução orçamentária**

O termo "finanças públicas" é empregado para designar a atividade estatal atrelada, basicamente, à obtenção de receitas e realização de despesas, além da administração da dívida interna e externa e o controle da economia pelo fluxo da moeda.

Assim, é possível afirmar que o direito financeiro abrangeria tanto as normas relativas à obtenção de receitas, como aquelas ligadas à realização de despesas, enquanto o direito tributário limitar-se-ia ao primeiro aspecto (obtenção de receitas), sendo, pois, uma espécie de ramificação do próprio direito financeiro.

Sobre a matéria, sugerimos que o candidato ao cargo da Defensoria Pública dê enfoque às seguintes questões:

a) **Lei complementar:** o art. 163, I a VII, e o art. 165, § 9º, da Constituição Federal preveem as matérias que devam ser tratadas por **lei complementar**, merecendo destaque a **Lei n. 4.320/64** (que foi recepcionada pela Constituição como lei materialmente complementar e traz as normas gerais de direito financeiro) e a **Lei Complementar n. 101/2000** (Lei de Responsabilidade Fiscal).

b) **Princípios orçamentários:** o orçamento, entendido como instituto por meio do qual o Estado prevê suas receitas e despesas para certo exercício financeiro, é regido pelos seguintes **princípios**:

b.1) **universalidade:** todas as receitas e despesas devem estar previstas no orçamento;

b.2) **anualidade:** o orçamento deve ser atualizado anualmente, vez que a lei orçamentária tem vigência anual;

b.3) **unidade:** todas as receitas e despesas devem integrar um único documento (lei orçamentária);

---

as normas constitucionais relativas ao direito tributário (o qual é cobrado no certame como disciplina própria), enquanto a Defensoria do Paraná, por não contemplar referida matéria de forma autônoma, limita-se à cobrança das normas constitucionais de direito tributário no bojo do programa de direito constitucional. Quanto ao direito financeiro, ambas se limitam a exigi-lo no âmbito do direito constitucional.

b.4) **exclusividade:** a lei orçamentária não pode conter em seu bojo dispositivos estranhos à matéria financeira, salvo nas hipóteses estabelecidas no art. 165, § 8º, da Constituição Federal;

b.5) **não afetação ou não vinculação:** não se permite a vinculação de receita de impostos a órgão, fundo ou despesa, ressalvadas as exceções previstas no art. 167, IV, da Constituição Federal.

c) **Peças orçamentárias:** são três as peças orçamentárias estabelecidas por lei de iniciativa do Poder Executivo: **Plano Plurianual (PPA), Lei de Diretrizes Orçamentárias (LDO) e Lei Orçamentária Anual (LOA).** Compete ao Presidente da República enviar seus respectivos projetos ao Congresso Nacional, no qual serão apreciados por suas Casas e pela Comissão Mista permanente do orçamento. Vejamos cada uma delas em seus aspectos básicos:

c.1) **Plano Plurianual (PPA):**

c.1.1) **principal objetivo:** tratar das despesas de capital para os programas de duração continuada, de forma que sua duração ultrapassa o exercício financeiro anual[378];

c.1.2) **projeto:** para vigência até o final do primeiro exercício financeiro do mandato presidencial subsequente, será encaminhado até quatro meses antes do encerramento do primeiro exercício financeiro e devolvido para sanção até o encerramento da sessão legislativa;

c.1.3) **lei:** estabelecerá, de forma regionalizada, as diretrizes, objetivos e metas da administração pública federal para as despesas de capital e outras delas decorrentes e para as relativas aos programas de duração continuada;

c.2) **Lei de Diretrizes Orçamentárias (LDO):**

c.2.1) **principal objetivo:** servir de critério para a elaboração da lei orçamentária anual;

c.2.2) **projeto:** será encaminhado até oito meses e meio antes do

---

[378] Na prova objetiva do **III Concurso da Defensoria do Estado de São Paulo, realizado em 2009, pela Fundação Carlos Chagas,** o candidato foi indagado, no tema ligado ao orçamento, a respeito, justamente, do **plano plurianual,** constando como correta a resposta no sentido de que tal plano é de iniciativa do executivo e diz respeito às despesas de capital naqueles programas de duração continuada que excedam o orçamento anual em que foram iniciadas.

encerramento do exercício financeiro e devolvido para sanção até o encerramento do primeiro período da sessão legislativa;

c.2.3) **lei:** compreenderá as metas e prioridades da administração pública federal, incluindo as despesas de capital para o exercício financeiro subsequente, orientará a elaboração da lei orçamentária anual, disporá sobre as alterações na legislação tributária e estabelecerá a política de aplicação das agências financeiras oficiais de fomento;

c.3) **Lei Orçamentária Anual (LOA):**

c.3.1) **principal objetivo:** anualmente, prevê as receitas e despesas do Estado;

c.3.2) **projeto:** será encaminhado até quatro meses antes do encerramento do exercício financeiro e devolvido para sanção até o encerramento da sessão legislativa;

c.3.3) **lei:** compreenderá:

c.3.3.1) o orçamento **fiscal** referente aos Poderes da União, seus fundos, órgãos e entidades da administração direta e indireta, inclusive fundações instituídas e mantidas pelo Poder Público;

c.3.3.2) o orçamento de **investimento** das empresas em que a União, direta ou indiretamente, detenha a maioria do capital social com direito a voto;

c.3.3.3) o orçamento da **seguridade social**, abrangendo todas as entidades e órgãos a ela vinculados, da administração direta ou indireta, bem como os fundos e fundações instituídos e mantidos pelo Poder Público.

d) **Controle de constitucionalidade concentrado de normas orçamentárias:** apesar de o ponto 9 deste livro já ter abordado o tema que envolve o controle de constitucionalidade concentrado, é importante registrar o atual entendimento do Supremo Tribunal Federal nas hipóteses em que este controle tenha por objeto normas orçamentárias. Tradicionalmente, o tribunal rechaçava tal controle, sob o fundamento de que se tratava de normas de "efeitos concretos" (objeto determinado e destinatário certo), sendo desprovidas de abstração e generalidade próprias das leis e atos normativos em geral. Nessa linha, segue o trecho do seguinte acórdão: "**II. Lei de diretrizes orçamentárias, que tem objeto determinado e destinatários certos, assim sem generalidade abstrata, é lei de efeitos concretos, que não está sujeita à fiscalização jurisdicional no controle concentrado [...]**"[379]. Contudo, esse entendimento foi **revisto** pela Corte, que **passou a admiti-lo** nas hipóteses em que for possível identificar **na questão examinada (tema ou controvérsia constitucional) certo grau de abstração e generalidade**, como se vê pelo excerto do seguinte julgado: "**II. CONTROLE ABSTRATO DE CONSTITUCIONALIDADE DE NORMAS ORÇAMENTÁRIAS. REVISÃO DE JURISPRUDÊNCIA. O Supremo Tribunal Federal deve exercer sua função precípua de fiscalização da constitucionalidade das leis e dos atos normativos quando houver um tema ou uma controvérsia constitucional suscitada em abstrato, independente do caráter geral ou específico, concreto ou abstrato de seu objeto. Possibilidade de submissão das normas orçamentárias ao controle abstrato de constitucionalidade [...]**"[380].

e) **Emenda Constitucional n. 86/2015 (orçamento impositivo)**: pela atualidade do assunto (a indicar uma grande chance de sua cobrança nos certames da Defensoria), o candidato não deve descurar-se a respeito das modificações introduzidas nos arts. 165, 166 e 198 do texto constitucional por meio da Emenda Constitucional n. 86/2015, que tornou obrigatória a execução orçamentária nela especificada. Em síntese, podemos dizer que foram duas as principais alterações promovidas pela referida emenda, quais sejam:

e.1) tornar obrigatória ao Poder Executivo a execução orçamentária e financeira das emendas parlamentares individuais ao projeto de lei orçamentária no importe de 1,2% da receita corrente líquida rea-

---

[379] Pleno, Ação Direta de Inconstitucionalidade 2.484 MC/DF, Rel. Min. Carlos Velloso j. 19-12-2001.

[380] Pleno, Ação Direta de Inconstitucionalidade 4.048 MC/DF, Rel. Min. Gilmar Mendes, j. 14-5-2008.

lizada no exercício anterior (metade desse percentual devendo ser destinada a ações e serviços públicos de saúde[381]), segundo os critérios para a execução equitativa (entendida como aquela que atenda de modo igualitário e impessoal às emendas apresentadas, independentemente de sua autoria[382]) definidos na lei complementar referida no art. 165, § 9º, III, da Constituição Federal[383];

e.2) determinar que a União aplique, anualmente, em ações e serviços públicos de saúde no mínimo 15% da receita corrente líquida do respectivo exercício financeiro[384], conforme o seguinte escalonamento: mínimo de 13,2% em 2016; mínimo de 13,7% em 2017; mínimo de 14,1% em 2018; mínimo de 14,5% em 2019 e, finalmente, mínimo de 15% a partir do ano de 2020 em diante[385].

■ **Da tributação e do orçamento. Sistema Tributário Nacional. Princípios gerais. Limitações ao poder de tributar. Dos impostos da União, dos Estados membros, do Distrito Federal e dos Municípios. Repartição das receitas tributárias**

A exemplo do que fizemos no item anterior, destacamos a seguir os principais itens relativos ao direito tributário na seara constitucional que merecem especial atenção por parte do candidato ao cargo de defensor público:

a) **Princípios da ordem tributária:** segundo a doutrina[386], os princípios de maior importância na matéria seriam:

a.1) **princípio da estrita legalidade:** pelo qual somente por lei deve ser exigido ou aumentado qualquer tributo[387];

a.2) **princípio do tratamento isonômico:** que veda o estabelecimento de tratamento desigual entre contribuintes que se encontrem em situação equivalente, proibida qualquer distinção em razão de ocu-

---

[381] Art. 166, § 9º, *in fine*, da Constituição Federal.

[382] Art. 166, § 18, da Constituição Federal.

[383] Art. 166, § 11, da Constituição Federal.

[384] Art. 198, § 2º, I, da Constituição Federal.

[385] Art. 2º, I a V, da Emenda Constitucional n. 86/2015.

[386] MENDES, Gilmar Ferreira; COELHO, Inocêncio Mártires; e BRANCO, Paulo Gustavo Gonet. *Curso de direito constitucional.* São Paulo: Saraiva, 2007, p. 1279-1284.

[387] Art. 150, I, da Constituição Federal.

pação profissional ou função por eles exercida, independentemente da denominação jurídica dos rendimentos, títulos ou direitos[388];

a.3) **princípio da anterioridade:** por meio do qual se proíbe a cobrança de tributos:

a.3.1) no mesmo exercício financeiro em que haja sido publicada a lei que os instituiu ou aumentou[389];

a.3.2) antes de decorridos 90 dias da data em que haja sido publicada a lei que os instituiu ou aumentou, observado o disposto no subitem anterior[390];

a.4) **princípio da irretroatividade das leis tributárias:** o qual consubstancia a proibição de cobrar tributos em relação a fatos geradores ocorridos antes do início da vigência da lei que os houver instituído ou aumentado[391];

a.5) **princípio do não confisco:** a exigir que o tributo não seja utilizado com efeito de confisco, vale dizer, como forma de atingir, desproporcionalmente, os bens ou as rendas do contribuinte[392];

a.6) **princípio da capacidade contributiva:** que prega a graduação dos impostos segundo a capacidade econômica do contribuinte[393].

b) **Limitações do poder de tributar:** sob esse rótulo, a Constituição brasileira traz, em seus arts. 150 a 152, uma série de vedações aos entes tributantes, muitas delas já contempladas nos princípios da ordem tributária acima mencionados, merecendo destaque, nesse aspecto, as imunidades tributárias previstas no art. 150, VI, *a* a *e*, do texto constitucional, cabendo lembrar que a hipótese descrita na **última alínea** (*e*) foi incluída pela **Emenda Constitucional n. 75/2013**.

c) **Impostos:** além de dominar os aspectos estruturais básicos das espécies tributárias (que, pela teoria pentapartite, seriam: c.1) taxas; c.2) impos-

---

[388] Art. 150, II, da Constituição Federal.

[389] Art. 150, III, *b*, da Constituição Federal.

[390] Art. 150, III, *c*, da Constituição Federal.

[391] Art. 150, III, *a*, da Constituição Federal.

[392] Art. 150, IV, da Constituição Federal.

[393] Art. 145, § 1º, da Constituição Federal.

tos; c.3) contribuições de melhoria; c.4) empréstimo compulsório; e c.5) contribuições especiais), também é importante que o candidato tenha conhecimento acerca da disciplina constitucional dos impostos federais (arts. 153 e 154 da Constituição Federal), estaduais e do Distrito Federal (art. 155 da Constituição Federal) e municipais (art. 156 da Constituição Federal), sendo conveniente destacar, a respeito, a promulgação da **Emenda Constitucional n. 87/2015**, que **alterou os incisos VII e VIII do § 2º do art. 155 da Constituição Federal** e incluiu o **art. 99 no Ato das Disposições Constitucionais Transitórias**, para tratar da sistemática de cobrança do imposto sobre operações relativas à circulação de mercadorias e sobre prestações de serviços de transporte interestadual e intermunicipal e de comunicação incidente sobre as operações e prestações que destinem bens e serviços ao consumidor final, contribuinte ou não do imposto, localizado em outro Estado.

d) **Repartição da receita tributária:** nos arts. 157 a 163 da Constituição Federal, o texto constitucional dispõe acerca da divisão da receita tributária entre os entes federativos, devendo ser destacada, nessa seara, a **Emenda Constitucional n. 84/2014**, que alterou o art. 159, I, da Constituição Federal, acrescentando a alínea *e* a este dispositivo, com o fito de **aumentar a entrega de recursos da União para o Fundo de Participação dos Municípios**. De acordo com essa reforma, do produto da arrecadação dos impostos sobre a renda e proventos de qualquer natureza (IR) e sobre produtos industrializados (IPI), a **União entregará, no primeiro decêndio do mês de julho de cada ano, 1% ao referido Fundo**, sendo, de acordo com o art. 2º da mencionada emenda, 0,5% no ano de 2015 e 1% nos anos subsequentes.

Por fim, destacamos as seguintes **súmulas vinculantes do Supremo Tribunal Federal** a respeito deste ponto, tendo as duas últimas sido convertidas recentemente em vinculantes, devendo receber, por tal motivo, especial atenção pelo candidato:

a) **Súmula Vinculante 28:** "É inconstitucional a exigência de depósito prévio como requisito de admissibilidade de ação judicial na qual se pretenda discutir a exigibilidade de crédito tributário"[394].

---

[394] Registramos que o teor dessa Súmula foi cobrado, expressamente, na prova objetiva do **Concurso da Defensoria do Estado do Acre, realizado no ano de 2012, pelo Cespe**.

b) **Súmula Vinculante 50 (tornando vinculante a Súmula 669 do mesmo Tribunal):** "Norma legal que altera o prazo de recolhimento da obrigação tributária não se sujeita ao princípio da anterioridade".

c) **Súmula Vinculante 52 (tornando vinculante a Súmula 724 do mesmo Tribunal):** "Ainda quando alugado a terceiros, permanece imune ao IPTU o imóvel pertencente a qualquer das entidades referidas pelo art. 150, VI, *c*, da CF, desde que o valor dos aluguéis seja aplicado nas atividades para as quais tais entidades foram constituídas".

20. SÃO PAULO ORDEM ECONÔMICA E FINANCEIRA: A) PRINCÍPIOS GERAIS E FINS DA ORDEM ECONÔMICA; B) ATUAÇÃO E POSICIONAMENTO DO ESTADO NO DOMÍNIO ECONÔMICO; C) DAS PROPRIEDADES NA ORDEM ECONÔMICA; D) POLÍTICA URBANA: BASES CONSTITUCIONAIS DO DIREITO URBANÍSTICO; E) POLÍTICA AGRÍCOLA FUNDIÁRIA E REFORMA AGRÁRIA; F) SISTEMA FINANCEIRO NACIONAL; G) A JUSTIÇA SOCIAL. PARANÁ ORDEM ECONÔMICA E FINANCEIRA. PRINCÍPIOS GERAIS DA ATIVIDADE ECONÔMICA. POLÍTICA URBANA. POLÍTICA AGRÍCOLA E FUNDIÁRIA E REFORMA AGRÁRIA. SISTEMA FINANCEIRO NACIONAL

Este ponto do edital concentra-se nos arts. 170 a 192 da Constituição Federal, sendo importante que o candidato, para efeito do concurso da Defensoria, concentre seus estudos nos seguintes temas neles contidos:

a) **princípios da ordem econômica:** previstos no art. 170, I a IX, da Constituição Federal[395];

b) **atuação do Estado na economia:** a qual se dá de duas formas:

b.1) **direta** (excepcionalmente), nos casos previstos na Constituição e quando necessária aos imperativos da segurança nacional ou a relevante interesse coletivo, conforme definidos em lei (art. 173 da Constituição Federal);

b.2) **indireta** (via de regra), na qualidade de agente normativo e regulador da atividade econômica no que concerne às funções de fisca-

---

[395] Com destaque para a "redução das desigualdades regionais e sociais" insculpida no inciso VII da referida norma, como já tivemos a oportunidade de registrar ao tratar sobre o art. 3º, III (de mesmo teor), da Constituição Federal no ponto 4 deste livro, ao qual remetemos o leitor.

lização, incentivo e planejamento, sendo este determinante para o setor público e indicativo para o setor privado (art. 174 da Constituição Federal);

c) **política urbana, política agrícola e fundiária e reforma agrária:** com destaque para as normas constitucionais que disciplinam a **função social**, a **desapropriação** e a **usucapião** de propriedades **urbanas** (arts. 182 e 183 da Constituição Federal) e **rurais** (arts. 184 a 191 da Constituição Federal).

Aproveitamos o ensejo para destacar **duas súmulas vinculantes do Supremo Tribunal Federal** sobre a matéria que poderão ser objeto de cobrança nos certames:

a) **Súmula Vinculante 7 (tornando vinculante a Súmula 648 do mesmo Tribunal):** "A norma do § 3º do art. 192 da Constituição, revogada pela Emenda Constitucional n. 40/2003, que limitava a taxa de juros reais a 12% ao ano, tinha sua aplicação condicionada à edição de lei complementar".

b) **Súmula Vinculante 49 (tornando vinculante a Súmula 646 do mesmo Tribunal):** "Ofende o princípio da livre concorrência lei municipal que impede a instalação de estabelecimentos comerciais do mesmo ramo em determinada área".

21. SÃO PAULO ORDEM SOCIAL: A) FUNDAMENTOS E OBJETIVOS; B) SEGURIDADE SOCIAL; C) EDUCAÇÃO, CULTURA E DESPORTO; D) COMUNICAÇÃO SOCIAL; E) MEIO AMBIENTE; F) FAMÍLIA, CRIANÇA, ADOLESCENTE E IDOSO; G) ÍNDIOS; H) PESSOAS COM DEFICIÊNCIA; I) A JUSTIÇA SOCIAL. PARANÁ ORDEM SOCIAL. DISPOSIÇÃO GERAL. SEGURIDADE SOCIAL. SAÚDE. PREVIDÊNCIA SOCIAL E ASSISTÊNCIA SOCIAL. EDUCAÇÃO, CULTURA E DESPORTO. CIÊNCIA E TECNOLOGIA. COMUNICAÇÃO SOCIAL. MEIO AMBIENTE. FAMÍLIA, CRIANÇA, ADOLESCENTE, JOVEM, IDOSO E PESSOAS COM DEFICIÊNCIA. ÍNDIOS. RIO DE JANEIRO ORDEM SOCIAL. PRINCÍPIOS. MEIO AMBIENTE NA CONSTITUIÇÃO FEDERAL. LEI FEDERAL N. 9.985, DE 18 DE JULHO DE 2000. DECRETO FEDERAL N. 4.340, DE 22 DE AGOSTO DE 2002

A **ordem social**, baseada no primado do trabalho e tendo por objetivo o bem-estar e a justiça sociais (art. 193 da Constituição Federal), é prevista nos arts. 193 a 232 do texto constitucional, neles contemplando diversos e variados assuntos tidos por relevantes para a sociedade, sob a ótica do constituinte quando da elaboração de nossa Constituição.

Ocorre que, como a doutrina de direito constitucional não desenvolve esses assuntos em profundidade, as provas para ingresso no cargo de defensor público costumam exigir do candidato tão somente um conhecimento superficial e principiológico sobre a matéria, como se vê até mesmo pelo edital da Defensoria carioca, que está adstrito aos princípios da ordem social e ao tratamento conferido ao meio ambiente pela Constituição e pelo legislador infraconstitucional (Lei Federal n. 9.985/2000 e Decreto Federal n. 4.340/2002).

Ademais, é válido lembrar que editais de algumas Defensorias estaduais preveem, de forma autônoma, a disciplina de direito previdenciário[396], impondo ao candidato um estudo mais aprofundado a seu respeito no plano constitucional (especialmente os arts. 194, 195, 201 e 202 da ordem social), além da legislação infraconstitucional pertinente.

De toda forma, deve o candidato, quanto ao presente ponto, dominar os princípios previstos no texto constitucional sobre cada uma das matérias tratadas na ordem social (quais sejam: seguridade social, nelas abrangidas a saúde, previdência social e assistência social; educação; cultura; desporto; ciência, tecnologia e inovação; comunicação social; meio ambiente; família, criança, adolescente, jovem e idoso e os índios), não devendo se olvidar dos principais julgamentos do Supremo Tribunal Federal sobre elas, além de estar atento acerca das discussões travadas na sociedade sobre esses temas, que poderão ser previstos nas questões de múltipla escolha, dissertativas e orais das provas da Defensoria.

Destarte, com o objetivo de traçar um corte do ponto em estudo naquilo que reputamos essencial ao conhecimento do candidato aos certames da Defensoria e como forma de otimizar seus estudos nesse passo, destacamos as seguintes questões nele inseridas:

a) **direito à saúde e direito à educação**: em razão da relevância de tais direitos, tanto que encartados no conceito de **mínimo existencial** (como se vê no ponto 26 deste livro), o conhecimento das normas constitucionais a eles relativos (arts. 196 a 200 e arts. 205 a 214, respectiva-

---

[396] É o caso, por exemplo, dos editais para ingresso nas carreiras de defensor público do Estado do Amazonas (ano 2012), Distrito Federal (ano 2013), Ceará (ano 2014) e Pernambuco (ano 2014).

mente) é de extrema importância para as provas, além das considerações que fizemos a respeito de tais direitos no **ponto 25** deste livro (no tópico "Direitos sociais em espécie"), ao qual remetemos o leitor;

b) no que se refere à **assistência social**, o entendimento consolidado pelo Supremo Tribunal Federal no sentido de flexibilizar o critério objetivo e único no art. 20, § 3º, da Lei n. 8.742/93 (que estabelece o critério econômico para fins de recebimento do benefício de prestação continuada a que alude o art. 203, V, da Constituição Federal), de forma a possibilitar a avaliação do real estado de miserabilidade social das famílias com entes idosos e deficientes[397];

c) as alterações recentes promovidas pela **Emenda Constitucional n. 71/2012** (Sistema Nacional de Cultura inserido no art. 216-A da Constituição) e pela **Emenda Constitucional n. 85/2015** (no capítulo destinado à Ciência, Tecnologia e **Inovação**);

d) os julgados do **Supremo Tribunal Federal** dando primazia à **vedação de práticas que submetam animais a crueldade** (art. 225, § 1º, VII, da Constituição Federal) em detrimento às manifestações culturais nelas envolvidas, como a **"farra do boi"**[398], a **"rinha ou briga de galo"**[399] e a **"vaquejada"**[400];

---

[397] Pleno, Rcl 4.374, Rel. Min. Gilmar Mendes, j. 18-4-2013, *DJE*-173, divulg. 3-9-2013.

[398] 2ª Turma, Recurso Extraordinário 153.531, Rel. para acórdão Min. Marco Aurélio, j. 3-6-1997, *DJ* 13-3-1998.

[399] Plenário, Ação Direta de Inconstitucionalidade 3.776, Rel. Min. Cezar Peluso, j. 14-6-2007, *DJ* 29-6-2007. No mesmo sentido: Plenário, Ação Direta de Inconstitucionalidade 1.856, Rel. Min. Celso de Mello, j. 26-5-2011, *DJE* 14-10-2011; e Plenário, Ação Direta de Inconstitucionalidade 2.514, Rel. Min. Eros Grau, j. 29-6-2005, *DJ* 9-12-2005.

[400] Plenário, Ação Direta de Inconstitucionalidade 4.983, Rel. Min. Marco Aurélio, j. 6-10-2016, *DJE* 26-4-2017, Informativo 842 de 27-4-2017. Sobre o tema, também merece destaque o teor do § 7º inserido ao art. 225 da Constituição Federal pela Emenda Constitucional n. 96 de 2017, nos seguintes termos: **Para fins do disposto na parte final do inciso VII do § 1º deste artigo, não se consideram cruéis as práticas desportivas que utilizem animais, desde que sejam manifestações culturais, conforme o § 1º do art. 215 desta Constituição Federal, registradas como bem de natureza imaterial integrante do patrimônio cultural brasileiro, devendo ser regulamentadas por lei específica que assegure o bem-estar dos animais envolvidos.** Por fim, é conveniente registrar que o Supremo Tribunal Federal considerou **constitucional** a Lei estadual n. 12.131/2004 do Rio Grande do Sul (lei de proteção animal) que, a fim de resguardar a liberdade religiosa, **permite o sacrifício ritual de animais em cultos de religiões de matriz africana**, tendo prevalecido, na hipótese, o comando do **art. 215, § 1º, da** Constituição Federal (que obriga o Estado a proteger as manifestações das culturas populares, indígenas e afro-brasileiras e das de outros grupos participantes do processo civilizatório nacional), bem como a liberdade de crença e o livre exercício dos

e) o teor da norma constitucional prevista no **art. 226 da Constituição Federal**, sempre sob a ótica de um **sentido plural** conferido à família (vez que condizente com a visão da defensoria pública sobre o tema), na linha adotada, inclusive, pelo Supremo Tribunal Federal ao reconhecer a **união homoafetiva**[401-402-403];

f) o teor do **art. 227 da Constituição Federal**, no qual se assenta a **prioridade absoluta** a ser conferida à criança, ao adolescente e ao jovem, que tem servido de fundamento pelo Supremo Tribunal Federal para, em diversos casos, legitimar o **controle jurisdicional de políticas públicas destinadas a conferir efetividade a essa norma constitucional**;

g) o reconhecimento da qualidade de **cláusula pétrea** ao **art. 228 da Constituição Federal** (que trata da **maioridade penal**), a impedir a sua modificação por meio de emenda constitucional, como se tem buscado por meio da Proposta de Emenda Constitucional n. 171/93 (cuja discussão tem sido intensa no Poder Legislativo), vez que reflete a posição oficial da entidade que representa a Defensoria Pública no cenário nacional **(Associação Nacional dos Defensores Públicos – Anadep)**, que em manifesto contrário à redução da maioridade penal intitulado

---

cultos religiosos assegurados pelo **art. 5º, inciso VI, da Constituição Federal** (Recurso Extraordinário 494.601, j. 28-3-2019 – Informativo 935 do STF).

[401] Arguição de Descumprimento de Preceito Fundamental 132, j. 5-5-2011, *DJE*-198, divulg. 13-10-2011.

[402] Veja o candidato que, mesmo antes dessa decisão do Supremo, constou na prova objetiva do **I Concurso da Defensoria do Estado de São Paulo, realizado em 2006, pela Fundação Carlos Chagas**, a seguinte afirmação a ser completada pelo candidato: "o reconhecimento de iguais direitos aos homossexuais e a igual valoração jurídica das relações afetivas e eróticas entre pessoas do mesmo sexo" [...]. No caso, a alternativa apontada como correta foi a de que tais questões decorrem do sistema constitucional de direitos e garantias fundamentais, que proíbe quaisquer formas de discriminação e garante a dignidade da pessoa humana. Essa alternativa, tida como correta, bem demonstra ao candidato (como temos feito ao longo desse trabalho) a importância conferida pelos certames da Defensoria tanto ao comando constitucional que veda a discriminação (art. 3º, IV), como aquele que assegura a dignidade da pessoa humana (art. 1º, IV).

[403] Poderá ainda o candidato mencionar que, em 26-6-2015, a **Suprema Corte dos Estados Unidos**, no caso "**Obergefell *vs* Hodges**", também reconheceu que a Constituição daquele país assegura o **casamento entre pessoas do mesmo sexo**. Em uma das passagens desse julgado, destacou a Corte: "[...] o direito de casais do mesmo sexo a casar também é decorrente da garantia da proteção da igualdade da Décima Quarta Emenda. A cláusula do devido processo legal e a cláusula da proteção à igualdade estão conectadas de uma maneira profunda [...]" (tradução livre do autor originalmente extraída do seguinte texto: "[...] the right of same-sex couples to marry is also derived from the Fourteenth Amendment's guarantee of equal protection. The Due Process Clause and the Equal Protection Clause are connected in a profound way [...]" (obtido por meio do acesso, em 30-6-2015, ao sítio: <http://www.supremecourt.gov/opinions/14pdf/14-556_3204.pdf>).

"Porque não à redução" assim fez constar: "[...] a imputabilidade a partir dos 18 anos, clausula pétrea prevista no art. 228 da Constituição Federal, constitui-se direito fundamental do cidadão, oponível frente ao Estado e como tal é insusceptível de qualquer reforma constitucional tendente a suprimi-lo, conforme dispõe art. 60, § 4º, IV, da CF. A liberdade é uma garantia constitucional e está vinculada ao princípio fundamental da dignidade da pessoa humana, especialmente em relação às crianças e adolescentes por sua condição de pessoa em desenvolvimento, a quem confere a Carta Magna prioridade de atenção pela família, pela sociedade e pelo Estado, nos termos do art. 227. Ademais, o Princípio Constitucional da Proibição do Retrocesso Social, implícito na Constituição brasileira de 1988, decorrente do sistema jurídico-constitucional pátrio, tem por escopo a vedação da supressão ou da redução de direitos fundamentais sociais, em níveis já alcançados e garantidos aos brasileiros [...]"[404].

22. `SÃO PAULO` DIREITOS E GARANTIAS FUNDAMENTAIS: CONCEITO, EVOLUÇÃO, ESTRUTURA, CARACTERÍSTICAS, FUNÇÕES, TITULARIDADE, DESTINATÁRIOS, COLISÃO E PONDERAÇÃO DE VALORES. TEORIA GERAL DAS GARANTIAS. DIREITOS FUNDAMENTAIS EM ESPÉCIE. CONFLITO DE DIREITOS FUNDAMENTAIS. RESTRIÇÕES A DIREITOS FUNDAMENTAIS. TEORIAS INTERNA E EXTERNA. O PRINCÍPIO DO RESPEITO AO CONTEÚDO ESSENCIAL DOS DIREITOS FUNDAMENTAIS. TEORIAS OBJETIVA E SUBJETIVA. TEORIAS ABSOLUTA E RELATIVA. O PRINCÍPIO DA PROPORCIONALIDADE: CONCEITO, ORIGEM, CONTEÚDO, ELEMENTOS E SUBPRINCÍPIOS. O PRINCÍPIO DA PROIBIÇÃO DO EXCESSO. O PRINCÍPIO DA PROIBIÇÃO DA PROTEÇÃO INSUFICIENTE. O PRINCÍPIO DA RAZOABILIDADE: CONCEITO, ORIGEM E CONTEÚDO. `PARANÁ` DIREITOS FUNDAMENTAIS. DIREITOS E GARANTIAS FUNDAMENTAIS. DIREITOS E DEVERES INDIVIDUAIS E COLETIVOS. DIREITOS

---

[404] Veja o candidato que esse tema foi objeto de questionamento no **VIII Concurso da Defensoria Pública de São Paulo realizado em 2019 pela Fundação Carlos Chagas**. O enunciado se referia à proposta n. 4/19 de Emenda à Constituição Federal em tramitação no Senado Federal para modificar o artigo 228 do texto constitucional e estabelecer a inimputabilidade dos menores de **16 anos**, tendo sido considerada como **correta** a alternativa no sentido de que o Poder Constituinte Reformador **tem limites materiais encontrados na proteção dos direitos e garantias individuais, que se encontram ao longo de toda a Constituição conforme entendimento do Supremo Tribunal Federal.**

INDIVIDUAIS: CONCEITO, EVOLUÇÃO, CLASSIFICAÇÃO, DESTINATÁRIOS, CA-
RACTERÍSTICAS E ESPÉCIES. DIMENSÕES OU GERAÇÕES DE DIREITOS FUN-
DAMENTAIS. COLISÃO DE DIREITOS FUNDAMENTAIS E TEORIA DA PONDE-
RAÇÃO DE VALORES. LIMITAÇÃO AOS DIREITOS FUNDAMENTAIS.
PROPORCIONALIDADE E RAZOABILIDADE. DIREITOS FUNDAMENTAIS E RE-
LAÇÕES PRIVADAS. DIREITOS INDIVIDUAIS EM ESPÉCIE. **RIO DE JANEIRO** DI-
REITOS E GARANTIAS CONSTITUCIONAIS

O ponto destinado aos direitos fundamentais recebe tratamento distinto pelos editais tomados como referência neste livro[405].

Enquanto o edital da Defensoria do Estado do Rio de Janeiro é bastante sintético e conjuga os "direitos" com as "garantias" constitucionais, os editais das Defensorias de São Paulo e Paraná **aprofundam** o tema atinente aos direitos fundamentais, além de **não tratarem no mesmo tópico e de forma específica** (mas apenas teórica) das **garantias**, o que faremos, por essa razão, no **ponto 23** desta obra.

Além disso, outros dois importantes esclarecimentos se fazem necessários acerca dos editais, os quais, numa certa medida, estão interligados.

O primeiro deles relaciona-se ao **edital do Paraná** que, por contemplar um ponto específico acerca dos "direitos sociais" (ponto 25 deste livro), faz menção, no ponto em estudo (ponto 22), aos **"direitos individuais"**, exigindo, no primeiro, os **"direitos sociais em espécie"** e, no segundo, os **"direitos individuais em espécie"**, além, é claro, de outros aspectos a ambos relacionados.

O segundo diz respeito ao **edital de São Paulo** que, embora preveja, como no Paraná, um ponto próprio destinado aos "direitos sociais" (ponto 25 deste livro), apenas se utiliza, neste ponto 22, da expressão **"direitos fundamentais em espécie"**, indicando que estaria nela abarcados os **direitos individuais e sociais**, até porque, ao contrário do Paraná, não exige os "direitos sociais em espécie" no ponto 25.

Todas essas considerações só têm um objetivo: indicar ao candidato que o ponto ora analisado dirá respeito aos **direitos fundamentais em geral** (incluindo os chamados **direitos individuais**, em sua maioria previstos nos incisos do art. 5º

---

[405] Trata-se de matéria inserida na "espinha dorsal" do direito constitucional, nos termos em que preconizamos no tópico "conteúdo" do direito constitucional no ponto 1 deste livro.

da Constituição Federal), bem como os aspectos **teóricos** de suas garantias, conforme os tópicos a seguir.

■ **Direitos e garantias fundamentais: conceito, evolução, estrutura, características, funções, titularidade, destinatários, colisão (conflito de direitos fundamentais) e ponderação de valores. Teoria geral das garantias**

Em razão das naturais limitações impostas à construção de um **conceito** de direitos fundamentais estritamente baseado no direito constitucional positivo (vale dizer, naquilo que o texto constitucional considera, formal e expressamente, como direito fundamental), a doutrina tem prestigiado a investigação do próprio **conteúdo** do direito em exame para que se possa concluir se este seria ou não dotado da nota de "fundamentalidade" (daí falar em **"fundamentalidade material"** em contraponto à "fundamentalidade formal").

Essa opção, inclusive, seria decorrente, entre outros fatores, da própria cláusula de abertura estabelecida pelo art. 5º, § 2º, da Constituição brasileira, que admite, além dos direitos fundamentais nela previstos expressamente, outros decorrentes do regime e dos princípios por ela adotados ou, ainda, dos tratados internacionais em que a República Federativa do Brasil seja parte.

Nesse sentido, há razoável consenso no sentido de que a presença do **princípio de dignidade da pessoa humana** no **conteúdo** de determinado direito o qualificaria como **fundamental.**

Desse modo, em um sentido material, os direitos e garantias fundamentais podem ser conceituados como "pretensões que, em cada momento histórico, se descobrem a partir da perspectiva do valor da dignidade humana"[406].

Como ressalta Ingo Wolfgang Sarlet, "os direitos fundamentais, ao menos de modo geral, podem (e assim efetivamente o são) ser considerados concretizações das exigências do princípio da dignidade da pessoa humana"[407].

DICA DO AUTOR : Como já apontamos no **ponto 4** deste livro, o **princípio da dignidade da pessoa humana** (art. 1º, III, da Constituição Federal) ocupa papel central em todas as disciplinas constantes nos certames da Defensoria,

---

[406] MENDES, Gilmar Ferreira; COELHO, Inocêncio Mártires; e BRANCO, Paulo Gustavo Gonet. *Curso de direito constitucional*. São Paulo: Saraiva, 2007, p. 227.

[407] *A eficácia dos direitos fundamentais*. 9. ed. rev. atual. e ampl. Porto Alegre: Livraria do Advogado, 2008, p. 119.

sobretudo no direito constitucional aqui tratado, devendo o candidato sempre buscar identificar, em suas respostas, a possibilidade de sua invocação como fundamento da questão formulada.

Com o propósito de auxiliar o candidato na abordagem desse princípio, elencamos os principais pontos a ele relativos:

a) **origem:** Ana Paula de Barcellos sistematizou os seguintes marcos históricos do princípio: i) o **Cristianismo**, sobretudo na ideia de "amar ao próximo como a si mesmo"; ii) o **Iluminismo**, assentando a ideia do ser humano enquanto centro do universo e não mais a religião; iii) o **pensamento kantiano**, vislumbrando o homem como fim em si mesmo e não como meio para se atingir algo[408]; e iv) os **horrores promovidos durante a 2ª Guerra Mundial**, dando impulso, após a barbárie verificada nos regimes fascista e nazista, à consagração da dignidade no plano internacional[409];

b) **fundamento e supraprincípio:** enquanto fundamento previsto no texto constitucional, ao longo do qual é densificado (em especial no que se refere, como vimos, aos direitos fundamentais), ilumina todos os demais princípios e normas constitucionais e infraconstitucionais, razão pela qual, como adverte Luiz Antônio Rizzatto Nunes, não pode ser desconsiderado em nenhum ato de interpretação, aplicação ou criação de normas jurídicas[410];

c) **conceito:** entendemos que um dos conceitos mais completos do princípio é aquele desenvolvido por Ingo Wolfgang Sarlet, segundo o qual "temos por dignidade da pessoa humana a qualidade intrínseca e dis-

---

[408] De acordo com Immanuel Kant, as coisas teriam um preço, ao passo que as pessoas, dignidade. Segundo o filósofo, "no reino dos fins, tudo tem ou um preço ou uma dignidade. Quando uma coisa tem preço, pode ser substituída por algo equivalente; por outro lado, a coisa que se acha acima de todo preço, e por isso não admite qualquer equivalência, compreende uma dignidade [...] o que se faz condição para alguma coisa que seja fim em si mesma, isso não tem simplesmente valor relativo ou preço, mas um valor interno, e isso quer dizer, dignidade. Ora, a moralidade é a única condição que pode fazer de um ser racional um fim em si mesmo, pois só por ela lhe é possível ser membro legislador do reino dos fins. Por isso, a moralidade e a humanidade enquanto capaz de moralidade são as únicas coisas providas de dignidade" (*Fundamentação da metafísica dos costumes e outros escritos*. Trad. Leopoldo Holzbach. São Paulo: Martin Claret, 2004, p. 65).

[409] *A eficácia jurídica dos princípios constitucionais. O princípio da dignidade da pessoa humana.* Rio de Janeiro: Renovar, 2002, p. 104 e s.

[410] *O princípio constitucional da dignidade da pessoa humana – doutrina e jurisprudência.* 2. ed. rev. e ampl. São Paulo: Saraiva, 2009, p. 53.

tintiva reconhecida em cada ser humano que o faz merecedor do mesmo respeito e consideração por parte do Estado e da comunidade, implicando, nesse sentido, um complexo de direitos e deveres fundamentais que assegurem a pessoa tanto contra todo e qualquer ato de cunho degradante e desumano, como venham a lhe garantir as condições existenciais mínimas para uma vida saudável, além de propiciar e promover sua participação ativa e corresponsável nos destinos da própria existência e da vida em comunhão com os demais seres humanos"[411].

De se ressaltar que no **I Concurso da Defensoria do Estado de São Paulo, realizado em 2006, pela Fundação Carlos Chagas**, o candidato foi questionado, na fase objetiva, acerca do princípio em exame, tendo sido considerada correta a resposta no sentido de que a dignidade da pessoa, "por ser fundamento e princípio constitucional estruturante é densificada ao longo do texto constitucional".

Quanto à **evolução** dos direitos fundamentais, podemos apontar como determinantes os seguintes momentos:

a) **cristianismo:** o qual, pregando que o homem seria criado à imagem e semelhança de Deus, contribuiu para o reconhecimento da dignidade do ser humano;

b) **teorias contratualistas:** ao reconhecer a existência de direitos decorrentes da natureza humana e, portanto, preexistentes ao próprio Estado;

c) **Declaração de Direitos do Bom Povo de Virgínia de 1776 e Declaração de Direitos do Homem e do Cidadão de 1789:** ao elencarem alguns direitos inatos aos seres humanos e imprescritíveis.

O resultado desses acontecimentos foi a mudança de concepção sobre a relação entre os indivíduos e o Estado, conferindo-se primazia aos primeiros, enquanto titulares de direitos que devem ser respeitados pelo segundo, ocasião em que os direitos fundamentais passaram a ocupar papel de destaque.

Além disso, o processo histórico pelo qual passou os direitos fundamentais também sinaliza para a sua classificação em, basicamente, **três gerações**, quais sejam:

---

[411] *Dignidade da pessoa humana e direitos fundamentais na Constituição Federal de 1988.* 6. ed. rev. e atual. Porto Alegre: Livraria do Advogado, 2008, p. 63.

a) **direitos de primeira geração**: próprios do Estado liberal, asseguram, mediante a abstenção do Estado (daí a razão para serem chamados de **direitos negativos**), uma esfera de liberdade e autonomia aos indivíduos individualmente considerados, como ocorre com o direito à inviolabilidade do sigilo das correspondências (art. 5º, XII, da Constituição Federal); à livre manifestação do pensamento (art. 5º, IV, da Constituição Federal), entre outros;

b) **direitos de segunda geração**: são os denominados **direitos positivos**, na medida em que exigem uma atuação efetiva do Estado para assegurá-los, tendo sua origem identificada com o Estado social (exemplos: os direitos à moradia; à saúde e à educação previstos no art. 6º da Constituição Federal);

c) **direitos de terceira geração**: são aqueles cuja titularidade é difusa ou coletiva, como o direito à paz, ao desenvolvimento, ao meio ambiente ecologicamente equilibrado (art. 225, *caput*, da Constituição Federal), entre outros.

Sobre esse assunto, a doutrina costuma alertar que o emprego da expressão "gerações" destina-se apenas a identificar os diferentes momentos históricos nos quais surgiram, não devendo conduzir a uma conclusão equivocada no sentido de que o surgimento de uma geração de direitos fundamentais extirpar-se-ia aquela que lhe antecedeu. Daí a preferência de alguns juristas pelo vocábulo "dimensões" (e não gerações) dos direitos fundamentais.

Partindo para as **características** dos direitos fundamentais, podem elas ser sintetizadas em cinco:

a) **historicidade**: decorrem de processos e conquistas históricas, não necessariamente contínuos;

b) **universalidade**: destinam-se a todos os seres humanos;

c) **relatividade ou limitabilidade**: não são absolutos, comportando limitações em certas hipóteses;

d) **concorrência**: são cumulativos, podendo uma só pessoa deter diversos direitos fundamentais em determinada situação;

e) **irrenunciabilidade**: não são suscetíveis de renúncia, ainda que seu titular possa não exercê-lo.

Já os estudos relativos às **funções** desempenhadas pelos direitos fundamentais, que levam em conta a **estrutura** de cada um deles, parte da clássica teoria dos quatro *status* de Jellinek. Segundo ela, o indivíduo, em sua relação com o Estado, pode se encontrar nas seguintes situações (*status*):

a) *status subjectionis* **ou passivo:** quando o indivíduo detém deveres para com o Estado, estando a ele subordinado;

b) *status* **negativo:** em casos nos quais a esfera de liberdade a ser desfrutada pelo indivíduo exige uma abstenção do Estado;

c) *status civitatis* **ou positivo:** verificada naquelas hipóteses em que o indivíduo tem o direito de exigir uma prestação do Estado;

d) *status* **ativo:** representado por aquela situação na qual o indivíduo possa influir sobre a formação da vontade do Estado.

Como se vê, a depender da situação acima na qual o indivíduo se encontre, o direito fundamental exercerá uma determinada função a ela correspondente, donde se extrai os seguintes:

a) **direitos de defesa:** cuja função é salvaguardar o indivíduo de ingerências externas do Estado (como ocorre com os direitos negativos que vimos acima);

b) **direitos a prestação:** que têm por escopo, na linha do que sublinhamos acerca dos direitos positivos, exigir do Estado uma prestação, seja jurídica (no sentido de o Estado editar normas que protejam determinado bem jurídico), seja material (assegurando determinado bem ou serviço concreto ao indivíduo);

c) **direitos de participação:** destinados a garantir a participação dos cidadãos na formação da vontade do Estado (por meio do voto, por exemplo).

Ainda sobre o tema das funções dos direitos fundamentais, cabe apontar a classificação destes em duas dimensões, a saber:

a) **subjetiva:** identificada como a possibilidade de o titular impor judicialmente seus interesses juridicamente tutelados perante o destinatário[412];

b) **objetiva:** vislumbrando os direitos fundamentais enquanto um sistema de valores que formam a base do ordenamento jurídico e servem de norte para a ação de todos os poderes constituídos[413].

---

[412] SARLET, Ingo Wolfgang. *A eficácia dos direitos fundamentais.* 9. ed. rev. atual. e ampl. Porto Alegre: Livraria do Advogado, 2008, p. 168.

[413] MENDES, Gilmar Ferreira; COELHO, Inocêncio Mártires; e BRANCO, Paulo Gustavo Gonet. *Curso de direito constitucional.* São Paulo: Saraiva, 2007, p. 256.

Outro assunto relevante acerca dos direitos fundamentais e igualmente previsto neste ponto do edital relaciona-se aos seus **titulares** (vale dizer, aquela pessoa detentora de certo direito) e **destinatários** (enquanto a pessoa em face da qual o titular pode exigir determinado direito).

No que diz respeito à **titularidade** de direitos fundamentais, discute-se, basicamente, se haveria essa possibilidade em duas hipóteses: **estrangeiros não residentes no País** e **pessoas jurídicas**.

No primeiro caso, não obstante a literalidade do art. 5º, *caput*, da Constituição Federal indicar que os direitos fundamentais seriam assegurados aos brasileiros e aos estrangeiros **residentes** no País, a doutrina costuma acolher, como titular, também os estrangeiros não residentes (como no caso de um turista, por exemplo), trazendo como fundamentos tanto o princípio da dignidade da pessoa humana, como o comando do art. 5º, § 1º, da Constituição brasileira no sentido de conferir a máxima efetividade possível a tais direitos.

Também há aqueles que são adeptos a essa possibilidade, mas por fundamento distinto, qual seja: a expressão "residentes" estaria a indicar tão somente um critério espacial, denotando que o exercício dos direitos fundamentais se daria dentro do Território Nacional[414].

Sobre esse ponto, o **Supremo Tribunal Federal** já decidiu que:

> [...] o súdito estrangeiro, mesmo o não domiciliado no Brasil, tem plena legitimidade para impetrar o remédio constitucional do *habeas corpus*, em ordem a tornar efetivo, nas hipóteses de persecução penal, o direito subjetivo, de que também é titular, à observância e ao integral respeito, por parte do Estado, das prerrogativas que compõem e dão significado à cláusula do devido processo legal. – A condição jurídica de não nacional do Brasil e a circunstância de o réu estrangeiro não possuir domicílio em nosso país não legitimam a adoção, contra tal acusado, de qualquer tratamento arbitrário ou discriminatório. Precedentes. – Impõe-se, ao Judiciário, o dever de assegurar, mesmo ao réu estrangeiro sem domicílio no Brasil, os direitos básicos que resultam do postulado do devido processo legal, notadamente as prerrogativas inerentes à garantia da ampla defesa, à garantia do contraditório, à igualdade entre as partes perante o juiz natural e à garantia de imparcialidade do magistrado processante [...][415].

---

[414] Nesse sentido, os posicionamentos de Celso Ribeiro Bastos (*Curso de direito constitucional*. 18. ed., amp. e atual. São Paulo: Saraiva, 1997, p. 178) e Pinto Ferreira (*Comentários à Constituição brasileira*. São Paulo: Saraiva, 1989, v. 1, p. 59 e 60).

[415] *Habeas Corpus* 94.016, Rel. Min. Celso de Mello, j. 16-9-2008.

Veja o candidato que essa questão foi cobrada na prova objetiva do **Concurso da Defensoria do Estado do Espírito Santo, realizado em 2009, pelo Cespe**, considerando como **correta** a seguinte afirmação: **"considere que o estrangeiro Paul, estando de passagem pelo Brasil, tenha sido preso e pretenda ingressar com *habeas corpus* visando questionar a legalidade da sua prisão. Nesse caso, conforme precedente do STF, mesmo sendo estrangeiro não residente no Brasil, Paul poderá valer-se dessa garantia constitucional"**.

Ainda sobre o tema, cabe ressaltar que o Supremo Tribunal Federal consignou o entendimento no sentido de que somente os estrangeiros **residentes** no País são beneficiários da assistência social prevista no art. 203, inciso V, da Constituição Federal, uma vez atendidos os requisitos constitucionais e legais[416].

Na segunda hipótese, também advogam os doutrinadores pela possibilidade, em princípio, de as pessoas jurídicas serem titulares de direitos fundamentais, lembrando que alguns deles estão, inclusive, diretamente relacionados a elas (como o direito à propriedade das marcas, por exemplo, previsto no art. 5º, XXIX, da Constituição da República). A única e natural ressalva, nesse ponto, diria respeito àqueles direitos fundamentais não suscetíveis, por sua natureza, de serem exercidos por pessoas jurídicas.

DICA DO AUTOR : Nesse tema, recomendamos que o candidato compartilhe do posicionamento favorável à titularidade de direitos fundamentais por estrangeiros não residentes e pessoas jurídicas, na linha e pelos fundamentos acima delineados, por se revelar favorável e ampliativa em relação aos direitos fundamentais e à efetividade de suas normas, o que, de resto, vale para os demais aspectos relativos aos direitos fundamentais.

Em se tratando dos **destinatários** dos direitos fundamentais, na medida em que suscita o debate a respeito da pessoa em face da qual o titular pode exigir certo direito (que normalmente é o Estado), ganha relevo a discussão sobre a possibilidade de o particular também o ser, remetendo ao tema da eficácia horizontal dos direitos fundamentais. Todavia, diante da importância desse assunto para os certames da Defensoria, optamos por tratá-lo, com mais profundidade, em tópico próprio (ainda neste ponto) mais à frente, sob o título "Direitos fundamentais e relações privadas".

---

[416] Informativo 861; Recurso Extraordinário 587.970, Repercussão Geral, Tema 173.

Na sequência, os editais das Defensorias paulista e paranaense preveem a **colisão (ou conflito) de direitos fundamentais e a ponderação de valores.**

Com efeito, a utilização da **ponderação** pelo intérprete e aplicador da Constituição apresenta-se de extrema valia e utilidade quando se verifica, no caso concreto, uma colisão (ou conflito) de direitos fundamentais, a justificar essa interligação feita por tais editais entre a ponderação e o conflito de direitos fundamentais.

Eis a razão, aliás, para Jane Reis Gonçalves Pereira conceituar a ponderação como:

> a operação hermenêutica pela qual são contrabalançados bens ou interesses constitucionalmente protegidos que se apresentem em conflito em situações concretas, a fim de determinar, à luz das circunstâncias do caso, em que medida cada um deles deverá ceder ou, quando seja o caso, qual deverá prevalecer[417].

Nessa linha, a autora afirma que a ponderação, enquanto técnica de decisão,

> identifica-se com a aplicação do princípio da proporcionalidade em sentido estrito, que determina que se coloquem em equação os ônus e as vantagens que defluem da tutela total ou parcial de cada um dos bens jurídicos em conflito. Em outros termos, o princípio da proporcionalidade em sentido estrito estabelece um comando de ponderação[418].

E mais à frente conclui a jurista:

> a necessidade de utilizar a ponderação decorre não só da insuficiência dos critérios clássicos de solução de antinomias, mas, sobretudo, do fato de que os métodos tradicionais de interpretação também não viabilizam soluções satisfatórias em grande parte das questões constitucionais controvertidas. Por isso, a ponderação deve ser entendida como um procedimento hermenêutico complementar – e, em certos casos, alternativo – aos métodos tradicionais de interpretação.

Em arremate, é válido registrar a observação feita por Cláudio Pereira de Souza Neto e Daniel Sarmento quanto a três contextos diferentes em que a ponderação judicial pode incidir:

---

[417] *Interpretação constitucional e direitos fundamentais:* uma contribuição ao estudo das restrições aos direitos fundamentais na perspectiva da teoria dos princípios. Rio de Janeiro: Renovar, 2006, p. 261.

[418] PEREIRA, Jane Reis Gonçalves. *Interpretação constitucional e direitos fundamentais:* uma contribuição ao estudo das restrições aos direitos fundamentais na perspectiva da teoria dos princípios. Rio de Janeiro: Renovar, 2006, p. 266-267.

no primeiro, o Poder Judiciário é provocado para analisar a validade de uma ponderação já realizada por terceiros – em geral, pelo legislador – o que pode ocorrer tanto em sede de controle abstrato de normas quanto na análise de caso concreto. No segundo, existe um conflito entre normas constitucionais, mas não há nenhuma ponderação prévia realizada por terceiros. Aqui, o juiz tem a primeira palavra na ponderação, e não apenas examina a validade de algum sopesamento extrajudicial feito anteriormente. Na terceira hipótese, o próprio legislador infraconstitucional remete ao Judiciário a tarefa de avaliar, em cada caso concreto, a solução correta para o conflito entre interesses constitucionais colidentes, seguindo determinadas diretrizes, pressupostos e procedimentos que ele fixou[419].

Por fim, em se tratando dos **aspectos teóricos** acerca das **garantias** (as quais serão analisadas de modo específico no próximo ponto deste livro), incumbe-nos, desde já, trazer ao candidato a distinção entre os direitos fundamentais e as garantias fundamentais: enquanto os primeiros encerram disposições declaratórias, as segundas identificam os instrumentos (ações constitucionais) destinados a salvaguardar aqueles.

Assim, é possível afirmar, por exemplo, que ao lado do direito à locomoção há a garantia do *habeas corpus*, enquanto instrumento destinado a assegurar aquele.

Nesse diapasão, não se deve confundir as garantias fundamentais acima estudadas com as chamadas **garantias institucionais** que, segundo a doutrina:

> resultam da percepção de que determinadas instituições (direito público) ou institutos (direito privado) desempenham papel de tão elevada importância na ordem jurídica que devem ter o seu núcleo essencial (as suas características elementares) preservado da ação erosiva do legislador. O seu objeto é constituído de um complexo de normas jurídicas, de ordem pública e privada. A garantia da família (art. 226) e a da autonomia da universidade (art. 207) exemplificam essa categoria de normas entre nós[420].

■ Direitos fundamentais individuais em espécie

Na medida em que os "direitos fundamentais sociais em espécie" são objeto de tópico próprio inserido no ponto 25 deste livro, reservaremos o presente

---

[419] SOUZA NETO, Cláudio Pereira de; SARMENTO, Daniel. *Direito constitucional:* teoria, história e métodos de trabalho. 2. ed. Belo Horizonte: Fórum, 2014, p. 516.

[420] MENDES, Gilmar Ferreira; COELHO, Inocêncio Mártires; e BRANCO, Paulo Gustavo Gonet. *Curso de direito constitucional.* São Paulo: Saraiva, 2007, p. 259.

tópico aos chamados "direitos fundamentais individuais", previstos, essencialmente, nos incisos do art. 5º da Constituição Federal.

Contudo, diante dos limites impostos ao propósito desta obra e da ampla gama de direitos fundamentais encartados na referida norma constitucional, formularemos, a partir desse momento, um rol daqueles direitos que, a nosso ver, guardariam maior pertinência aos certames da Defensoria Pública, tecendo breves comentários a respeito, como forma de otimizar os estudos do candidato (que não deve, por evidente, limitar seus estudos ao presente rol, mas apenas utilizá-lo como uma diretriz para um estudo mais focado):

a) **direito à vida (art. 5º,** *caput***)**: que desperta intensa divergência, na medida em que o texto constitucional foi silente quanto aos marcos que indicariam o seu começo e fim, o que foi discutido no Supremo Tribunal Federal ao assentar a possibilidade de **uso de células-tronco embrionárias em pesquisas científicas para fins terapêuticos** (ADI 3.510), bem como do **aborto de feto anencefálico** (ADPF 54);

b) **princípio da igualdade (art. 5º,** *caput***)**: não só sob o prisma de uma **igualdade formal** (no sentido de vedar desigualdades), como também, e especialmente, no sentido de **igualdade material**[421] (de modo a promover políticas públicas aptas a atingir um tratamento efetivamente igualitário em determinado segmento), representado por "ações afirmativas" (ou "discriminação positiva"), como, por exemplo, o estabelecimento de "cotas" fundadas em critérios econômicos ou étnicos-raciais para o ingresso em concursos públicos[422];

c) **direito à livre manifestação do pensamento (art. 5º, IV) e direito de reunião (art. 5º, XVI)**: os quais serviram de fundamento, pelo Supremo Tribunal Federal, para assegurar o exercício das chamadas "Marchas da

---

[421] Aqueles que sustentam a adoção do princípio da igualdade material pelo texto constitucional a fundamentam com base nos arts. 3º, III; 7º, XX; 37, VIII; 170, VII, entre outros da Constituição brasileira.

[422] De se observar que, em 20-11-2014, o Conselho Superior da Defensoria de São Paulo decidiu, por maioria, a possibilidade de previsão de cotas étnico-raciais (negros, pardos e índios), no patamar de 20%, nos concursos públicos destinados ao provimento de cargos de defensor público naquele Estado. Ademais, o Supremo Tribunal Federal já reconheceu que o estabelecimento de cotas prestigia o princípio da igualdade material (Plenário, ADPF 186, Rel. Min. Ricardo Lewandowski, j. 26-4-2012, *DJE* 20-10-2014). No mesmo sentido: Plenário, RE 597.285, Rel. Min. Ricardo Lewandowski, j. 9-5-2012, *DJE* 18-3-2014, com repercussão geral.

Maconha" (ADI 4.274 e ADPF 187). Também envolvendo a liberdade de manifestação de pensamento (além do pluralismo de ideias e da autonomia universitária), a mesma Corte considerou **inconstitucionais** atos judiciais ou administrativos emanados de autoridade pública que possibilitem, determinem ou promovam o ingresso de agentes públicos em universidades públicas e privadas, o recolhimento de documentos, a interrupção de aulas, debates ou manifestações de docentes e discentes universitários, a atividade disciplinar docente e discente e a coleta irregular de depoimentos desses cidadãos pela prática de manifestação livre de ideias e divulgação do pensamento em ambientes universitários ou em equipamentos sob a administração de universidades públicas e privadas e serventes a seus fins e desempenhos (ADPF 548, j. 31-10-2018 – Informativo 922 do STF);

d) **direito à intimidade e privacidade (art. 5º, X):** devendo o candidato estar atento à discussão que envolve a alegação de **inconstitucionalidade do art. 28 da Lei de Drogas (Lei n. 11.343/2006)** por violação ao **direito à intimidade** (enquanto expressão da autonomia de vontade assegurada pelo princípio da dignidade da pessoa humana), que teve a repercussão geral reconhecida pelo Supremo Tribunal Federal nos seguintes termos: "**Constitucional. 2. Direito Penal. 3. Constitucionalidade do art. 28 da Lei n. 11.343/2006. 3. Violação do art. 5º, X, da Constituição Federal. 6. Repercussão geral reconhecida**" (RE **635.659 RG, Rel. Min. Gilmar Mendes, j. 8-12-2011**)[423];

e) **direito à liberdade de expressão (art. 5º, IX):** que serviu como um dos fundamentos (ao lado dos arts. 5º, IV, V, IX e XIV, e 220 da Constituição) para que o Supremo Tribunal Federal decidisse pela inexigibilidade de consentimento de pessoa biografada relativamente a obras biográficas literárias ou audiovisuais, assim como, no caso de pessoas falecidas ou ausentes, da autorização de pessoas retratadas como coad-

---

[423] Essa discussão ganha uma importância ainda maior para fins de certames da Defensoria, na medida em que foi veiculada matéria no jornal *Estado de São Paulo* (edição de 10-6-2015, p. A-14) no sentido de que a Defensoria Pública do Rio de Janeiro teria orientado expressamente os defensores públicos daquele Estado a arguir a inconstitucionalidade desse dispositivo legal por violar o direito fundamental à intimidade. Constou na mesma matéria jornalística, no que se refere à Defensoria de São Paulo, que não haveria orientação expressa em tal sentido, embora tenha sido informado que os defensores paulistas costumam fazer essa mesma alegação nos processos criminais em que atuam.

juvantes ou de familiares (**ADI 4.815/DF, Rel. Min. Cármen Lúcia, j. 10-6-2015 – Informativo 789 do Supremo Tribunal Federal**). Também envolvendo a liberdade de expressão, além da liberdade religiosa, convém anotar o entendimento fixado pelo Supremo Tribunal Federal acerca da inconstitucionalidade de dispositivo legal que proíbe, no âmbito da programação das emissoras de radiodifusão comunitária, a prática de proselitismo, ou seja, a transmissão de conteúdo tendente a converter pessoas a uma doutrina, sistema, religião, seita ou ideologia, desde que sem incitação ao ódio e sem discriminação (ADI 2.566, Rel. Min. Alexandre de Moraes, j. 16-5-2018, Informativo 902);

f) **direito à inviolabilidade de domicílio (art. 5º, XI):** levando-se em consideração, principalmente, a interpretação extensiva ao termo "casa" (tal como reconhecido pelo Supremo Tribunal Federal[424]), de modo a abranger as habitações rudimentares (como "barracos") das pessoas carentes;

g) **direito de associação (art. 5º, XXI):** sobretudo levando em consideração o entendimento fixado pelo Supremo Tribunal Federal a respeito da exigência de **autorização específica** dos associados para que a associação possa ingressar com ação em juízo representando aqueles (o que foi por nós abordado no **ponto 23**, quando da análise do mandado de segurança coletivo, ao qual remetemos o leitor);

h) **direito de amplo acesso ao Poder Judiciário (art. 5º, XXXV) e à prestação pelo Estado da assistência jurídica integral e gratuita aos necessitados (art. 5º, LXXIV):** uma vez que a Defensoria é a instituição responsável pela prestação da assistência jurídica aos carentes, de modo a lhes conferir amplo acesso ao Poder Judiciário (a indicar sempre essa conjugação, a ser feita pelo candidato, entre os incisos XXXV e LXXIV do art. 5º), merecendo destaque, a esse respeito, todos os julgados do Supremo Tribunal Federal aos quais nos referimos no **ponto 17** deste livro[425];

---

[424] Como já consignou esse Tribunal: "[...] conceito de 'casa', para os fins da proteção jurídico-constitucional a que se refere o art. 5º, XI, da Lei Fundamental, reveste-se de caráter amplo, pois compreende, na abrangência de sua designação tutelar, (a) qualquer compartimento habitado, (b) qualquer aposento ocupado de habitação coletiva e (c) qualquer compartimento privado onde alguém exerce profissão ou atividade [...]" (RE 251.445, Rel. Min. Celso de Mello, *DJ* 3-8-2000).

[425] Cabe lembrar ainda o teor da Súmula 667 do Supremo Tribunal Federal: "viola a garantia constitucional de acesso à jurisdição a taxa judiciária calculada sem limite sobre o valor da causa".

i) **princípio do devido processo legal (art. 5º, LIV) e seus corolários da ampla defesa e contraditório (art. 5º, LV):** sobretudo em seus aspectos formal e material, este último associado aos princípios da **proporcionalidade e razoabilidade** (por nós examinados em tópico próprio mais à frente, inserido neste mesmo **ponto 22** do livro, ao qual remetemos o leitor);

j) **princípio da presunção de inocência (art. 5º, LVII):** sendo importante destacar a **Proposta de Súmula Vinculante 116** apresentada pelo **defensor público geral federal,** que foi assim formulada: "**é vedada a consideração de inquéritos policiais e ações penais em curso para a configuração de maus antecedentes**"[426]. Também impende anotar, nesse ponto, a decisão proferida pelo Supremo Tribunal Federal no sentido de que a possibilidade de início da execução da pena condenatória após a confirmação da sentença em segundo grau não ofende o princípio constitucional da presunção de inocência[427].

■ **Limitação (restrições) aos direitos fundamentais. Teorias interna e externa. O princípio do respeito ao conteúdo essencial dos direitos fundamentais. Teorias objetiva e subjetiva. Teorias absoluta e relativa**

A análise das restrições aos direitos fundamentais envolve, necessariamente, a identificação do âmbito de proteção de tais direitos, havendo, a esse respeito, duas teorias:

a) **teoria externa:** pela qual as restrições seriam externas ao conceito desses direitos, tratando-se de categorias autônomas;

b) **teoria interna:** segundo a qual o conteúdo de um direito só poderia ser definido quando confrontado com outros direitos, não havendo de se falar em restrição.

Ademais, o tema em estudo remete aos chamados "limites imanentes" ou "limite dos limites" (*Schranken-Schranken*), entendidos como os limites às restrições aos direitos fundamentais. Como exemplo de "limites dos limites" te-

---

[426] Vale lembrar que esse tema teve a repercussão geral reconhecida pelo Supremo Tribunal Federal em 17-12-2014 no Recurso Extraordinário 591.054/SC e também é objeto da Súmula 444 do Superior Tribunal de Justiça, segundo a qual: "É vedada a utilização de inquéritos policiais e ações penais em curso para agravar a pena-base".

[427] Plenário, *Habeas Corpus* 126.292/SP, Rel. Min. Teori Zavascki, j. 17-2-2016 e Ações Declaratórias de Constitucionalidade 43 e 44, cujas cautelares foram indeferidas por maioria dos membros do Supremo em 5-10-2016.

mos o princípio da proporcionalidade, o princípio da reserva legal, o princípio do respeito ao conteúdo essencial dos direitos fundamentais, entre outros. O último deles recebe especial enfoque no edital da Defensoria de São Paulo, razão pela qual passamos a analisá-lo.

Segundo o **princípio do respeito ao conteúdo essencial dos direitos fundamentais**, veda-se o esvaziamento do conteúdo essencial (enquanto núcleo inviolável) dos direitos fundamentais pelo Estado, especialmente pelo legislador.

Trata-se de um princípio que, embora não previsto expressamente pela Constituição brasileira, decorre da supremacia das normas constitucionais, do sistema de Constituição rígida[428] e do art. 60, § 4º, IV, de nosso texto constitucional[429].

A seu respeito, há as **teorias objetiva e subjetiva**. Enquanto na primeira se compreende o conteúdo essencial dos direitos fundamentais como uma instituição jurídica objetiva, protegendo o texto constitucional como um todo (e não os direitos subjetivos que dele decorrem), a segunda sustenta que se deve proteger o conteúdo essencial levando-se em consideração a dimensão subjetiva dos direitos fundamentais (ou seja, as posições jurídicas individuais analisadas em cada caso).

Em se tratando do alcance desse conteúdo essencial, também surgem outras duas teorias: a **absoluta e a relativa**. De acordo com a primeira, o conteúdo essencial consistiria em uma garantia absoluta, abstrata e intangível, não admitindo restrição em qualquer hipótese. A segunda, por sua vez, prega a ideia de que o conteúdo essencial deve ser definido em cada caso, exigindo-se a justificativa da restrição ao direito fundamental, que deverá atender ao princípio da proporcionalidade.

■ Proporcionalidade e razoabilidade. O princípio da proporcionalidade: conceito, origem, conteúdo, elementos e subprincípios. O princípio da proibição do excesso. O princípio da proibição da proteção insuficiente. O princípio da razoabilidade: conceito, origem e conteúdo

Enquanto o **princípio da proporcionalidade** originou-se no direito administrativo da Alemanha para controlar a discricionariedade administrativa; o

---

[428] PEREIRA, Jane Reis Gonçalves. *Interpretação constitucional e direitos fundamentais:* uma contribuição ao estudo das restrições aos direitos fundamentais na perspectiva da teoria dos princípios. Rio de Janeiro: Renovar, 2006, p. 376.

[429] MENDES, Gilmar Ferreira; COELHO, Inocêncio Mártires; e BRANCO, Paulo Gustavo Gonet. *Curso de direito constitucional.* São Paulo: Saraiva, 2007, p. 309.

princípio da razoabilidade surgiu nos Estados Unidos, como decorrência do devido processo legal em seu sentido material, para controlar a compatibilidade das leis e atos normativos com a Constituição.

Não obstante a origem diversa de cada um desses princípios, muitos doutrinadores deixam de diferenciá-los em razão da proximidade de seus significados. Como diz Luís Roberto Barroso: "um e outro abrigam os mesmos valores subjacentes: racionalidade, justiça, medida adequada, senso comum, rejeição aos atos arbitrários ou caprichosos. Por essa razão, razoabilidade e proporcionalidade são conceitos próximos o suficiente para serem intercambiáveis, não havendo maior proveito metodológico ou prático na distinção"[430].

Ainda assim, como os editais da Defensoria de São Paulo e do Paraná mencionam ambos, buscaremos aqui conferir tratamento diferenciado a esses princípios, abordando primeiro o princípio da razoabilidade para, em seguida, tratar do princípio da proporcionalidade.

Apesar de rechaçar, como vimos, a distinção entre tais princípios, Barroso traz interessante definição a respeito, especificamente, do **princípio da razoabilidade**. Segundo ele, esse princípio consiste:

> em um mecanismo para controlar a discricionariedade legislativa e administrativa. Trata-se de um parâmetro de avaliação dos atos do Poder Público para aferir se eles estão informados pelo valor superior inerente a todo ordenamento jurídico: a justiça. Mas fácil de ser sentido do que conceituado, o princípio habitualmente se dilui num conjunto de proposições que não o libertam de uma dimensão bastante subjetiva. É razoável o que seja conforme à razão, supondo equilíbrio, moderação, harmonia; o que não seja arbitrário ou caprichoso; o que corresponda ao senso comum, aos valores vigentes em dado momento ou lugar[431].

O **princípio da proporcionalidade**, a seu turno, pode ser dividido em **três elementos (ou subprincípios)** que, conjuntamente, o identificam: **a) adequação** (as medidas tomadas devem ser aptas para atingir o fim por elas perseguido); **b) necessidade** (inexistência de outro meio menos gravoso para atingir a

---

[430] *O direito constitucional e a efetividade de suas normas. Limites e possibilidades da Constituição brasileira.* 9. ed. rev. e atual. Rio de Janeiro: Renovar, 2009, p. 258.

[431] *O direito constitucional e a efetividade de suas normas. Limites e possibilidades da Constituição brasileira.* 9. ed. rev. e atual. Rio de Janeiro: Renovar, 2009, p. 259.

finalidade perquirida); **c) proporcionalidade em sentido estrito** (legitimidade dos meios utilizados e dos fins perseguidos pelo legislador).

Embora não estejam expressos em nossa Constituição, a doutrina e a jurisprudência pátrias entendem que os princípios da razoabilidade e proporcionalidade dela decorrem, constituindo importante vetor interpretativo especialmente em sede de controle de constitucionalidade das leis e, como vimos, nas hipóteses de colisão entre direitos fundamentais.

Uma última nota cabe acerca do princípio da proporcionalidade. Tradicionalmente, referido princípio foi concebido como um limite ao arbítrio do Estado, identificando-se, nesse sentido, como **princípio da proibição do excesso**. Contudo, com o advento do Estado social e o reconhecimento da dimensão objetiva dos direitos fundamentais, entendeu-se que o Estado, além de não interferir nas esferas de liberdade asseguradas aos indivíduos, também detém um dever de proteção para com os direitos fundamentais e bens jurídicos relevantes que, se se mostrar insuficiente, será igualmente tachada de desproporcional (daí a expressão **princípio da proibição da proteção insuficiente**).

■ Direitos fundamentais e relações privadas

Como já apontamos, a incidência de direitos fundamentais nas relações privadas diz respeito à discussão acerca dos particulares enquanto destinatários dos direitos fundamentais.

Assim, embora os direitos fundamentais tenham sido invocados, historicamente, em face do Estado (eficácia vertical dos direitos fundamentais), questiona-se se caberia exigir o seu cumprimento diante de outro particular (**eficácia horizontal dos direitos fundamentais**).

A origem dessa discussão é atribuída ao famoso **caso Luth** julgado em janeiro de 1958 pela Corte Constitucional da Alemanha. A situação nele verificada foi a seguinte: em 1950, Erich Luth defendeu, em discurso, um boicote ao filme *Unsterbliche Gelibte* (Amante Imortal), dirigido por Veit Harlam, por se tratar, segundo aquele, de filme com conotação antissemita na época de Hitler. A produtora do filme acusado recorreu ao Tribunal de Hamburgo para que a conclamação ao boicote cessasse, o que foi acolhido, dando ensejo a novo recurso perante a Corte Constitucional daquele país que, por sua vez, reformou aquela decisão, sob o fundamento de que esta teria violado o direito fundamental de Luth à liberdade de expressão.

Nesse julgamento, o Tribunal Constitucional consignou que também os litígios de natureza privada devem receber uma interpretação que leve em consideração os direitos fundamentais, de modo que haja uma harmonização entre os dispositivos de direito civil com os valores reconhecidos pela Constituição.

A partir disso, surgiram **duas teorias** sobre a aplicação dos direitos fundamentais na relação entre particulares, quais sejam:

a) **eficácia imediata (ou direta) dos direitos fundamentais:** liderada por Nipperdey e Leisner e pela qual os direitos fundamentais deveriam ser **diretamente** aplicáveis nas relações entre os particulares, gerando, assim, direitos subjetivos oponíveis a entes privados;

b) **eficácia mediata (ou indireta) dos direitos fundamentais:** sustentada por Dürig, que defende que os direitos fundamentais aplicam-se apenas de forma **indireta** nas relações entre os particulares, por meio da interpretação de cláusulas gerais e conceitos indeterminados (pontos de irrupção) previstos no ordenamento civil à luz dos direitos fundamentais;

Enquanto no Brasil há grande parte de adeptos à primeira (**eficácia direta**), sob o fundamento de que ela teria sido adotada pela Constituição brasileira ao prever, em seu art. 5º, § 1º, que as normas definidoras dos direitos e garantias fundamentais têm aplicação **imediata**, ainda segue dominante na Alemanha o posicionamento favorável à segunda (**eficácia indireta**), compreendida enquanto uma **eficácia irradiante** dos direitos fundamentais em sua dimensão objetiva, impondo uma interpretação das normas de direito privado em conformidade com as normas de direitos fundamentais.

Já nos Estados Unidos, embora prevaleça o entendimento de que os direitos fundamentais só são oponíveis em face do Estado, entende-se que a ele se equiparam os particulares quando exerçam atividade de interesse público ou recebam subvenção do governo (concebida como a **doutrina do** *state action*), ocasião em que seria possível incidir direitos fundamentais em face de particulares que se encontrassem em tais situações.

Pedro Lenza[432] elenca os seguintes precedentes jurisprudenciais que bem ilustram ao candidato alguns casos concretos analisados pelo Poder Judiciário de nosso País sobre o tema ora versado:

---

[432] *Direito constitucional esquematizado.* 17. ed. rev. atual. e ampl. São Paulo: Saraiva, 2013, p. 1.037 e 1.038.

a) Recurso Extraordinário 160.222-8: no qual se considerou constrangimento ilegal a revista íntima em mulheres em fábrica;

b) Recurso Extraordinário 158.215-8: que entendeu como violação ao princípio do devido processo legal a exclusão, sem direito de defesa, de associado de cooperativa;

c) Recurso Extraordinário 161.243-6: que envolve a discriminação e violação à igualdade no tratamento verificado entre trabalhadores de nacionalidade diferentes que exerciam a mesma função;

d) Recurso Extraordinário 175.161-4: considerando como afronta ao devido processo legal substantivo a previsão, em contrato de consórcio, de devolução nominal de valor já pago em caso de desistência;

e) *Habeas Corpus* 12.547 (Superior Tribunal de Justiça): pela violação ao princípio da dignidade da pessoa humana a prisão civil em contrato de alienação fiduciária (posteriormente vedada pela Súmula Vinculante 25 do Supremo Tribunal Federal) diante de um aumento desproporcional do valor contratado;

f) Recurso Especial 249.321: também pela violação ao princípio da igualdade no que se refere à cláusula de indenização tarifada em caso de responsabilidade civil do transportador aéreo;

g) Recurso Extraordinário 201.819: violação do princípio do devido processo legal na hipótese de exclusão, sem direito de defesa, de membro de sociedade.

Como se vê, a atualidade do assunto advém de inúmeras situações colhidas da realidade e usualmente submetidas ao Poder Judiciário, às quais ainda podemos acrescer, como exemplo, a recente discussão travada na cidade de São Paulo (e submetida ao Ministério Público paulista) sobre a exigência estatutária por parte de clubes de lazer (de natureza privada), tida por discriminatória, da vestimenta de cor branca às babás que os frequentam, ou então a obrigação de custeio, por parte de estabelecimento de ensino (da rede particular), de um professor especializado ao seu aluno portador de necessidades especiais em prol de seu direito fundamental à educação inclusiva[433].

---

[433] Esse último caso decorre de uma situação que nos foi trazida durante o exercício de nosso trabalho junto à Defensoria Pública de São Paulo, ainda pendente de julgamento definitivo.

23. **SÃO PAULO** PROTEÇÃO JUDICIAL DOS DIREITOS FUNDAMENTAIS: AS AÇÕES CONSTITUCIONAIS. **PARANÁ** GARANTIAS CONSTITUCIONAIS. AÇÕES CONSTITUCIONAIS: *HABEAS CORPUS*, *HABEAS DATA*, MANDADO DE SEGURANÇA, MANDADO DE SEGURANÇA COLETIVO, AÇÃO POPULAR, MANDADO DE INJUNÇÃO, AÇÃO CIVIL PÚBLICA

O ponto 23 aborda, de modo específico, as **garantias fundamentais (ou remédios constitucionais)**, cujo exame será feito pelos itens que seguem, na ordem prevista pelo texto constitucional.

Antes disso, porém, cabe observar que, no edital da Defensoria do Paraná, foi acrescida a **ação civil pública** enquanto garantia constitucional, o que, por envolver matéria controvertida, merece um breve apontamento.

Todos aqueles que militam na Defensoria Pública reconhecem a incomensurável importância da ação civil pública para a defesa de diversos direitos fundamentais da população carente, em especial na seara de direitos sociais e políticas públicas, na linha do que já foi dito nesta obra.

Assim, seria plenamente possível considerá-la uma verdadeira garantia constitucional, como fazem alguns juristas, sob dois fundamentos principais à luz de nosso texto constitucional: a) a sua expressa previsão no art. 129, III, da Constituição Federal entre as funções institucionais do Ministério Público; b) a sua recepção pela cláusula de abertura do art. 5º, § 2º, da Constituição brasileira.

DICA DO AUTOR: Esse, a nosso ver, seria o posicionamento mais conveniente a ser adotado pelo candidato, que deve utilizar os fundamentos acima para embasá-lo, vez que melhor se alinha ao fortalecimento do relevante trabalho exercido pela Defensoria Pública na tutela coletiva, reconhecido, recentemente, pelo próprio Supremo Tribunal Federal nos autos da Ação Direta de Inconstitucionalidade 3.943/DF, Rel. Min. Cármen Lúcia, 6 e 7-5-2015, por nós mencionada no ponto 17 deste livro, ao qual remetemos o leitor.

Não obstante as observações acima, concentraremos neste ponto o estudo sobre as demais garantias fundamentais que, ao contrário da ação civil pública, recebem tratamento constitucional específico nos incisos do art. 5º da Constituição, relegando as discussões que envolvem aquela à disciplina de direitos difusos e coletivos cobrada à parte em diversos editais de provas de ingresso na carreira de defensor público.

■ **Art. 5º, XXXIV, *a*: direito de petição**

O **direito de petição** é utilizado para a defesa de qualquer direito (individual ou coletivo) ou contra ilegalidade ou abuso de poder, ganhando realce no direito de resistência, nos termos por nós alinhavados no ponto 25 deste livro.

Dado o seu nítido cunho democrático, o traço de informalidade é marcante nessa ação constitucional, cujo manejo se assenta em requisitos básicos de toda e qualquer ação, como a identificação da parte postulante, o pedido e a forma escrita.

Qualquer pessoa (física ou jurídica) pode exercê-lo em face do Poder Público em sentido amplo (Poderes Executivo, Legislativo e Judiciário e, no primeiro caso, a Administração Pública direta e indireta).

Ademais, o direito de petição é exercido independentemente do pagamento de taxas, sendo que a exigência de depósito para recorrer na via administrativa, antes admitida pelo Supremo Tribunal Federal (sob o entendimento de que não se tratava de uma taxa, mas de requisito de admissibilidade de recurso administrativo[434]) não mais o é pela mesma Corte, que editou a **Súmula Vinculante 21** nos seguintes termos: "**É inconstitucional a exigência de depósito ou arrolamento prévios de dinheiro ou bens para admissibilidade de recurso administrativo**". Na mesma linha, o seguinte julgado:

> Arguição de descumprimento de preceito fundamental. § 1º do art. 636 da CLT: não recepção pela Constituição de 1988. Incompatibilidade da exigência de depósito prévio do valor correspondente à multa como condição de admissibilidade de recurso administrativo interposto junto à autoridade trabalhista (§ 1º do art. 636 da CLT) com a Constituição de 1988. Inobservância das garantias constitucionais do devido processo legal e da ampla defesa (art. 5º, LIV e LV); do princípio da isonomia (art. 5º, *caput*); **do direito de petição (art. 5º, XXXIV, *a*)**[435] (grifos nossos).

Por último, cabe o registro de que não se permite a utilização do direito de petição em substituição aos casos de ingresso em juízo, a fim de não incorrer nos ônus próprios do processo judicial[436], como o pagamento de taxas judiciárias, a constituição de um advogado[437] etc.

---

[434] RE 357.311, Rel. Min. Moreira Alves, *DJ* 21-2-2003.

[435] Plenário, Arguição de Descumprimento de Direito Fundamental 156, Rel. Min. Cármen Lúcia, j. 18-8-2011, *DJE* 28-10-2011.

[436] AI 258.867-AgR, Rel. Min. Celso de Mello, *DJ* 2-2-2001.

[437] AR 1.354-AgR, Rel. Min. Celso de Mello, *DJ* 6-6-1997.

■ **Art. 5º, LXVIII:** *habeas corpus*

Por meio do ***habeas corpus*** tutela-se a liberdade de locomoção, toda vez que esta é ameaçada (*habeas corpus* preventivo) ou violada (*habeas corpus* repressivo) por ilegalidade ou abuso de poder, não se exigindo, dada a sua relevância, requisitos formais para a sua impetração, bastando: a) o nome do impetrante, bem como o do paciente e do coator; b) os motivos do pedido e, quando for possível, a prova documental dos fatos alegados; e c) a assinatura do impetrante ou de alguém a seu rogo, se não souber ou não puder escrever.

Na medida em que não se protege a liberdade de locomoção, o ajuizamento desse instrumento é incabível nos seguintes casos:

a) "não se conhece de recurso de *habeas corpus* cujo objeto seja resolver sobre o ônus das custas, por não estar mais em causa a liberdade de locomoção"[438];

b) "não cabe *habeas corpus* contra decisão condenatória a pena de multa, ou relativo a processo em curso por infração penal a que a pena pecuniária seja a única cominada"[439];

c) "não cabe *habeas corpus* contra a imposição da pena de exclusão de militar ou de perda de patente ou de função pública"[440];

d) "não cabe *habeas corpus* quando já extinta a pena privativa de liberdade"[441].

Não cabe, igualmente, *habeas corpus* relativo ao exame de mérito das **punições disciplinares militares** (art. 142, § 2º, da Constituição Federal), o que não impede, porém, a análise de seus aspectos extrínsecos (como, por exemplo, a competência da autoridade em aplicar esta sanção)[442].

Independentemente de capacidade postulatória, qualquer pessoa física ou jurídica poderá impetrar essa garantia constitucional (inclusive o analfabeto,

---

[438] Súmula 395 do STF. Registramos que o teor dessa Súmula foi cobrado, expressamente, na prova objetiva do **Concurso da Defensoria do Estado do Acre, realizado no ano de 2012, pelo Cespe**, que ao tratar do entendimento sumulado do Supremo Tribunal Federal no que se refere ao *habeas corpus*, considerou como correta a seguinte alternativa: **"não se conhece de recurso de *habeas corpus* cujo objeto seja resolver sobre o ônus das custas"**.

[439] Súmula 693 do STF.

[440] Súmula 694 do STF.

[441] Súmula 695 do STF.

[442] RHC 78.951, Rel. Min. Carlos Velloso, *DJ* 28-5-1999.

desde que alguém assine a seu rogo), não sendo necessário que o impetrante coincida com o paciente (aquele que sofre a coação ou ameaça). Portanto, nada impede que o próprio órgão do Ministério Público o impetre, além da possibilidade de os magistrados concedê-lo de ofício.

Em se tratando do polo passivo, este será ocupado pela autoridade responsável pela efetiva coação ou sua ameaça à liberdade de locomoção da pessoa, por ilegalidade ou abuso de poder (autoridade coatora).

■ Art. 5º, LXIX: mandado de segurança individual

O **mandado de segurança** tem por escopo proteger direito líquido e certo em face da ilegalidade ou abuso de poder praticado por autoridade pública ou agente de pessoa jurídica no exercício de atribuição do Poder Público, obrigando-se estas (caráter mandamental) a corrigir o ato ilícito realizado ou suprir a omissão verificada.

O manejo desse remédio constitucional depende da observância dos seguintes requisitos: a) trazer a juízo prova documental pré-constituída (direito líquido e certo) da ilegalidade ou abuso de poder cometidos; b) não se tratar de matéria suscetível de ser amparada por *habeas corpus* ou *habeas data*; c) que o responsável pelo ato ilegal ou abusivo seja autoridade pública ou agente de pessoa jurídica no exercício de atribuição do Poder Público; d) atender aos ditames da Lei n. 12.016/2009, que regulamenta esta garantia fundamental.

A legitimidade ativa do mandando de segurança cabe à pessoa física ou jurídica titular do direito ameaçado (mandado de segurança preventivo) ou violado (mandado de segurança repressivo), enquanto detém legitimidade passiva a autoridade pública ou agente de pessoa jurídica no exercício de atribuição do Poder Público, que tenham poderes e meios para praticar o ato ordenado pelo Poder Judiciário. Sobre esse último ponto, discutia-se se a indicação errônea da autoridade tida como coatora importaria ou não a carência do mandado de segurança impetrado, tendo o Supremo Tribunal Federal consolidado o seguinte entendimento sumular: "extingue-se o processo de mandado de segurança se o impetrante não promove, no prazo assinado, a citação do litisconsorte passivo necessário"[443].

---

[443] Súmula 631 do STF.

Diversas são as súmulas editadas pelos Tribunais Superiores a respeito do mandado de segurança, motivo pelo qual as elencamos abaixo, de modo a permitir a sua rápida visualização pelo candidato:

a) O mandado de segurança não substitui a ação popular[444] nem ação de cobrança[445].

b) Não cabe mandado de segurança contra lei em tese[446]; contra ato judicial passível de recurso ou correição[447] ou contra decisão judicial com trânsito em julgado[448].

c) "Concessão de mandado de segurança não produz efeitos patrimoniais em relação a período pretérito, os quais devem ser reclamados administrativamente ou pela via judicial própria."[449]

d) "Denegado o mandado de segurança pela sentença, ou no julgamento do agravo, dela interposto, fica sem efeito a liminar concedida, retroagindo os efeitos da decisão contrária."[450]

e) "A existência de recurso administrativo com efeito suspensivo não impede o uso do mandado de segurança contra omissão de autoridade."[451]

f) "Pedido de reconsideração na via administrativa não interrompe o prazo para o mandado de segurança."[452]

g) Em mandado de segurança não cabe condenação em honorários advocatícios[453], nem embargos infringentes de acórdão que decidiu, por maioria de votos, a apelação[454].

---

[444] Súmula 101 do STF.

[445] Súmula 269 do STF.

[446] Súmula 266 do STF.

[447] Súmula 267 do STF. A rigidez desta súmula é, por vezes, abrandada pelo STF, quando "do ato impugnado, puder resultar dano irreparável, desde logo cabalmente demonstrado" MS 22.623-AgR, Rel. Min. Sydney Sanches, *DJ* 7-3-1997.

[448] Súmula 268 do STF.

[449] Súmula 271 do STF.

[450] Súmula 405 do STF.

[451] Súmula 429 do STF.

[452] Súmula 430 do STF.

[453] Súmulas 512 do STF e 105 do STJ.

[454] Súmulas 294 e 597 do STF e 169 do STJ.

h) "Praticado o ato por autoridade, no exercício de competência delegada, contra ela cabe o mandado de segurança ou a medida judicial."[455]

i) "A impetração de segurança por terceiro, contra ato judicial, não se condiciona à interposição de recurso."[456]

j) "Não cabe agravo regimental contra decisão do relator que concede ou indefere liminar em mandado de segurança."[457]

k) "Não gera por si só a competência originária do Supremo Tribunal Federal para conhecer do mandado de segurança com base no art. 102, I, n, da Constituição, dirigir-se o pedido contra deliberação administrativa do tribunal de origem, da qual haja participado a maioria ou a totalidade de seus membros."[458]

l) "Não compete ao Supremo Tribunal Federal conhecer originariamente de mandado de segurança contra atos de outros tribunais."[459]

m) "Controvérsia sobre matéria de direito não impede concessão de mandado de segurança."[460]

n) "A suspensão da liminar em mandado de segurança, salvo determinação em contrário da decisão que a deferir, vigorará até o trânsito em julgado da decisão definitiva de concessão da segurança ou, havendo recurso, até a sua manutenção pelo Supremo Tribunal Federal, desde que o objeto da liminar deferida coincida, total ou parcialmente, com o da impetração."[461]

o) "No mandado de segurança contra a nomeação de magistrado da competência do Presidente da República, este é considerado autoridade coatora, ainda que o fundamento da impetração seja nulidade ocorrida em fase anterior do procedimento."[462]

---

[455] Súmula 510 do STF.
[456] Súmula 202 do STJ.
[457] Súmula 622 do STF.
[458] Súmula 623 do STF.
[459] Súmula 624 do STF.
[460] Súmula 625 do STF.
[461] Súmula 626 do STF.
[462] Súmula 627 do STF.

p) "É constitucional lei que fixa o prazo de decadência para a impetração de mandado de segurança."[463]

Após a leitura do rol acima, alertamos ao candidato acerca da necessidade de um exame cuidadoso e apurado dos enunciados de tais súmulas à luz dos comandos da Lei n. 12.016/2009, muitos deles positivados após a edição de algumas daquelas.

Como exemplo, transcrevemos os seguintes dispositivos legais nela contidos:

a) "**Art. 5º** Não se concederá mandado de segurança quando se tratar: I – de ato do qual caiba recurso administrativo com efeito suspensivo, independentemente de caução; II – de decisão judicial da qual caiba recurso com efeito suspensivo; III – de decisão judicial transitada em julgado."

b) "**Art. 25.** Não cabem, no processo de mandado de segurança, a interposição de embargos infringentes e a condenação ao pagamento dos honorários advocatícios, sem prejuízo da aplicação de sanções no caso de litigância de má-fé."

■ Art. 5º, LXX: mandado de segurança coletivo

O mandado de segurança coletivo abarca, em linhas gerais, o mesmo objeto e requisitos do mandado de segurança individual vistos no tópico anterior, salvo o direito nele abarcado (coletivo ou individual homogêneo) relacionado aos legitimados para a sua impetração, que seriam:

a) partido político com representação no Congresso Nacional; e

b) organização sindical, entidade de classe ou associação legalmente constituída e em funcionamento há pelo menos um ano, em defesa dos interesses de seus membros associados.

Especificamente sobre o mandado de segurança coletivo, a Lei n. 12.016/2009 estabelece dois importantes comandos nos arts. 21 e 22 que devem ser consultados pelo candidato.

Segundo o Supremo Tribunal Federal:

> [...] I – A legitimação das organizações sindicais, entidades de classe ou associações, para a **segurança coletiva**, é **extraordinária**, ocorrendo, em tal

---

[463] Súmula 632 do STF.

caso, **substituição processual.** CF, art. 5º, LXX. II – Não se exige, tratando-se de **segurança coletiva, a autorização expressa aludida no inc. XXI do art. 5º, CF,** que contempla hipótese de representação. III – O objeto do mandado de segurança coletivo será um direito dos associados, independentemente de guardar vínculo com os fins próprios da entidade impetrante do writ, exigindo-se, entretanto, que o **direito esteja compreendido nas atividades exercidas pelos associados,** mas não se exigindo que o direito seja peculiar, próprio, da classe [...] (grifos nossos)[464].

Como se vê, esse entendimento consolidado pelo Supremo Tribunal Federal pela **dispensa de autorização especial** restou consignado expressamente no art. 21, *caput, in fine,* da Lei n. 12.016/2009.

Nesse sentido, tais entes, para impetrar um **mandado de segurança coletivo** em favor dos seus associados/filiados, **independem da autorização individual deles**[465], bastando aquela constante **genericamente em seu estatuto**[466].

Podemos verificar que esse ponto foi cobrado na prova objetiva do **Concurso da Defensoria do Estado do Acre, realizado no ano de 2012, pelo Cespe,** que ao tratar do mandado de segurança coletivo assinalou como correta a seguinte alternativa: "a impetração de mandado de segurança coletivo por entidade de classe em favor de seus associados independe da autorização destes".

Contudo, quando se tratar de **outras ações (que não o mandado de segurança coletivo), o Supremo Tribunal Federal** consolidou **dois entendimentos distintos,** a depender de quem constar no polo ativo de tais demandas:

a) tratando-se de ação movida por **associações** em prol de seus associados, o Supremo Tribunal Federal exige, com base no **art. 5º, XXI,** da Constituição Federal, a **autorização específica de seus associados,** não sendo suficiente a **previsão estatutária genérica**[467];

b) no entanto, quando se tratar de ação ajuizada por **sindicatos,** o mesmo tribunal, com base no **art. 8º, III, da Constituição Federal,** consignou que aquele tem **ampla legitimidade extraordinária** para defender em

---

[464] MS 22.132/RJ, Rel. Min. Carlos Velloso, Pleno, *DJ* 18-11-1996.

[465] Súmula 629 do STF.

[466] RE 141.733, Rel. Min. Ilmar Galvão, *DJ* 1º-9-1995.

[467] Pleno, Recurso Extraordinário 573.232, Rel. Min. Ricardo Lewandowski, Rel. para Acórdão Min. Marco Aurélio, j. 14-5-2014, *DJE*-182, divulg. 18-9-2014.

juízo os direitos e interesses coletivos e individuais dos integrantes da categoria que representam, inclusive nas liquidações e execuções de sentença, **independentemente de autorização dos sindicalizados**[468].

Após essa necessária digressão, voltemos a tratar de mais alguns aspectos relevantes sobre o **mandado de segurança coletivo**.

O primeiro deles liga-se ao entendimento no sentido da **manutenção da legitimidade ativa** da entidade de classe mesmo no caso de a pretensão veiculada interessar **apenas a uma parte** da respectiva categoria[469].

Ainda sobre essas entidades, constata-se que a exigência de constituição e funcionamento por um ano restringe-se às associações, **não se aplicando aos sindicatos**, conforme entendimento do Supremo Tribunal Federal[470].

Em relação aos partidos políticos, prevalece o entendimento do Supremo Tribunal Federal que estes possuem legitimidade para impetrar o *writ* somente em defesa de seus próprios filiados, em questões políticas, quando autorizado por lei e pelo Estatuto, não podendo pleitear direitos, por exemplo, da classe de aposentados em geral[471], ou então impugnar, em nome dos contribuintes em geral, a majoração de um tributo[472]. Posteriormente a tais julgamentos, o **art. 21 da Lei n. 12.016/2009** fez constar que o mandado de segurança coletivo pode ser impetrado por partido político com representação no Congresso Nacional, na defesa de seus **interesses legítimos relativos a seus integrantes ou à finalidade partidária**.

Por derradeiro, as mesmas observações feitas quanto à legitimidade passiva do mandado de segurança individual valem para o coletivo.

■ Art. 5º, LXXI: mandado de injunção

O propósito açambarcado pelo **mandado de injunção** consiste em viabilizar o exercício dos direitos e liberdades constitucionais e das prerrogativas inerentes à nacionalidade, à soberania e à cidadania, tendo em vista a falta de

---

[468] Recurso Extraordinário 883.642, Rel. Min. Ricardo Lewandowski – Informativo 790 do Supremo Tribunal Federal.

[469] Súmula 630 do STF.

[470] RE 198.919, Rel. Min. Ilmar Galvão, *DJ* 24-9-1999.

[471] 1ª Seção, MS 197/DF, Rel. p/ acórdão Min. Garcia Vieira, *DJ* 20-8-1990.

[472] RE 196.184, Rel. Min. Ellen Gracie, *DJ* 18-2-2005.

norma regulamentadora de tais assuntos. Assim, não é qualquer direito susce-tível de ser objeto desta garantia, mas somente aqueles relativos aos postulados mencionados e constantes do art. 5º, LXXI, da Constituição da República.

Desse modo, o mandado de injunção sempre terá por objeto uma **norma de eficácia limitada.**

A Lei n. 13.300, de 23 de junho de 2016, passou a disciplinar o processo e o julgamento dos mandados de injunção individual e coletivo, merecendo es-pecial atenção do candidato, sobretudo no que diz respeito à legitimidade da **Defensoria Pública** para o ajuizamento do **mandado de injunção coletivo** quando a tutela requerida for especialmente relevante para a promoção dos direitos humanos e a defesa dos direitos individuais e coletivos dos necessita-dos, na forma do inciso LXXIV do art. 5º da Constituição Federal (art. 12, IV, da Lei n. 13.300/2016).

Por fim, dignos de registro são os seguintes e relevantes temas objeto de julgamentos proferidos pelo Supremo Tribunal Federal em sede de mandado de injunção:

a) **Aposentadoria especial dos servidores públicos (art. 40, § 4º, da Constituição Federal):** sobre o assunto, o Tribunal reconheceu, em sede de diversos mandados de injunção, a mora na edição da lei com-plementar mencionada na parte final do art. 40, § 4º, da Constituição Federal, implementando o direito de servidor à aposentadoria especial com base no art. 57 da Lei n. 8.213/91 (aplicável ao segurado do regi-me geral de previdência social que tiver trabalhado sob condições espe-ciais que prejudiquem a saúde ou a integridade física), tendo, inclusive, editado a **Súmula Vinculante 33,** nos seguintes termos: "**Aplicam-se ao servidor público, no que couber, as regras do regime geral da pre-vidência social sobre aposentadoria especial de que trata o art. 40, § 4º, III, da Constituição Federal, até a edição de lei complementar específica".**

b) **Direito de greve do servidor público (art. 37, VII, da Constituição Federal):** em razão da falta de edição da lei aludida pelo art. 37, VII, de nossa Carta Magna, o Supremo Tribunal Federal reconheceu o direito de greve, com a aplicação, no que couber, da Lei n. 7.783/89, aplicável à iniciativa privada (entre outros: Mandado de Injunção 670/ES, Rel.

orig. Min. Maurício Corrêa, Rel. p/ o acórdão Min. Gilmar Mendes, j. 25-10-2007).

c) **Aviso-prévio proporcional (art. 7º, XXI, da Constituição Federal)**: o Tribunal declarou a mora legislativa do Congresso Nacional em relação à regulamentação da lei prevista no art. 7º, XXI, da Constituição Federal referente ao aviso-prévio proporcional e determinou a comunicação desta decisão ao referido órgão (entre outros: Mandado de Injunção 369/DF, Rel. orig. Min. Sydney Sanches, Rel. p/ o acórdão Min. Francisco Rezek).

■ **Art. 5º, LXXII:** *habeas data*

Destinado à obtenção de informações relativas ao impetrante, as quais se encontram em registros ou bancos de dados de entidades governamentais ou de caráter público, bem como à retificação de dados – por estarem errados, imprecisos ou desatualizados – quando não se prefira fazê-lo por processo sigiloso, o *habeas data* assegura o direito de acesso, retificação e complementação de registros.

O seu ajuizamento deverá atender aos ditames da Lei n. 9.507/97 (que regulamenta essa garantia constitucional), merecendo destaque a necessidade de provar a recusa ou omissão em se prestar informações ou retificá-las no prazo legal, sob pena de carência da ação, por falta de interesse de agir[473].

A impetração do *habeas data* cabe a qualquer pessoa física ou jurídica interessada na obtenção, complementação ou retificação de informações e será direcionado em face tanto de bancos de dados de entidades governamentais, representados pela pessoa jurídica que compõe a Administração Pública, como aqueles de caráter público, a exemplo dos bancos que possuem cadastros relativos a consumidores ou então os serviços de proteção de crédito, conforme o art. 43, § 4º, do Código de Defesa do Consumidor.

Outrossim, não se deve confundir a violação ao direito de certidão (assegurado pelo art. 5º, XXXIV, *a*, da Constituição), que dá ensejo ao **mandado de segurança**, com a pretensão do interessado de tão somente tomar conhecimento de certas informações (sem qualquer pretensão de defesa de seus direitos), cuja medida cabível será o *habeas data*.

---

[473] Art. 8º da Lei n. 9.507/97; Súmula 2 do STJ; e RHD 22, Rel. Min. Celso de Mello, *DJ* 1º-9-1995.

Finalmente, trazemos ao candidato o recente entendimento sufragado pelo Supremo Tribunal Federal pelo **cabimento da garantia constitucional do *habeas data* para obtenção, pelo próprio contribuinte, de dados relativos ao pagamento de tributos constantes de sistemas informatizados de apoio à arrecadação dos órgãos da administração fazendária dos entes estatais"**[474].

■ Art. 5º, LXXIII: ação popular

A **ação popular** tem por escopo anular o ato lesivo ao patrimônio público ou a entidade de que o Estado participe, à moralidade administrativa, ao meio ambiente e ao patrimônio histórico e cultural.

Assim, referido ato deverá ser lesivo ao patrimônio público em sentido lato (qualquer ato que desfalque o Erário ou prejudique os bens e valores protegidos pelo Poder Público), além de ilegal (contrário ao Direito) ou ilegítimo (desviar-se dos princípios basilares da Administração Pública).

Qualquer cidadão, provando tal qualidade por meio de seu título de eleitor, pode ingressar em juízo com uma ação popular, atendendo os dispositivos inseridos na Lei n. 4.717/65 que regula seu procedimento. Estará ele, em princípio, isento do pagamento de custas judiciais e do ônus da sucumbência, salvo se comprovada sua má-fé. Nesse sentido, não teriam legitimidade ativa para esse remédio constitucional, por exclusão, as pessoas jurídicas[475] e os inalistáveis.

No que se refere à legitimidade passiva, esta seria representada pelo agente que praticou o ato, a entidade lesada e eventuais beneficiários do ato ou contrato administrativo lesivo ao patrimônio público, nos termos do art. 6º da Lei n. 4.717/65.

É conveniente notar que, em razão da falta de previsão constitucional, a competência para julgar a ação popular contra ato de qualquer autoridade, como o próprio Presidente da República, é, em regra, do juiz de 1ª instância[476].

Por derradeiro, destinando-se o mandado de segurança à defesa de direitos subjetivos próprios de seu impetrante (ou da classe que representa, no caso do mandado de segurança coletivo) em face de um ato ilegal, não poderá ser utili-

---

[474] Recurso Extraordinário 673.707, Rel. Min. Luiz Fux, 17-6-2015 – Informativo 790 do Supremo do Tribunal Federal.

[475] Súmula 365 do STF.

[476] Pet 2.018-AgR, Rel. Min. Celso de Mello, *DJ* 16-2-2001 e AO 859-QO, Rel. Min. Ellen Gracie, *DJ* 1-8-2003.

zado para a defesa do patrimônio público, diante de um ato a ele lesivo, já que, como visto, tal atribuição compete à ação popular[477].

24. SÃO PAULO PROTEÇÃO NÃO JUDICIAL DOS DIREITOS FUNDAMENTAIS: DIREITO DE RESISTÊNCIA E DIREITO DE PETIÇÃO

Embora o **direito de resistência** seja previsto expressamente em textos constitucionais de alguns países (exemplo: art. 20, alínea 4, da Lei Fundamental da Alemanha[478]), tal não ocorre em nossa Constituição, prevalecendo o entendimento, como veremos, de que se trata de uma previsão implícita que decorre do sistema por ela adotado.

Ao tratar do assunto nos termos do texto constitucional alemão, Konrad Hesse tece as seguintes considerações, que ora trazemos ao candidato, seja para municiá-lo de um conhecimento diferenciado a ser demonstrado nos certames da Defensoria, seja por serem igualmente válidas para o caso brasileiro:

> O art. 20, alínea 4, da Lei Fundamental, compreende não só a resistência contra uma eliminação ilegítima da Constituição por detentores do poder estatal ("golpe de Estado de cima"), mas também por forças revolucionárias que querem apoderar-se do poder estatal ("golpe de Estado de baixo"). Ela normaliza, portanto, tanto um direito de resistência contra poderes estatais como um direito de resistência de cidadãos contra cidadãos[479].

No direito pátrio, a jurista Maria Garcia, na obra denominada *Desobediência civil. Direito fundamental*, aborda o direito de resistência de forma específica e com a profundidade necessária.

Após desenvolver, sob o ponto de vista histórico e filosófico, questões envolvendo a liberdade e a cidadania intimamente ligadas ao direito de resistência, a autora passa a examiná-lo, subdividindo-o, de início, em duas espécies, a saber:

---

[477] Súmula 101 do STF.

[478] Eis o inteiro teor da aludida norma: "Artigo 20 (princípios constitucionais – direito de resistência). Alínea 1: A República Federal da Alemanha é um Estado federal, democrático e social. Alínea 2: Todo poder emana do povo. É exercido pelo povo por meio de eleições e votações e através de órgãos especiais dos poderes legislativo, executivo e judiciário. Alínea 3: O poder legislativo está submetido à ordem constitucional; os poderes executivo e judiciário obedecem à lei e ao direito. **Alínea 4: Contra qualquer um, que tente subverter esta ordem, todos os alemães têm direito de resistência, quando não houver outra alternativa**" (grifos nossos).

[479] *Elementos de direito constitucional da República Federal da Alemanha*. Trad. (da 20. ed. alemã) Luís Afonso Heck. Porto Alegre: Sergio Antonio Fabris Editor, 1998, p. 548.

a) **direito de revolução** (exercido para modificar, fora dos quadros constitucionais ou extraordenamento jurídico, os fundamentos do direito e do Estado, ou a restauração da ordem constitucional, cabendo somente à coletividade); e

b) **desobediência civil** (processa-se dentro do ordenamento jurídico e é exercido pelo cidadão ou grupo de cidadãos).

Para Maria Garcia, a desobediência civil pode ser **conceituada** como: "a forma particular de resistência ou contraposição, ativa ou passiva do cidadão, à lei ou ato de autoridade, quando ofensivos à ordem constitucional ou aos direitos e garantias fundamentais, objetivando a proteção das prerrogativas inerentes à cidadania, pela sua revogação ou anulação"[480].

Prossegue a doutrinadora esclarecendo que a manifestação da desobediência civil poderá ser tanto **ativa** como **passiva**, ou seja: "poderá manifestar-se passiva ou negativamente, consistindo em não fazer o determinado como ativa ou positivamente, consistindo em fazer o interditado, ou proibido, desde que manifesto o conflito da ordem, ou da proibição, com a própria ordem constitucional e os direitos e garantias fundamentais"[481].

Nessa linha, o direito da desobediência civil corresponderia aos *status civitatis* (cidadania enquanto fundamento da República Federativa do Brasil previsto no art. 1º, II, da Constituição Federal) e decorreria do regime de direitos fundamentais no qual se insere o próprio comando do art. 5º, § 2º, da Constituição Federal[482].

Quanto ao seu **exercício**, o direito em estudo seria manejado por meio do **direito de petição** estampado no art. 5º, XXXIV, *a*, da Constituição Federal[483].

> Será um pleito, portanto, submetido aos Poderes Públicos[484], pelo qual o cidadão, ou grupo de cidadãos submetem-se a uma apreciação da própria autoridade – Em outras palavras, é a atitude do cidadão que, declarando-se

---

[480] *Desobediência civil. Direito fundamental.* 2. ed. rev. atual. e ampl. São Paulo: Revista dos Tribunais, 2004, p. 293.

[481] *Desobediência civil. Direito fundamental.* 2. ed. rev. atual. e ampl. São Paulo: Revista dos Tribunais, 2004, p. 294.

[482] *Desobediência civil. Direito fundamental.* 2. ed. rev. atual. e ampl. São Paulo: Revista dos Tribunais, 2004, p. 297.

[483] *Desobediência civil. Direito fundamental.* 2. ed. rev. atual. e ampl. São Paulo: Revista dos Tribunais, 2004, p. 298.

[484] Aqui entendido, segundo a autora, como os Poderes Legislativo, Executivo ou Judiciário.

em desobediência civil, com fundamento no princípio da cidadania – art. 1º, II; art. 5º, § 2º, e XXXIV, *a*, da CF – peticiona ao Poder Público demandado a sua exclusão dos efeitos de uma lei ou ato de autoridade, ou a sua revogação ou alteração, à vista da sua demonstrada conflitância com a ordem constitucional ou determinado direito ou garantia fundamental[485].

Em arremate, citamos o seguinte trecho extraído do artigo de Luís Roberto Barroso intitulado "Direito e paixão" que bem sintetiza a ideia a respeito do direito de resistência: "é preciso, de regra, respeitar a lei e a autoridade. Mas quando uma e outra não forem respeitáveis, é preciso valer-se do direito de resistência, que é a paixão que se ergue, acima da lei, pela justiça e pela liberdade"[486].

25. **SÃO PAULO** DIREITOS SOCIAIS. TEORIA GERAL DOS DIREITOS SOCIAIS. CLASSIFICAÇÃO. EFETIVAÇÃO. INTERVENÇÃO DO PODER JUDICIÁRIO EM TEMA DE IMPLEMENTAÇÃO DE POLÍTICAS PÚBLICAS. **PARANÁ** DIREITOS SOCIAIS. TEORIA DOS DIREITOS SOCIAIS. TEORIA DO MÍNIMO EXISTENCIAL. PRINCÍPIO DA RESERVA DO POSSÍVEL. PRINCÍPIO DO NÃO RETROCESSO SOCIAL. INTERVENÇÃO DO PODER JUDICIÁRIO NA IMPLEMENTAÇÃO DE DIREITOS SOCIAIS. DIREITOS SOCIAIS EM ESPÉCIE

■ Direitos sociais. Teoria geral dos direitos sociais. Classificação

Quando identificamos a expressão "direitos fundamentais sociais"[487] logo vem à mente, quase automaticamente, a aparente dicotomia entre os **direitos fundamentais individuais** (que, enquanto direitos negativos, exigem uma abstenção do Estado para serem assegurados) e os **direitos fundamentais sociais** (entendidos como direito positivos, na medida em que demandam a intervenção estatal para serem efetivados).

Essa dicotomia, porém, deve ser explorada pelo candidato ao cargo de defensor público tão somente sob o seu **viés histórico**, no sentido de que os direitos individuais, próprios do Estado liberal, surgiram anteriormente aos direitos sociais, próprios do Estado Social (daí em se falar, como vimos no ponto

---

[485] *Desobediência civil. Direito fundamental.* 2. ed. rev. atual. e ampl. São Paulo: Revista dos Tribunais, 2004, p. 301.

[486] *Revista Forense*, v. 328, p. 329-330.

[487] Trata-se de matéria inserida na "espinha dorsal" do direito constitucional, nos termos em que preconizamos no tópico "conteúdo" do direito constitucional no ponto 1 deste livro.

22 deste livro, que aqueles seriam direitos de primeira geração, ao passo que estes direitos de segunda geração).

Esse nosso alerta se justifica em razão do fato de que uma rígida distinção entre tais direitos poderia conduzir (como efetivamente conduz, em muitos casos) a um diferente e injustificável tratamento entre eles, cuja nefasta consequência acarreta uma equivocada compreensão de que a carga de efetividade dos direitos individuais seria maior em comparação àquela incidente sobre os direitos sociais. Além disso, essa distorcida visão sequer condiz com a máxima efetividade a ser conferida aos direitos fundamentais em geral, como se deduz do comando previsto no art. 5º, § 1º, da Constituição Federal.

Veja o candidato, a propósito, que na prova objetiva do **II Concurso da Defensoria do Estado de São Paulo, realizado em 2007, pela Fundação Carlos Chagas**, considerou-se como **incorreta** a afirmação no sentido de que a Constituição compreenderia os direitos fundamentais como os direitos individuais e coletivos previstos no art. 5º, excluindo dessa categoria os direitos sociais e os direitos políticos.

Eis as razões, portanto, para sugerir que o candidato aos certames da Defensoria adote um posicionamento que **rechace a supracitada dicotomia**, sob pena de prejudicar a efetividade dos direitos fundamentais sociais tão defendida, como vimos, pela instituição.

DICA DO AUTOR : Para bem embasar essa posição, o candidato poderá se valer dos seguintes argumentos:

a) a interdependência e a indivisibilidade são características básicas dos direitos fundamentais, a impedir a dicotomia entre direitos negativos e direitos positivos;

b) os direitos negativos também acarretam encargos econômicos, na linha defendida por Holmes e Sunstein[488], não se tratando de um aspecto exclusivo dos direitos positivos a ponto de diferenciá-los daqueles;

c) de um modo geral, os direitos fundamentais possuem uma dúplice função negativa e positiva (como ocorre com o direito à moradia, por exemplo, cuja proteção se dá tanto em face de ingerências externas, como também por meio de prestações destinadas a assegurá-lo).

---

[488] Segundo eles, todos os direitos (individuais e sociais) são custosos, na medida em que todos eles dependem da arrecadação do Estado, por meio de tributos, para serem concretizados (HOLMES, Stephen; SUNSTEIN, Cass R. *The cost of Right. Why liberty depends on taxes.* New York: W. W. Norton, 1999, p. 44).

No que diz respeito à teoria geral dos direitos sociais e sua classificação, é possível identificar na doutrina brasileira uma ampla aceitação do pensamento de Robert Alexy sobre o tema, o qual, portanto, constitui um porto seguro ao candidato que pretenda desenvolver o assunto nos concursos da Defensoria.

Segundo o jurista alemão[489], os **direitos a prestações em sentido amplo** podem ser divididos em três grupos:

a) **direitos a proteção:** no sentido de que o Estado deve proteger o titular de direitos fundamentais contra intervenções de terceiros[490];

b) **direitos a organização e procedimento,** cujo objeto pode ser dividido em quatro grupos: i) competências de direito privado (direitos em face do Estado a que este crie normas constitutivas para as ações de direito privado, como as normas de direito contratual, por exemplo[491]); ii) procedimentos judiciais e administrativos (o resultado do procedimento deve proteger os direitos materiais dos titulares dos direitos fundamentais, servindo para a produção de decisões conforme à lei e justas[492]); iii) organização em sentido estrito (que trata da ação conjunta de diversas pessoas na persecução de determinadas finalidades); e iv) formação da vontade estatal (direitos em face do Estado para que este crie procedimentos, por meio de lei, que possibilitem uma participação na formação da vontade estatal[493]);

c) **direitos a prestação em sentido estrito:** que se identificam com os direitos fundamentais sociais objeto de estudo do presente ponto do edital.

Assim, **os direitos a prestação em sentido estrito (ou direitos fundamentais sociais)** são, segundo Alexy, "direitos do indivíduo, em face do Estado, a algo que o indivíduo, se dispusesse de meios financeiros suficientes e se houvesse uma oferta suficiente no mercado, poderia também obter de particula-

---

[489] ALEXY, Robert. *Teoria dos direitos fundamentais.* Trad. Virgílio Afonso da Silva. São Paulo: Malheiros, 2008, p. 444.

[490] ALEXY, Robert. *Teoria dos direitos fundamentais.* Trad. Virgílio Afonso da Silva. São Paulo: Malheiros, 2008, p. 450.

[491] ALEXY, Robert. *Teoria dos direitos fundamentais.* Trad. Virgílio Afonso da Silva. São Paulo: Malheiros, 2008, p. 484.

[492] ALEXY, Robert. *Teoria dos direitos fundamentais.* Trad. Virgílio Afonso da Silva. São Paulo: Malheiros, 2008, p. 488.

[493] ALEXY, Robert. *Teoria dos direitos fundamentais.* Trad. Virgílio Afonso da Silva. São Paulo: Malheiros, 2008, p. 498.

res"[494]. Como exemplo, o autor aponta os direitos à assistência à saúde, ao trabalho, à moradia e à educação.

A seguir, destaca o jurista alemão serem vários os tipos de normas que contemplam os direitos fundamentais sociais, havendo **três critérios**, sob o prisma teórico-estrutural, para diferenciá-las:

a) o primeiro distingue entre normas que garantam direitos **subjetivos** daquelas que obrigam o Estado de forma **objetiva**;

b) o segundo contrapõe as normas **vinculantes** às normas **não vinculantes (programáticas)**;

c) o terceiro diferencia os direitos e deveres **definitivos** (regras) daqueles *prima facie* (princípios).

De acordo com Alexy, a combinação de tais critérios resultaria em oito tipos diferentes de normas, cada qual com uma estrutura própria, a saber:

a) normas **vinculantes**, que garantem direitos **subjetivos** e contemplam direitos e deveres **definitivos** (que teriam a proteção **mais intensa**);

b) normas **vinculantes**, que garantem direitos **subjetivos** e contemplam direitos e deveres *prima facie*;

c) normas **vinculantes**, que obrigam o Estado de forma **objetiva** e contemplam direitos e deveres **definitivos**;

d) normas **vinculantes**, que obrigam o Estado de forma **objetiva** e contemplam direitos e deveres *prima facie*;

e) normas **não vinculantes**, que garantem direitos **subjetivos** e contemplam direitos e deveres **definitivos**;

f) normas **não vinculantes**, que garantem direitos **subjetivos** e contemplam direitos e deveres *prima facie*;

g) normas **não vinculantes**, que obrigam o Estado de forma **objetiva** e contemplam direitos e deveres **definitivos**;

h) normas **não vinculantes**, que obrigam o Estado de forma **objetiva** e contemplam direitos e deveres *prima facie* (que teriam a proteção **mais fraca**).

Feito esse esboço, Alexy desenvolve uma proposta de direitos fundamentais sociais baseada na **teoria dos princípios**. Nesse sentido, a averiguação so-

---

[494] ALEXY, Robert. *Teoria dos direitos fundamentais*. Trad. Virgílio Afonso da Silva. São Paulo: Malheiros, 2008, p. 499.

bre quais destes direitos o indivíduo definitivamente tem estará submetida a uma questão de **sopesamento** entre princípios.

Seguindo esse raciocínio, assenta o autor que o reconhecimento de um direito definitivo à prestação ao indivíduo dependeria da constatação de um **peso maior** do princípio da liberdade fática (entendida como a possibilidade fática de escolher entre as alternativas permitidas) em comparação ao princípio da separação de poderes, ao princípio democrático e aos princípios materiais colidentes (em especial aqueles ligados à liberdade jurídica de outrem, esta compreendida como a permissão jurídica de se fazer ou deixar de fazer algo)[495].

Finalmente, é interessante notar, para fins de concurso da Defensoria, que, segundo Alexy, essa preponderância do princípio da liberdade fática apta ao reconhecimento de um direito definitivo à prestação incide, necessariamente, no caso de **direitos fundamentais sociais mínimos,** como seria o caso dos **direitos a um mínimo existencial, a uma moradia simples, à educação fundamental e média, à educação profissionalizante e a um patamar mínimo de assistência médica**[496].

DICA DO AUTOR : Em razão da reconhecida complexidade da posição de Alexy acima esboçada, temos que esta dificilmente será cobrada, em profundidade, do candidato ao cargo de defensor público, que poderá abordar os direitos fundamentais sociais de acordo com os seguintes passos:

Com o objetivo de introduzir o tema, o candidato deve trazer uma visão crítica sobre a dicotomia entre direitos individuais e direitos sociais, com base nos argumentos acima elencados.

Logo após, o candidato já deve recorrer aos ensinamentos de Robert Alexy no sentido de identificar os direitos a prestação em sentido estrito com os direitos fundamentais sociais, trazendo, em linhas gerais, tanto o conceito proposto pelo autor, como alguns exemplos de tais direitos.

Posteriormente, é interessante apontar que a formulação da teoria dos direitos fundamentais sociais de Alexy assenta-se na teoria dos princípios, de modo que, mediante o sopesamento de princípios no caso concreto, será possí-

---

[495] ALEXY, Robert. *Teoria dos direitos fundamentais.* Trad. Virgílio Afonso da Silva. São Paulo: Malheiros, 2008, p. 512 e 517.

[496] ALEXY, Robert. *Teoria dos direitos fundamentais.* Trad. Virgílio Afonso da Silva. São Paulo: Malheiros, 2008, p. 512.

vel concluir ou não pelo reconhecimento de um direito definitivo à prestação ao indivíduo, ganhando destaque, nesse aspecto, o peso a ser dado ao princípio da liberdade fática, entendida como a possibilidade fática de escolher entre as alternativas permitidas.

Como encerramento, cabe explorar o posicionamento do autor ao reconhecer como direito definitivo à prestação no que tange aos direitos fundamentais sociais mínimos, cuja proteção guarda plena identidade com a missão constitucional conferida à Defensoria Pública.

■ **Efetivação. Intervenção do Poder Judiciário em tema de implementação de políticas públicas e de direitos sociais**

Enquanto o edital da Defensoria do Paraná prevê no bojo dos **"direitos sociais" (ponto 25)** o assunto acerca da **"intervenção do Poder Judiciário na implementação de direitos sociais"**, o edital da Defensoria de São Paulo o faz no ponto dedicado ao **"Poder Judiciário" (ponto 16)** e sob a denominação **"políticas públicas e controle jurisdicional"**.

Não obstante essa diferença de enfoque verificada nos mencionados editais, optamos por tratar do assunto no presente ponto, uma vez que o papel do Judiciário em tema de políticas públicas está, como veremos linhas avante, intimamente ligado à **efetividade (efetivação) dos direitos sociais**[497].

Segundo Maria Paula Dallari Bucci:

> Políticas públicas são programas de ação governamental visando a coordenar os meios à disposição do Estado e as atividades privadas para a realização de objetivos socialmente relevantes e politicamente determinados. Políticas públicas são "metas coletivamente conscientes" e, como tais, um problema de direito público, em sentido lato[498].

Tomando por base esse conceito, podemos notar que a maioria dos direitos sociais (sobretudo aqueles identificados com o mínimo existencial[499]) depende, para serem cumpridos e efetivados, da implantação ou incremento de políticas públicas por parte do Estado.

---

[497] Trata-se de matéria inserida na "espinha dorsal" do direito constitucional, nos termos em que preconizamos no tópico "conteúdo" do direito constitucional no ponto 1 deste livro.

[498] *Direito administrativo e políticas públicas.* São Paulo: Saraiva, 2002, p. 241.

[499] Lembramos que o mínimo existencial é examinado no ponto 26 deste livro.

Ocorre que isso nem sempre se verifica no plano da realidade. Pelo contrário. Inúmeros são os casos em que se constata o descumprimento de direitos fundamentais sociais previstos no texto constitucional por meio da omissão estatal, representada pela insuficiência ou mesmo ausência de políticas públicas.

Diante desse quadro é que se coloca a seguinte questão: ao detectar essa omissão do Estado, caberia ao Poder Judiciário, quando invocado, obrigá-lo a adotar as políticas públicas necessárias para conferir efetividade aos direitos fundamentais sociais?

A resposta a essa indagação, em especial para fins de concurso da Defensoria Pública, deve ser dada com base numa visão pós-positivista do direito constitucional, representada pelo que se convencionou em chamar de neoconstitucionalismo.

Retomando um pouco esse tema, tivemos a oportunidade de destacar (no ponto 7 deste livro) as três mudanças de paradigmas promovidas pelo neoconstitucionalismo, quais sejam: a força normativa da Constituição, a expansão da jurisdição constitucional e uma nova interpretação constitucional.

Essas mudanças fizeram com que o Poder Judiciário passasse a ocupar papel de destaque em sua incumbência de interpretar e aplicar a Constituição, elevando-se ao nível dos outros poderes para se tornar, na expressão de **Cappelletti**, o "terceiro gigante, capaz de controlar o legislador mastodonte e o leviatanesco administrador"[500].

Como registra **Luís Roberto Barroso**:

> uma das instigantes novidades do Brasil dos últimos anos foi a virtuosa ascensão institucional do Poder Judiciário. Recuperadas as liberdades democráticas e as garantias da magistratura, juízes e tribunais deixaram de ser um departamento técnico especializado e passaram a desempenhar um papel político, dividindo espaço com o Legislativo e o Executivo[501].

De fato, essa nova leitura da função a ser desempenhada pelo Poder Judiciário o torna figura central para salvaguardar os direitos fundamentais quando desrespeitados – por ação ou omissão – pelos demais Poderes (Legislativo e Execu-

---

[500] *Juízes legisladores?* Trad. Carlos Alberto Alvaro de Oliveira. Porto Alegre: Sergio Antonio Fabris Editor, 1993, p. 47.

[501] *Curso de direito constitucional contemporâneo:* os conceitos fundamentais e a construção do novo modelo. São Paulo: Saraiva, 2009, p. 383.

tivo) inicialmente incumbidos de fazê-lo. Como adverte **Américo Bedê Freire Júnior**: "em regra, o Executivo e o Legislativo devem proporcionar a efetivação da Constituição; contudo, quando tal tarefa não foi cumprida, não pode o juiz ser coautor da omissão e relegar a Constituição a um nada jurídico"[502].

Portanto, uma vez verificada a omissão estatal na implementação de políticas públicas traçadas pela Constituição para assegurar a efetividade dos direitos sociais, deve o Poder Judiciário, legitimamente, intervir para obrigar o Estado a fazê-lo.

Como afirmou **Clarice Seixas Duarte**:

> Ora, se o Estado social está todo voltado para a concretização dos direitos sociais por meio da implementação de políticas públicas, negar a possibilidade de constrangimento judicial do Estado a executar o que deve ferir todo o espírito da Constituição e compromete sua efetividade. Não há nada pior em um Estado social do que a omissão dos poderes públicos no tocante à realização das políticas públicas constitucionalmente delineadas. Trata-se de uma lesão de direitos extremamente grave, que afeta a integridade do sistema e, como tal, deve ser levada ao Judiciário, órgão incumbido de apreciá-las, conforme dispõe o art. 5º, XXXV, da Constituição Federal[503].

Também nesse sentido a afirmação de **Dirley da Cunha Junior**:

> cumpre ao juiz, no exercício da jurisdição constitucional das liberdades, desenvolver e efetivar as normas constitucionais, cabendo-lhes, até mesmo, se necessário à plena realização dos direitos fundamentais, viabilizar políticas públicas ante a omissão inconstitucional dos órgãos de direção política[504].

Veja o candidato que o **IV Concurso da Defensoria do Estado de São Paulo, realizado em 2010, pela Fundação Carlos Chagas**, ao tratar da Constituição Dirigente, considerou como correta a afirmação de que "**é cabível o juízo de constitucionalidade de políticas públicas que podem ser consideradas incompatíveis com os objetivos constitucionais que vinculam a ação do Estado**".

---

[502] *O controle judicial de políticas públicas*. São Paulo: Revista dos Tribunais, 2005, p. 71.

[503] Reflexões sobre a justiciabilidade do direito à educação no Brasil. In: HADDAD, Sérgio; GRACIANO, Mariângela (Orgs.). *A educação entre os direitos humanos*. São Paulo: Ação Educativa, 2006, p. 145.

[504] *Controle judicial das omissões do poder público:* em busca de uma dogmática constitucional transformadora à luz do direito fundamental à efetivação da constituição. 2. ed. rev. e atual. São Paulo: Saraiva, 2008, p. 362 e 363.

Nesse contexto, não encontram guarida os argumentos contrários ao controle jurisdicional em matéria de políticas públicas, normalmente relacionados a supostas violações ao princípio da separação de poderes, ao princípio majoritário e à discricionariedade administrativa.

Como assevera **Ana Paula de Barcellos**:

> nem a separação de poderes, nem o princípio majoritário são absolutos em si mesmos, sendo possível excepcioná-los em determinadas hipóteses, especialmente quando se tratar da garantia dos direitos fundamentais e da dignidade da pessoa humana que eles, direta ou indiretamente, buscam também promover. Mais que isso, não haveria sentido algum em interpretar esses dois princípios contra seu próprio fim, mantendo, a pretexto de respeitá-los, situações de reconhecida e indisputada indignidade[505].

Ainda de acordo com defensor público paulista **Carlos Weis**:

> a própria estruturação do Estado Brasileiro para o fim de erradicar a pobreza e a marginalização e reduzir as desigualdades sociais e regionais decorre da obrigatoriedade das normas de direitos econômicos, sociais e culturais (constitucionais ou de direito internacional), que vinculam as políticas públicas, não se podendo pensar, atualmente, que tal se dá como simples liberalidade do governo. O modo e a intensidade pelos quais os entes federados cumprem as obrigações decorrentes das normas definidoras de direitos econômicos, sociais e culturais não podem ser confundidos com a eventual opção do administrador público em buscar a elevação das condições de vida dos grupos sociais marginalizados ou excluídos. E a existência de diversos serviços públicos destinados a atender a essa finalidade nos campos da saúde, educação, moradia etc. demonstra o quanto as normas de direitos econômicos, sociais e culturais produzem efeitos no mundo fático, certamente possuindo aquele "mínimo de eficácia" mencionado[506].

Sensível a essa nova postura exigida atualmente por parte do Poder Judiciário, o Supremo Tribunal Federal, em decisão paradigmática sobre o tema, assentou:

> Arguição de descumprimento de preceito fundamental. **A questão da legitimidade constitucional do controle e da intervenção do Poder Judiciário em tema de implementação de políticas públicas, quando configurada**

---

[505] *A eficácia jurídica dos princípios constitucionais. O princípio da dignidade da pessoa humana.* Rio de Janeiro: Renovar, 2002, p. 230.

[506] *Os direitos humanos contemporâneos.* São Paulo: Malheiros, 2006, p. 52.

hipótese de abusividade governamental. Dimensão política da jurisdição constitucional atribuída ao Supremo Tribunal Federal. Inoponibilidade do arbítrio estatal à efetivação dos direitos sociais, econômicos e culturais. Caráter relativo da liberdade de conformação do legislador. Considerações em torno da cláusula da "reserva do possível". Necessidade de preservação, em favor dos indivíduos, da integridade e da intangibilidade do núcleo consubstanciador do "mínimo existencial". Viabilidade instrumental da arguição de descumprimento no processo de concretização das liberdades positivas (direitos constitucionais de segunda geração)[507].

Podemos dizer que essa decisão do Supremo Tribunal Federal chancelou a possibilidade de implementação de políticas públicas pelo Poder Judiciário, abrindo caminho para inúmeras decisões no mesmo sentido não apenas provenientes da própria Corte, como também dos diversos tribunais espalhados pelo País.

Por fim, uma das questões debatidas no Supremo Tribunal Federal relativa ao tema em estudo (e que aqui merece menção por tratar de matéria afeta à Defensoria)[508] relaciona-se ao **Recurso Extraordinário 592.581**, de relatoria do Ministro Ricardo Lewandowski, interposto contra acórdão que, ao reformar a sentença de 1º grau, entendeu não caber ao Poder Judiciário determinar ao Poder Executivo a realização de obras em estabelecimento prisional, sob pena de ingerência indevida em seara reservada à Administração, não obstante o reconhecimento de que as precárias condições desses estabelecimentos importam ofensa à integridade física e moral dos presos.

Sobre essa discussão, a Suprema Corte, depois de reconhecer a existência de repercussão geral sobre o assunto, decidiu ser lícito ao Judiciário impor à Administração Pública obrigação de fazer, consistente na promoção de medidas ou execução de obras emergenciais em estabelecimentos prisionais para dar efetividade ao postulado da dignidade da pessoa humana e assegurar nos termos do que preceitua o art. 5º, XLIX, da Constituição Federal, não sendo oponível à decisão o argumento da reserva do possível nem o princípio da separação dos Poderes[509].

---

[507] Arguição de Descumprimento de Preceito Fundamental 45, Rel. Min. Celso de Mello, j. 29-4-2004, Informativo 345 do STF.

[508] Veja o candidato que esse julgado foi cobrado nas provas das Defensorias Públicas estaduais do Espírito Santo (realizado pela Fundação Carlos Chagas em 2016), do Amapá (realizado pela Fundação Carlos Chagas em 2017) e do Acre (realizado pela CESPE em 2017).

[509] Notícias do STF de 13-8-2015. Acesso pelo *site*: <www.stf.jus.br>.

Nesse ponto, torna-se imperiosa uma breve digressão acerca do chamado **Estado de Coisas Inconstitucional (ECI),** seja por estar intimamente ligado ao tema relativo ao controle jurisdicional de políticas públicas ora tratado, seja pela sua cobrança nos recentes certames das Defensorias Públicas estaduais[510].

É possível afirmar que o Estado de Coisas Inconstitucional consiste em uma técnica diferenciada empregada pelo Poder Judiciário para solucionar **questões complexas** nos chamados **litígios estruturais** e cuja origem é atribuída à **Corte Constitucional da Colômbia** que, desde 1997, adotou-a em diversas hipóteses[511].

Esses litígios tratam da **violação sistemática de direitos fundamentais** de um **número expressivo de pessoas,** cuja solução exige a **adoção de políticas públicas,** tais como medidas legislativas, administrativas e orçamentárias, por **diversos órgãos estatais.**

Em tais casos, o Poder Judiciário adota uma postura protagonista e de coordenação destinada a **desbloquear** (efeito desbloqueador) os entraves burocráticos, as falhas estruturais em políticas públicas e a inércia estatal responsáveis por essa violação, mediante a **fixação de medidas** destinadas a solucionar a questão, bem como o **posterior e contínuo monitoramento** (mediante os chamados "autos de *seguimiento*", ou seja, "processos de acompanhamento") das ações empregadas por cada órgão responsável, a fim de atestar se os resultados almejados foram realmente atingidos.

Vale destacar que o Poder Judiciário, em princípio, não esmiúça detalhadamente as medidas e políticas públicas a serem adotadas, mas apenas determina as **medidas gerais** a serem realizadas pelos demais Poderes e órgãos competentes, os quais, estes sim, apresentarão um plano concreto e pormenorizado de políticas públicas a ser por eles executado, contando, inclusive, com a **partici-**

---

[510] "O tema foi abordado, por exemplo, nos concursos para ingresso ao cargo de Defensor Público dos Estados do Paraná (2017), de Santa Catarina (2017) e do Amapá (2018), todos eles realizados pela Fundação Carlos Chagas."

[511] Além do primeiro caso, que envolveu a **violação de direitos previdenciários de diversos professores** (*Sentencia de Unificación* - SU 559 de 1997), a Corte colombiana já reconheceu, por exemplo, o Estado de Coisas Inconstitucional em relação ao **sistema carcerário** (*Sentencia de Tutela* – ST 153 de 1998 e *Sentencia de Tutela* – ST 388 de 2013), à **falta de proteção para os defensores de direitos humanos** (*Sentencia de Tutela* – ST 590 de 1998) e ao **deslocamento forçado** (*desplazamiento forzado*) de pessoas (as chamadas PDI: *personas desplazadas internamente*, ou seja, pessoas deslocadas internamente) em virtude dos conflitos armados presentes à época na Colômbia (*Sentencia de Tutela* – ST 025 de 2004).

pação das pessoas afetadas, de entidades ligadas ao tema e de profissionais da área correspondente por meio de **audiências públicas e reuniões técnicas**. Daí a razão para se falar, na espécie, de um **ativismo judicial dialógico**[512].

De se notar que, no ano de 2015, o Supremo Tribunal Federal reconheceu o Estado de Coisas Inconstitucional em relação ao **sistema penitenciário brasileiro,** concedendo parcialmente a medida cautelar pleiteada na **Arguição de Descumprimento de Preceito Fundamental 347**, para determinar a realização de audiência de custódia por todos os juízes e tribunais do País no prazo máximo de 90 dias, bem como a liberação do saldo do Fundo Penitenciário Nacional para ser aplicado aos fins a que se destina, vedando novos contingenciamentos[513].

Também merece destaque a ação civil pública envolvendo a falta de vagas na educação infantil no Município de São Paulo e apreciada pelo Tribunal de Justiça do Estado de São Paulo, o qual, embora não tenha reconhecido formalmente o Estado de Coisas Inconstitucional na hipótese, valeu-se dessa técnica diferenciada para conferir solução ao caso.

Nessa oportunidade, esse Sodalício, após a realização de audiência pública com diversos órgãos e entidades, determinou ao Município que criasse no mínimo 150 mil vagas novas até 2016; incluísse em seu orçamento recursos suficientes para tanto e formulasse um plano de ampliação de vagas e construção de novas unidades de educação infantil, sendo que tais medidas seriam monitoradas pela Coordenadoria de Infância e Juventude daquele tribunal, em articulação com a sociedade civil, a Defensoria Pública e o Ministério Público[514].

---

[512] Como bem acentua a doutrina estrangeira: "mediante o controle de cumprimento de seus acórdãos por meio de um processo de acompanhamento que envolva não somente os funcionários públicos, mas também uma grande variedade de atores com conhecimento relevante (associações profissionais, ONG, organizações em prol das vítimas, especialistas acadêmicos, entre outros), os tribunais dialógicos podem promover a busca colaborativa de soluções ou, ao menos, uma discussão pública sobre as possíveis ações. Os efeitos diretos e indiretos que podem surgir deste diálogo incluem o desbloqueio dos processos de política pública, a melhora da coordenação entre órgãos públicos anteriormente desarticulados e a elaboração de políticas públicas marcadas por uma linguagem de direitos. Essas mudanças, por sua vez, podem prevenir a judicialização indiscriminada dos conflitos" (In: GARAVITO, César Rodríguez y FRANCO, Diana Rodríguez. *Juicio a la exclusión: El impacto de los tribunales sobre los derechos sociales en el Sur Global*. 1. ed. Buenos Aires: Siglo Veintiuno Editores, 2015, p. 241, tradução livre pelo autor).

[513] Plenário, ADPF 347 MC, Rel. Min. Marco Aurélio, j. 9-9-2015, *DJE* 18-2-2016.

[514] Tribunal de Justiça do Estado de São Paulo, Apelação n. 0150735-64.2008.8.26.0002, Câmara Especial, Rel. Desembargador Walter de Almeida Guilherme, j. 16-12-2013.

■ **Teoria do mínimo existencial**

Embora a teoria acerca do mínimo existencial esteja encartada nesse ponto do edital da Defensoria do Paraná atinente aos "direitos sociais" (provavelmente em razão de sua maior incidência quando em jogo os direitos assim denominados), optamos por tratá-lo no **ponto 26** deste livro de forma específica, não apenas em decorrência de sua relevância para os certames da Defensoria, como também para evitar uma visão estreita, a nosso ver, no sentido de que o campo de incidência do mínimo existencial estaria circunscrito, apenas, aos direitos sociais.

■ **Princípio da reserva do possível**

O **princípio (ou cláusula) da reserva do possível**[515] tem origem no famigerado caso *numerus clausus*[516] julgado pelo Tribunal Constitucional Federal da Alemanha, cuja discussão dizia respeito ao acesso ao ensino superior. Naquela ocasião, a Corte ponderou que não caberia garantir a todo e qualquer candidato à vaga de seu interesse no ensino superior sem ter em conta os custos estatais envolvidos.

Desse modo, caberia investigar a razoabilidade da prestação estatal requerida, vale dizer, "àquilo que o indivíduo pode razoavelmente exigir da sociedade"[517]. Em outros termos, dever-se-ia analisar até que ponto se poderia exigir do Estado determinada prestação, admitindo-se, no caso concreto, certos limites, aos quais se deu o nome de "reserva do possível" (*Vorbehalt des Möglichen*).

Como muitos doutrinadores apontam, a discussão que envolve o princípio da reserva do possível ganha relevância na medida em que as infinitas necessidades da sociedade devem ser atendidas pelo finitos recursos do Estado, competindo aos órgãos estatais as "decisões trágicas", no dizer de Gustavo Amaral[518], acerca de quais necessidades devem ser ou não atendidas.

Em razão de a invocação desse argumento pelos Poderes Públicos ser recorrente nos processos judiciais para negar efetividade aos direitos fundamentais

---

[515] Trata-se de matéria inserida na "espinha dorsal" do direito constitucional, nos termos em que preconizamos no tópico "conteúdo" do direito constitucional no ponto 1 deste livro.

[516] BVerfGE 33, 303 (333).

[517] ALEXY, Robert. *Teoria dos direitos fundamentais*. Trad. Virgílio Afonso da Silva. São Paulo: Malheiros, 2008, p. 515.

[518] *Direito, escassez e escolha. Em busca de critérios jurídicos para lidar com a escassez de recursos e as decisões trágicas*. 2. ed. Rio de Janeiro: Lumen Juris, 2009.

(sobretudo os sociais), assim como às políticas públicas necessárias à implementação destes, é imprescindível que o candidato ao cargo de defensor público detenha argumentos sólidos para superá-lo, dos quais elencamos os três abaixo, com os correspondentes embasamentos doutrinário e jurisprudencial.

1. **O princípio da reserva do possível não se aplica ao nosso País, cuja realidade socioeconômica não se confunde com aquela constatada na Alemanha donde o princípio se originou.**

Essa posição é adotada pelo jurista Andreas Joachim Krell[519] e tem sido acolhida pela jurisprudência, como vemos pelo trecho do julgado a seguir transcrito:

> [...] TEORIA DA RESERVA DO POSSÍVEL – Exclusão de responsabilidade do Estado – INAPLICABILIDADE: Teoria oriunda de país com realidade socioeconômica que difere da realidade nacional e por isso é inaplicável quando se visa preservação do direito à vida e à saúde [...][520].

2. **O princípio da reserva do possível não incide quando se tratar de direitos inseridos no conceito de mínimo existencial.**

Embora tenhamos tratado do mínimo existencial no ponto 26 deste livro (ao qual remetemos o leitor), cabe-nos, desde já, colacionar o entendimento doutrinário pela inaplicabilidade da reserva do possível em tais casos:

> as objeções atreladas à reserva do possível não poderão prevalecer nesta hipótese, exigíveis, portanto, providências que assegurem, no caso concreto, a prevalência da vida e da dignidade da pessoa, inclusive o cogente direcionamento ou redirecionamento de prioridades em matéria de alocação de recursos, pois é disso que no fundo se está a tratar. Até mesmo a tese de que a reserva do possível poderia servir de argumento eficiente a afastar a responsabilidade do Estado (por ação ou omissão, vale dizer!) não nos parece possa ser aceita, ainda mais de modo generalizado, na esfera das prestações que inequivocamente dizem com o mínimo existencial[521].

---

[519] KRELL, Andreas Joachim. *Direitos sociais e controle judicial no Brasil e na Alemanha: os (des)caminhos de um direito constitucional "comparado"*. Porto Alegre: Sergio Antonio Fabris Editor, 2002.

[520] Tribunal de Justiça de São Paulo, 6ª Câmara de Direito Público, Comarca de Franca, Apelação com Revisão 994092441176 (9771625700), Rel. Israel Góes dos Anjos, j. 14-12-2009, data de registro: 5-1-2010.

[521] SARLET, Ingo Wolfgang; FIGUEIREDO, Mariana Filchtiner. Reserva do possível, mínimo existencial e direito à saúde: algumas aproximações. In: SARLET, Ingo Wolfgang; TIMM, Luciano Benetti (Org.). *Direitos fundamentais:* orçamento e reserva do possível. Porto Alegre: Livraria do Advogado, 2008, p. 37.

Aliás, foi justamente essa a linha adotada na prova objetiva do **IV Concurso da Defensoria do Estado de São Paulo, realizado em 2010, pela Fundação Carlos Chagas**, que, mencionada a situação de diversas mães que se dirigiam à Defensoria para se queixar acerca da falta de vagas em creche municipal para seus filhos, considerou como correta a resposta no sentido de que competia ao Defensor **"ajuizar ação judicial com base no direito à educação que compreende o atendimento em creche e pré-escola, pois a reserva do possível não pode ser oponível à realização do mínimo existencial"**.

No mesmo sentido, trecho do seguinte julgado: "[...] Inaplicabilidade da Teoria da Reserva do Possível em matéria de preservação do direito à vida e à saúde [...]"[522].

3. **Ainda que se entenda cabível a aplicação do princípio da reserva do possível em determinada hipótese, é imprescindível a sua efetiva comprovação pelo Poder Público que a invocou.**

Como assevera a doutrina:

> cabe ao órgão público ao menos delinear "quem paga a conta", qual o perfil daqueles que foram beneficiados pelo nível de decisão alocativa tomado e seriam prejudicados se fosse determinado o atendimento pretendido na demanda. Cabe à Advocacia Pública zelar para que tais informações sejam prestadas nos autos e orientar não apenas que as escolhas sejam fundamentadas, mas que haja registro disto. O espaço para argumentos puramente formais ou etéreos, como separação de poderes, mérito do ato administrativo, prevalência do interesse público são de pouco valor prático[523].

Na mesma linha, o seguinte entendimento jurisprudencial:

> **[...] a real insuficiência de recursos deve ser demonstrada pelo Poder Público, não sendo admitido que a tese seja utilizada como uma desculpa genérica para a omissão estatal no campo da efetivação dos direitos fundamentais, principalmente os de cunho social. Dessarte, no caso dos autos, em que não há essa demonstração, impõe-se negar provimento ao especial do município [...]**[524].

---

[522] TJSP, 9ª Câmara de Direito Público, Apelação com Revisão 9136045700, Rel. Décio Notarangeli, Comarca: Indaiatuba, j. 18-11-2009, data de registro: 4-1-2010.

[523] AMARAL, Gustavo. *Direito, escassez e escolha*. Em busca de critérios jurídicos para lidar com a escassez de recursos e as decisões trágicas. 2. ed. Rio de Janeiro: Lumen Juris, 2009, p. 183.

[524] REsp 1.185.474/SC, Rel. Min. Humberto Martins, j. 20-4-2010, Informativo STJ 431.

DICA DO AUTOR : Recomendamos que o candidato utilize tais argumentos para adotar uma postura crítica em relação à aplicação do princípio da reserva do possível, devendo tal postura permear suas respostas nos certames.

■ Princípio do não retrocesso social

Intimamente relacionado com os princípios da segurança jurídica (decorrente do art. 5º, *caput* da Constituição Federal) e da dignidade da pessoa humana (art. 1º, III, da Constituição Federal), o **princípio do não retrocesso social**[525] (também chamado de **princípio da vedação ao retrocesso**) busca, essencialmente, assegurar estabilidade às relações jurídicas e à ordem jurídica, vedando medidas retrocessivas.

Desse modo, em um sentido amplo, o princípio do não retrocesso social pode ser identificado com a proteção conferida às cláusulas pétreas (art. 60, § 4º, I a IV, da Constituição Federal) e também com as garantias do direito adquirido, do ato jurídico perfeito e da coisa julgada (art. 5º, XXXVI, da Constituição Federal). Contudo, é justamente na seara dos direitos fundamentais sociais que o princípio em estudo encontra maior repercussão (o que justifica a sua inserção, pelo edital da Defensoria do Paraná, quando aborda os direitos sociais), a ponto de Ingo Wolfgang Sarlet designá-lo, em tal hipótese, como princípio do não retrocesso social em sentido estrito[526].

Nessa linha, o princípio do não retrocesso social seria previsto implicitamente no texto constitucional podendo, nas palavras do mencionado jurista,

> ser reconduzido tanto ao princípio do Estado de Direito (no âmbito da proteção da confiança e da estabilidade das relações jurídicas inerentes à segurança jurídica), quanto ao princípio do Estado Social, na condição de garantia da manutenção dos graus mínimos de segurança social alcançados, sendo, de resto, corolário da máxima eficácia e efetividade das normas de direitos fundamentais sociais e do direito à segurança jurídica, assim como da própria dignidade da pessoa humana[527].

---

[525] Trata-se de matéria inserida na "espinha dorsal" do direito constitucional, nos termos em que preconizamos no tópico "conteúdo" do direito constitucional no ponto 1 deste livro.

[526] SARLET, Ingo Wolfgang. *A eficácia dos direitos fundamentais.* 9. ed. rev. atual. e ampl. Porto Alegre: Livraria do Advogado, 2008, 2ª parte, item 3.7, p. 441.

[527] SARLET, Ingo Wolfgang. *A eficácia dos direitos fundamentais.* 9. ed. rev. atual. e ampl. Porto Alegre: Livraria do Advogado, 2008, 2ª parte, item 3.7, p. 454.

Em outros termos, o princípio do não retrocesso social tem por escopo assegurar a manutenção dos níveis gerais de proteção social alcançados no âmbito do Estado Social, vedando qualquer medida destinada a reduzi-los, mesmo que tais medidas decorram do legislador infraconstitucional ou do Poder Público em geral.

Ingo Wolfgang Sarlet sugere, em caráter ilustrativo, algumas hipóteses sobre as quais o princípio poderia incidir, como se daria nos casos de medidas destinadas a desmontar, total ou parcialmente, o sistema de seguridade social (nele incluídos os benefícios assistenciais e os serviços e prestações na área de saúde pública), o acesso ao ensino público e gratuito e a flexibilização dos direito e garantias dos trabalhadores[528].

A esse respeito, o autor traz importante julgado do Tribunal Constitucional de Portugal (Acórdão 509/2002) que entendeu pela inconstitucionalidade, por violação ao princípio da vedação ao retrocesso, de um decreto que, ao substituir o antigo rendimento mínimo garantido por um novo rendimento social de inserção acabou por excluir da fruição deste benefício pessoas com idade entre 18 e 25 anos, sem a previsão e/ou manutenção de outro tipo de proteção social similar para tal grupo de pessoas.

No Direito brasileiro, também podemos constatar a invocação do princípio da vedação ao retrocesso no julgado do Supremo Tribunal Federal por nós citado no ponto 17 deste livro (ao tratar especificamente da Defensoria Pública) que assentou a possibilidade de o Poder Judiciário determinar o cumprimento de políticas públicas relativas à criação, implantação e estruturação da Defensoria Pública quando constatada a omissão estatal. Na ocasião, a Suprema Corte assentou:

> [...] Controle jurisdicional de legitimidade sobre a omissão do Estado: atividade de fiscalização judicial que se justifica pela necessidade de observância de certos parâmetros constitucionais (**proibição de retrocesso social,** proteção ao mínimo existencial, vedação da proteção insuficiente e proibição de excesso). Doutrina. Precedentes. A função constitucional da Defensoria Pública e a essencialidade dessa instituição da República. *Thema decidendum* que se restringe ao pleito deduzido na inicial, cujo objeto consiste, unicamente, na "criação, implantação e estruturação da Defensoria Pública

---

[528] SARLET, Ingo Wolfgang. *A eficácia dos direitos fundamentais.* 9. ed. rev. atual. e ampl. Porto Alegre: Livraria do Advogado, 2008, 2ª parte, item 3.7, p. 440.

da Comarca de Apucarana". Recurso de agravo provido, em parte (grifos nossos)[529].

Como vimos no ponto 21 deste livro, o princípio em exame também tem sido invocado pela **Associação Nacional dos Defensores Públicos (Anadep)** para combater a **redução da maioridade penal** em discussão no Congresso Nacional nos seguintes termos:

> a imputabilidade a partir dos 18 anos, cláusula pétrea prevista no art. 288 da Constituição Federal, constitui-se direito fundamental do cidadão, oponível frente ao Estado e como tal é insusceptível de qualquer reforma constitucional tendente a suprimi-lo, conforme dispõe art. 60, § 4º, IV, da CF. A liberdade é uma garantia constitucional e está vinculada ao princípio fundamental da dignidade da pessoa humana, especialmente em relação às crianças e adolescentes por sua condição de pessoa em desenvolvimento, a quem confere a Carta Magna prioridade de atenção pela família, pela sociedade e pelo Estado, nos termos do art. 227. **Ademais, o Princípio Constitucional da Proibição do Retrocesso Social, implícito na Constituição brasileira de 1988, decorrente do sistema jurídico-constitucional pátrio, tem por escopo a vedação da supressão ou da redução de direitos fundamentais sociais, em níveis já alcançados e garantidos aos brasileiros** (grifos nossos).

DICA DO AUTOR : Como se trata de uma posição oficial da entidade que representa a instituição em âmbito nacional, enfatizamos, mais uma vez, a necessidade de o candidato compartilhar desse posicionamento, adotando-o nas questões dos certames da Defensoria que abordem esse assunto.

Por derradeiro e no plano internacional, também o compromisso de cada Estado adotar medidas que visem assegurar, progressivamente e até o máximo de seus recursos disponíveis, o pleno exercício dos direitos sociais[530] guarda

---

[529] 2ª Turma, Agravo de Instrumento 598.212, Rel. Min. Celso de Mello, j. 25-3-2014, *DJE* 24-4-2014.

[530] Nesse sentido, o art. 2º, § 1º, do Pacto Internacional dos Direitos Econômicos, Sociais e Culturais de 1966 (ratificado pelo Brasil em 1992), segundo o qual: "Cada Estado Membro no presente Pacto compromete-se a adotar medidas, tanto por esforço próprio como pela assistência e cooperação internacionais, principalmente nos planos econômico e técnico, até o máximo de seus recursos disponíveis, que visem a assegurar, progressivamente, por todos os meios apropriados, o pleno exercício dos direitos reconhecidos no presente Pacto, incluindo, em particular, a adoção de medidas legislativas". Na mesma linha, o art. 1º do Protocolo Adicional à Convenção Americana sobre Direitos Humanos em matéria de Direitos Econômicos, Sociais e Culturais ("Protocolo de San Salvador") de 1988 e promulgado pelo Decreto 3.321/99: "Os Estados Partes neste Protocolo Adicional à Convenção Americana sobre Direitos Humanos comprometemse a adotar as medidas necessárias, tanto de ordem interna como por meio da cooperação entre os Estados, especialmente

estreita relação com o princípio do não retrocesso social, vez que aponta para uma progressiva implementação desses direitos, que só seria de todo possível se vedadas medidas destinadas a retroceder os níveis alcançados nessa seara.

DICA DO AUTOR : Após o panorama acima traçado, o candidato poderá abordar o princípio em análise nas provas dissertativas e orais dos certames da Defensoria Pública em conformidade com os passos adiante sugeridos:

O candidato pode iniciar a abordagem do princípio do não retrocesso social realçando o seu propósito principal (qual seja: assegurar estabilidade às relações jurídicas e à ordem jurídica, vedando medidas retrocessivas), além de mencionar os princípios a ele diretamente relacionados (princípios da segurança jurídica e da dignidade da pessoa humana).

Na sequência, convém ao candidato destacar os sentidos amplo e estrito atribuídos ao princípio, seguindo o raciocínio de Ingo Wolfgang Sarlet acima apontado.

Depois disso, é interessante associar o princípio ao objetivo de assegurar a manutenção dos níveis gerais de proteção social alcançados no âmbito do Estado Social, o que se daria por meio da vedação de medidas destinadas a reduzi-los, ainda que provenientes do legislador infraconstitucional ou do Poder Público em geral.

Se houver oportunidade, o candidato pode ainda relacionar o princípio em comento com a previsão, na ordem internacional, de dispositivos que determinam ao Estado a adoção de medidas que visem assegurar, progressivamente e até o máximo de seus recursos disponíveis, o pleno exercício dos direitos sociais, nos termos acima consignados, o que demonstrará um conhecimento amplo e comparativo acerca do assunto.

Em conclusão, sugerimos que o candidato destaque a importância do princípio para a efetividade dos direitos sociais, podendo exemplificar o seu reconhecimento no âmbito jurisprudencial por meio de um breve comentário a respeito do tema versado pelos julgados, respectivamente, do Tribunal Constitucional de Portugal e do Supremo Tribunal Federal retromencionados, cabendo explorar, no último caso, o fato de se tratar de assunto pertinente à própria Defensoria Pública.

---

econômica e técnica, até o máximo dos recursos disponíveis e levando em conta seu grau de desenvolvimento, a fim de conseguir, progressivamente e de acordo com a legislação interna, a plena efetividade dos direitos reconhecidos neste Protocolo".

■ Direitos sociais em espécie

Extremamente escassa e superficial no que diz respeito aos direitos sociais em espécie, a doutrina brasileira de direito constitucional não oferece qualquer aprofundamento acerca do conteúdo e alcance destes, ao contrário do que ocorre com os direitos fundamentais previstos nos incisos do art. 5º da Constituição Federal.

Se, por um lado, essa constatação pode facilitar o estudo do candidato, por outro, pode deixá-lo desguarnecido e sem qualquer parâmetro para abordar, nos certames da Defensoria, os direitos sociais previstos no texto constitucional.

Dessa maneira, buscaremos traçar um panorama geral sobre os direitos fundamentais sociais estabelecidos pela Constituição brasileira, indicando aqueles que mereçam maior atenção do candidato para as provas da Defensoria Pública, bem como trazendo uma jurisprudência selecionada em relação à matéria.

Da leitura do texto constitucional, verifica-se que o constituinte previu os arts. 6º a 11 sob a rubrica de "direitos sociais".

Segundo o art. 6º, são direitos sociais: a educação, a saúde, a alimentação, o trabalho, a moradia, **o transporte**[531], o lazer, a segurança, a previdência social, a proteção à maternidade e à infância e a assistência aos desamparados.

Em se tratando dos concursos da Defensoria, o candidato deve concentrar seus estudos em relação aos **direitos à educação, à saúde, à alimentação, à moradia e à segurança,** que serão adiante examinados nos itens correspondentes, por guardarem maior proximidade com o trabalho diário exercido por seus membros.

■ Direito à educação

O **direito à educação,** além de ser previsto como direito fundamental social no art. 6º da Constituição Federal, também ocupa capítulo específico da ordem social (arts. 205 a 214).

Segundo o art. 205 da Constituição da República, a educação, enquanto direito de todos e dever do Estado e da família, teria três metas básicas: o pleno desenvolvimento da pessoa; o seu preparo para o exercício da cidadania e sua qualificação para o trabalho.

---

[531] O direito ao transporte foi inserido no art. 6º da Constituição Federal como direito social por meio da Emenda Constitucional n. 90/2015.

Reconhecendo essa abrangência conferida ao direito em estudo, a qual deve ser levada em consideração pelo candidato quando dele tratar nos certames da Defensoria, a doutrina afirma que o direito à educação é "mais compreensivo e abrangente que o da mera instrução. A educação objetiva propiciar a formação necessária ao desenvolvimento das aptidões, das potencialidades e da personalidade do educando"[532].

Em se tratando da Defensoria Pública, podemos afirmar que a questão mais corriqueira tratada pela instituição envolvendo o direito à educação (motivo pelo qual exige redobrada atenção pelo candidato) diz respeito à **falta de vagas em creches e pré-escolas** verificada em grande parte dos municípios do País. Essa situação de omissão estatal, em flagrante violação ao art. 208, IV, da Constituição Federal que prevê como dever do Estado garantir a educação infantil em creche e pré-escola às crianças que contem com até cinco anos de idade, faz com que seus genitores e demais responsáveis procurem, diariamente, pela instituição, a fim de ingressarem em juízo pleiteando a efetividade desse direito fundamental social pelo ente federativo competente, tratando-se de um trabalho diário exercido pelos Defensores Públicos com atribuição junto às Varas da Infância e Juventude.

A propósito, cabe registrar o entendimento já consolidado pelo **Supremo Tribunal Federal** pela **possibilidade de o Poder Judiciário assegurar o direito em exame**, como se constata pelo trecho do seguinte acórdão:

> [...] A educação infantil representa prerrogativa constitucional indisponível, que, deferida às crianças, a estas assegura, para efeito de seu desenvolvimento integral, e como primeira etapa do processo de educação básica, o atendimento em creche e o acesso à pré-escola (CF, art. 208, IV). – Essa prerrogativa jurídica, em consequência, impõe, ao Estado, por efeito da alta significação social de que se reveste a educação infantil, a obrigação constitucional de criar condições objetivas que possibilitem, de maneira concreta, em favor das "crianças de zero a seis anos de idade" (CF, art. 208, IV), o efetivo acesso e atendimento em creches e unidades de pré-escola, sob pena de configurar-se inaceitável omissão governamental, apta a frustrar, injustamente, por inércia, o integral adimplemento, pelo Poder Público, de prestação estatal que lhe impôs o próprio texto da Constituição Federal [...] **Embora resida, primariamente, nos Poderes Legislativo e Executivo, a prerrogativa de formular e executar políticas públicas, revela-se possível,**

---

[532] MELLO FILHO, José Celso. *Constituição Federal anotada*. 2. ed. São Paulo: Saraiva, 1986, p. 533.

no entanto, ao Poder Judiciário, determinar, ainda que em bases excepcionais, especialmente nas hipóteses de políticas públicas definidas pela própria Constituição, sejam estas implementadas pelos órgãos estatais inadimplentes, cuja omissão – por importar em descumprimento dos encargos político-jurídicos que sobre eles incidem em caráter mandatório – mostra-se apta a comprometer a eficácia e a integridade de direitos sociais e culturais impregnados de estatura constitucional [...][533].

Veja o candidato que a parte em negrito do julgado acima foi utilizada pela prova objetiva do **Concurso da Defensoria do Estado do Acre, realizado em 2006, pelo Cespe**, para, acerca da teoria geral da Constituição, assinalar como alternativa correta a seguinte:

> é possível ao Poder Judiciário, excepcionalmente, determinar a implementação de políticas públicas definidas pela própria Constituição, sempre que os órgãos estatais competentes descumprirem os encargos político-jurídicos, de modo a comprometer, com a sua omissão, a eficácia e a integridade de direitos sociais e culturais impregnados de estatura constitucional.

Para encerrar o tema atinente ao direito à educação, é conveniente apontar os seguintes entendimentos fixados pelo Supremo Tribunal Federal:

a) **Constatação de ausência de omissão do chefe do Poder Executivo federal quanto à erradicação do analfabetismo e à implementação do ensino fundamental obrigatório e gratuito a todos os brasileiros**[534].

b) **Reconhecimento do "Programa Universidade para Todos" (Prouni) enquanto um programa de ações afirmativas do Estado**[535].

c) **a Constituição Federal não veda o ensino domiciliar utilitarista ou por conveniência circunstancial (*homeschooling*)**[536].

d) **Súmula Vinculante 12 do Supremo Tribunal Federal: "A cobrança de taxa de matrícula nas universidades públicas viola o disposto no art. 206, IV, da Constituição Federal".**

e) a garantia constitucional da gratuidade de ensino não obsta a co-

---

[533] 2ª Turma, Recurso Extraordinário 410.715, Rel. Min. Celso de Mello, j. 22-11-2005.

[534] Plenário, Ação Direta de Inconstitucionalidade 1.698, Rel. Min. Cármen Lúcia, j. 25-2-2010, *DJE* 16-4-2010.

[535] Plenário, Ação Direta de Inconstitucionalidade 3.330, Rel. Min. Ayres Britto, j. 3-5-2012, *DJE* 22-3-2013.

[536] Informativo 915 do Supremo Tribunal Federal, RE 888.815/RS, Rel. orig. Min. Roberto Barroso, red. p/ o acórdão Min. Alexandre de Moraes, j. 12-9-2018.

brança por universidades públicas de mensalidade em cursos de especialização[537];

f) a possibilidade de o ensino religioso nas escolas públicas ter natureza confessional, ou seja, vinculado às diversas religiões[538];

g) a constitucionalidade da exigência de idade mínima de quatro e seis anos para ingresso, respectivamente, na educação infantil e no ensino fundamental, bem como da fixação da data limite de 31 de março para que referidas idades estejam completas[539].

■ Direito à saúde

O **direito à saúde**, por sua vez, tal como ocorre com o direito à educação, também é estabelecido tanto no art. 6º da Constituição Federal, como em seção própria da ordem social (no caso, arts. 196 a 200 do texto constitucional).

Uma breve análise da realidade de nosso País é suficiente para demonstrar as inúmeras dificuldades enfrentadas pela população carente em relação às ações e serviços públicos de saúde, sendo natural que muitas delas resvalem no trabalho exercido pelos defensores públicos em prol daquela.

A falta de medicamentos e insumos na rede pública, a insuficiência de leitos de Unidade de Tratamento Intensiva (UTI) em hospitais públicos, a carência de profissionais de saúde, o longo tempo de espera por tratamentos de saúde especializados e, em última instância, a ausência ou insuficiência de políticas públicas em matéria de saúde pública são, infelizmente, problemas frequentes enfrentados pela população necessitada, que costuma trazê-los à Defensoria Pública para solucioná-los, o que se dá, na maioria das vezes, por meio da invocação, e consequente atuação, do Poder Judiciário em prol da efetividade do direito fundamental à saúde.

DICA DO AUTOR : Nesse contexto, é imprescindível que o candidato detenha pleno conhecimento das normas constitucionais estabelecidas nos arts.

---

[537] Informativo 862; Recurso Extraordinário 597.854/GO, Rel. Min. Edson Fachin, j. 26-4-2017.

[538] Informativo 879, ADI 4.439, Rel Min. Roberto Barroso, j. 27-9-2017. De se notar que o conhecimento do candidato acerca desse julgado foi exigido no **VIII Concurso da Defensoria Pública de São Paulo realizado pela Fundação Carlos Chagas em 2019**.

[539] Informativo 909; ADPF 292/DF, Rel. Min. Luiz Fux, j. 1º-8-2018 e ADC 17/DF, Rel. Min. Edson Fachin, relator para acórdão Min. Roberto Barroso, j. 1º-8-2018.

196 e 200 da Constituição da República para as provas da Defensoria Pública, além de adotar um posicionamento firme no sentido de conferir **máxima efetividade** ao direito fundamental em estudo, para o que encontrará amparo no comando do art. 5º, § 1º, da Constituição, na sua íntima relação com o mínimo existencial[540], assim como em precedentes do Supremo Tribunal Federal (como exemplo: 2ª Turma, Recurso Extraordinário 393.175, Rel. Min. Celso de Mello, j. 12-12-2006, *DJ* 2-2-2007).

A demonstrar a intensidade da discussão travada sobre a efetividade do direito fundamental à saúde, convém lembrar **duas audiências públicas** realizadas no Supremo Tribunal Federal a respeito, respectivamente, dos seguintes assuntos:

a) **judicialização do direito saúde** (Suspensão de Liminar 47, Suspensão de Liminar 64, Suspensão de Tutela Antecipada 36, Suspensão de Tutela Antecipada 185, Suspensão de Tutela Antecipada 211, Suspensão de Tutela Antecipada 278, Suspensão de Segurança 2.361, Suspensão de Segurança 2.944, Suspensão de Segurança 3.345 e Suspensão de Segurança 3.355, Rel. Min. Gilmar Mendes, realizadas de 27-4-2009 a 7-5-2009);

b) **internação hospitalar com diferença de classe no Sistema Único de Saúde** (Recurso Extraordinário 581.488, Rel. Min. Dias Toffoli, realizada em 26-5-2014)[541].

Acerca da referida **judicialização do direito à saúde**, é interessante observar que foi objeto de prova dissertativa do **Concurso da Defensoria do Estado do Acre, realizado em 2012, pelo Cespe**, cujos tópicos a serem discorridos pelo candidato foram: **a) garantia do direito social à saúde; b) reconhecimento do direito a medicamento; c) princípio da separação de poderes; e d) cláusula da reserva do possível.** Reputamos que os apontamentos que fizemos sobre esses itens nos **pontos 13 e 25** deste livro seriam suficientes para a formulação de uma dissertação adequada sobre o tema.

---

[540] Do qual tratamos no ponto 26 deste livro.

[541] Nesse caso, o Plenário do Supremo Tribunal Federal considerou, em 3-12-2015, constitucional a regra que veda, no âmbito do Sistema Único de Saúde (SUS), a internação em acomodações superiores, bem como o atendimento diferenciado por médico do próprio SUS ou por conveniado, mediante o pagamento da diferença dos valores correspondentes.

Também sobre o assunto, o Supremo Tribunal Federal reconheceu a **repercussão geral** envolvendo os seguintes pontos que possuem relevância para os certames das Defensorias Públicas estaduais:

a) possibilidade de o Poder Judiciário determinar aos Municípios e à União a aplicação de recursos mínimos na área da saúde, antes da edição da lei complementar aludida no art. 198, § 3º, da Constituição Federal[542];

b) obrigação do Estado de dispensar medicamento de alto custo não incluído na Política Nacional de Medicamentos a portador de doença grave carente de recursos financeiros para a sua aquisição no mercado[543].

O assunto envolvendo a possibilidade de **obrigar o Poder Público**, por meio de **ação judicial**, a fornecer **medicamento não registrado pela Agência Nacional de Vigilância Sanitária (ANVISA)** também teve a repercussão geral reconhecida em 17-11-2011 no Recurso Extraordinário 657.718, o qual foi julgado em **22-5-2019** (Informativo 941 do STF), no bojo do qual ficou estabelecido as seguintes balizas:

1) O Estado **não** pode ser obrigado a fornecer medicamentos **experimentais**.

2) A **ausência de registro** na Agência Nacional de Vigilância Sanitária (Anvisa) **impede, como regra geral**, o fornecimento de medicamento por **decisão judicial**.

3) É possível, **excepcionalmente**, a concessão **judicial** de medicamento sem registro sanitário, em caso de **mora irrazoável** da Anvisa em apreciar o pedido (prazo superior ao previsto na Lei n. 13.411/2016), quando preenchidos cumulativamente **três requisitos**:

(i) a existência de **pedido de registro** do medicamento no Brasil (salvo no caso de medicamentos órfãos para doenças raras e ultrarraras, dado o desinteresse comercial de laboratórios pedirem registro nesses casos);

(ii) a existência de **registro** do medicamento em **renomadas agências** de regulação no **exterior**; e

---

[542] Repercussão Geral no Recurso Extraordinário 858.075, Rel. Min. Marco Aurélio, Informativo 790 do Supremo Tribunal Federal.

[543] Repercussão Geral no Recurso Extraordinário 566.471, Rel. Min. Marco Aurélio, j. 15-11-2007.

(iii) a **inexistência de substituto terapêutico** com registro no **Brasil**.

4) As ações que demandem fornecimento de medicamentos **sem registro** na Anvisa deverão necessariamente ser propostas **em face da União** (pois a obrigação estatal decorre da mora do órgão em questão).

Outro importante julgado do Supremo Tribunal Federal sobre o assunto foi proferido no seguinte sentido: "Os entes da Federação, em decorrência da **competência comum**, são **solidariamente responsáveis** nas demandas prestacionais na área da saúde (exemplos: fornecimento de medicamentos e custeio de tratamento médico adequado) e, diante dos critérios constitucionais de descentralização e hierarquização, compete à autoridade judicial **direcionar o cumprimento** conforme as regras de repartição de competências e **determinar o ressarcimento a quem suportou o ônus financeiro**"[544].

Nessa toada, o Superior Tribunal de Justiça assentou, em sede de recurso repetitivo[545], os **requisitos** para que o Poder Judiciário determine o **fornecimento de remédios fora da lista do Sistema Único de Saúde,** a serem exigidos nos processos judiciais que forem distribuídos a partir desta decisão, a saber:

a) comprovação, por meio de laudo médico fundamentado e circunstanciado expedido por médico que assiste o paciente, da imprescindibilidade ou necessidade do medicamento, assim como da ineficácia, para o tratamento da moléstia, dos fármacos fornecidos pelo SUS;

b) incapacidade financeira do paciente de arcar com o custo do medicamento prescrito; e

c) existência de registro do medicamento na Agência Nacional de Vigilância Sanitária (Anvisa).

É conveniente lembrar, ainda, que o direito à saúde ocupou a discussão submetida ao Supremo Tribunal Federal envolvendo o **uso de células-tronco embrionárias em pesquisas científicas para fins terapêuticos**[546].

---

[544] Recurso Extraordinário 855.178 ED/SE, Rel. p/ ac. Min. Edson Fachin, j. 23-5-2019 - Informativo 941 do STF.

[545] Recurso Especial 1.657.156/RJ, Rel. Min. Benedito Gonçalves, Primeira Seção, j. 25-4-2018, *DJE* 4-5-2018.

[546] Plenário, Ação Direta de Inconstitucionalidade 3.510, Rel. Min. Ayres Britto, j. 29-5-2008, *DJE* 28-5-2010.

Por último, transcrevemos os dois entendimentos constantes na **Proposta de Súmula Vinculante (PSV) 4**[547] que, por ter sido encaminhada ao Supremo Tribunal Federal pelo **defensor público geral federal**, não devem ser olvidados pelo candidato:

1) **"A responsabilidade solidária dos Entes Federativos no que concerne ao fornecimento de medicamento e tratamento médico ao carente, comprovada a necessidade do fármaco ou da intervenção médica, restando afastada, por outro lado, a alegação de ilegitimidade passiva corriqueira por parte das Pessoas Jurídicas de Direito Público."**

2) **"A possibilidade de bloqueio de valores públicos para o fornecimento de medicamento e tratamento médico ao carente, comprovada a necessidade do fármaco ou da intervenção médica, restando afastada, por outro lado, a alegação de que tal bloqueio fere o art. 100,** *caput* **e § 2º da Constituição de 1988."**

■ **Direito à alimentação**

Inserido no art. 6º da Constituição brasileira pela Emenda Constitucional n. 64/2010, o **direito fundamental à alimentação** carece de regulamentação legal, motivo pelo qual recomendamos que o candidato, acaso questionado a seu respeito na prova da Defensoria, recorra aos diplomas internacionais sobre o assunto que confere alguns parâmetros a este direito, dentre os quais destacamos os seguintes:

a) **Art. XXV, item 1, da Declaração Universal dos Direitos Humanos:** "Todo ser humano tem direito a um padrão de vida capaz de assegurar-lhe, e a sua família, saúde e bem-estar, inclusive **alimentação**, vestuário, habitação, cuidados médicos e os serviços sociais indispensáveis, e direito à segurança em caso de desemprego, doença, invalidez, viuvez, velhice ou outros casos de perda dos meios de subsistência em circunstâncias fora de seu controle" (grifos nossos).

b) **Art. 11 do Pacto Internacional dos Direitos Econômicos, Sociais e Culturais de 1966, ratificado pelo Brasil em 1992:** "Art. 11, item 1:

---

[547] Referida proposta, apresentada em dezembro de 2008, está atualmente sobrestada, aguardando o julgamento do Recurso Extraordinário 566.471, no qual foi reconhecida a repercussão geral acerca da discussão que envolve a obrigatoriedade do Poder Público em fornecer medicamentos de alto custo.

Os Estados Partes do presente Pacto reconhecem o direito de toda pessoa a um nível de vida adequado para si próprio e sua família, inclusive à **alimentação,** vestimenta e moradia **adequadas,** assim como a uma melhoria continua de suas condições de vida. Os Estados Partes tomarão medidas apropriadas para assegurar a consecução desse direito, reconhecendo, nesse sentido, a importância essencial da cooperação internacional fundada no livre consentimento; item 2. Os Estados Partes do presente Pacto, reconhecendo o **direito fundamental de toda pessoa de estar protegida contra a fome,** adotarão, individualmente e mediante cooperação internacional, as medidas, inclusive programas concretos, que se façam necessárias para: a) melhorar os métodos de produção, conservação e distribuição de gêneros alimentícios pela plena utilização dos conhecimentos técnicos e científicos, pela difusão de princípios de educação nutricional e pelo aperfeiçoamento ou reforma dos regimes agrários, de maneira que se assegurem a exploração e a utilização mais eficazes dos recursos naturais; b) assegurar uma repartição equitativa dos recursos alimentícios mundiais em relação às necessidades, levando-se em conta os problemas tanto dos países importadores quanto dos exportadores de gêneros alimentícios" (grifos nossos).

c) **Comentário Geral n. 12 do Comitê de Direitos Econômicos, Sociais e Culturais do Alto Comissariado de Direitos Humanos da Organização das Nações Unidas (ONU):** no qual restou assinalado, acerca do **conteúdo normativo** art. 11 do Pacto Internacional dos Direitos Econômicos, Sociais e Culturais de 1966, que "[...] O **direito à alimentação adequada** realiza-se quando cada homem, mulher e criança, sozinho ou em companhia de outros, tem acesso físico e econômico, ininterruptamente, à alimentação adequada ou aos meios para sua obtenção. O direito à alimentação adequada não deverá, portanto, ser interpretado em um sentido estrito ou restritivo, que o equaciona em termos de um pacote mínimo de calorias, proteínas e outros nutrientes específicos. O direito à alimentação adequada terá de ser resolvido de maneira progressiva. No entanto, os estados têm a obrigação precípua de **implementar as ações necessárias para mitigar e aliviar a fome,** como estipulado no parágrafo 2 do art. 11, mesmo em épocas de desastres, naturais ou não [...]" (grifos nossos).

d) **Art. 12 (direito à alimentação) do Protocolo Adicional à Convenção Americana sobre Direitos Humanos em matéria de Direitos Econômicos, Sociais e Culturais ("Protocolo de San Salvador") de 1988 e promulgado pelo Decreto 3.321/99:** Art. 12, item 1: "Toda pessoa tem direito a uma **nutrição adequada** que assegure a possibilidade de gozar do mais alto nível de desenvolvimento físico, emocional e intelectual; item 2: A fim de tornar efetivo esse direito e de eliminar a desnutrição, os Estados Partes comprometem-se a aperfeiçoar os métodos de produção, abastecimento e distribuição de alimentos, para o que se comprometem a promover maior cooperação internacional com vistas a apoiar as políticas nacionais sobre o tema".

Por fim, cabe anotar que o direito à alimentação foi exigido na prova objetiva do **Concurso da Defensoria do Estado do Espírito Santo, realizado em 2012, pelo Cespe**, no qual constou como correta a seguinte assertiva: "**a alimentação adequada é um dos direitos sociais constitucionalmente protegidos, devendo o poder público adotas as políticas e ações que se façam necessárias para promover e garantir a segurança alimentar e nutricional da população**".

■ **Direito à moradia**

A exemplo do direito à alimentação, o **direito à moradia** não constava na redação original do art. 6º da Constituição brasileira, tendo sido nele inserido por meio da Emenda Constitucional n. 26/2000.

Dado o relevante déficit habitacional existente no Brasil, é comum a ocupação, por pessoas de baixa renda, de áreas consideradas de risco (como morros), de proteção ambiental (áreas de mananciais e às margens de rios e represas, por exemplo), onde seja proibida a construção (área *non aedificandi*) em razão de determinada circunstância (como ocorre com as faixas de segurança destinadas às ferrovias ou à instalação de torres de energia de alta tensão) ou mesmos abandonadas, seja pelo Poder Público (Administração Pública direta e indireta), seja pelo particular proprietário do imóvel.

Essa situação gera uma sensível demanda destinada à Defensoria Pública, sobretudo quando aquele que se diz proprietário ou possuidor da área em questão busca, por meio de ajuizamento de ações reivindicatórias ou possessórias multitudinárias perante o Poder Judiciário, remover essas pessoas carentes do local onde construíram suas moradias (muitas vezes há anos) e vivem em companhia de suas famílias.

Esse embate coloca em jogo, na maioria das vezes, direitos fundamentais em colisão, como o direito de propriedade/posse em face de sua função social ou então o direito à moradia em contraposição ao direito ao meio ambiente, só para ficar em alguns exemplos.

Trata-se, assim, de um assunto que envolve o cotidiano do trabalho exercido pelo defensor público com atribuição na área cível (merecendo, portanto, especial enfoque pelo candidato), cuja tarefa é investigar as circunstâncias do caso concreto, a fim de vislumbrar uma possível defesa judicial em tais ações ou mesmo uma transação entre as partes envolvidas que solucione, de forma satisfatória, o litígio instaurado.

Também compete à Defensoria Pública um papel ativo (e não apenas passivo) nessa seara, no sentido de promover, quando cabível, a efetiva regularização de tais ocupações, não sendo por outra razão que a Constituição do Estado do Rio de Janeiro, como vimos alhures[548], estabelece em seu art. 248, IV, e como incumbência da Defensoria daquele Estado o ajuizamento de ações de proteção, legitimação e reconhecimento da posse e propriedade da terra (inclusive ações de usucapião especial) no que diz respeito às áreas agrícolas ocupadas por posseiros.

Todos esses apontamentos bem demonstram a importância do direito fundamental à moradia para os certames da Defensoria Pública. Ocorre que o seu desenvolvimento teórico ou mesmo a sua regulamentação no plano infraconstitucional são bastante escassos para identificar o seu conteúdo normativo, que acaba sendo densificado, na maioria das vezes, no caso concreto e em contraposição a outros valores e bens jurídicos postos em jogo.

De toda forma, tal como fizemos ao examinar o direito à alimentação, podemos inferir de alguns diplomas internacionais possíveis sentidos atribuídos ao direito à moradia estampado em nossa Constituição, dos quais apontamos os que seguem:

a) **Art. XXV, item 1, da Declaração Universal dos Direitos Humanos.**

b) **Art. 11 do Pacto Internacional dos Direitos Econômicos, Sociais e Culturais de 1966, ratificado pelo Brasil em 1992.**

---

[548] Ponto 17 deste livro, tópico "Defensoria Pública na Constituição do Rio de Janeiro".

c) **Comentário Geral n. 4 adotado pelo Comitê de Direitos Econômicos, Sociais e Culturais da Organização das Nações Unidas (ONU),** que densifica o significado de **"moradia adequada"** estabelecido pelo mencionado art. 11 do Pacto Internacional dos Direitos Econômicos, Sociais e Culturais de 1966) nos seguintes termos: "[...] a concepção de adequação é particularmente significante em relação ao direito à habitação, desde que serve para realçar um número de fatores que devem ser levados em consideração para constituir 'habitação adequada', pelos propósitos da Convenção. Enquanto a adequação é determinada em parte por fatores sociais, econômicos, culturais, climáticos, ecológicos e outros fatores, o Comitê acredita, contudo, que é possível identificar certos aspectos do direito que devem ser levados em consideração para este propósito em qualquer contexto particular. Eles incluem os seguintes:

a) **Segurança legal de posse.** A posse toma uma variedade de formas, incluindo locação (pública e privada), acomodação, habitação cooperativa, arrendamento, uso pelo próprio proprietário, habitação de emergência e assentamentos informais, incluindo ocupação de terreno ou propriedade. Independentemente do tipo de posse, todas as pessoas deveriam possuir um grau de sua segurança, o qual garanta proteção legal contra despejos forçados, pressões incômodas e outras ameaças. Estados-partes deveriam, consequentemente, tomar medidas imediatas com o objetivo de conferir segurança jurídica de posse sobre pessoas e domicílios em que falta proteção, em consulta real com pessoas e grupos afetados.

b) **Disponibilidade de serviços, materiais, facilidades e infraestrutura.** Uma casa adequada deve conter certas facilidades essenciais para saúde, segurança, conforto e nutrição. Todos os beneficiários do direito à habitação adequada deveriam ter acesso sustentável a recursos naturais e comuns, água apropriada para beber, energia para cozinhar, aquecimento e iluminação, facilidades sanitárias, meios de armazenagem de comida, depósito dos resíduos e de lixo, drenagem do ambiente e serviços de emergência.

c) **Custo acessível.** Os custos financeiros de um domicílio associados à habitação deveriam ser a um nível tal que a obtenção e satisfação de outras necessidades básicas não sejam ameaçadas ou comprometidas. Passos deveriam ser tomados pelos Estados-partes para assegurar que a porcentagem dos custos relacionados à habitação seja, em geral, mensurada de acordo com os níveis de renda. Estados-partes deveriam estabelecer subsídios habitacionais para aqueles incapazes de arcar com os custos da habitação, tais como formas e níveis de financiamento habitacional que adequadamente refletem necessidades de habitação. De acordo com o princípio dos custos acessíveis, os possuidores deveriam ser protegidos por meios apropriados contra níveis de aluguel ou aumentos de aluguel não razoáveis. Em sociedades em que materiais naturais constituem as principais fontes de materiais para construção, passos deveriam ser tomados pelos Estados-partes para assegurar a disponibilidade desses materiais.

d) **Habitabilidade.** A habitação adequada deve ser habitável, em termos de prover os habitantes com espaço adequado e protegê-los do frio, umidade, calor, chuva, vento ou outras ameaças à saúde, riscos estruturais e riscos de doença. A segurança física dos ocupantes deve ser garantida. O Comitê estimula os Estados-partes a, de modo abrangente, aplicar os Princípios de Saúde na Habitação, preparados pela OMS, que veem a habitação como o fator ambiental mais frequentemente associado a condições para doenças em análises epidemiológicas, isto é, condições de habitação e de vida inadequadas e deficientes são invariavelmente associadas com as mais altas taxas de mortalidade e morbidade.

e) **Acessibilidade.** Habitações adequadas devem ser acessíveis àqueles com titularidade a elas. A grupos desfavorecidos deve ser concedido acesso total e sustentável a recursos de habitação adequada. Assim, a grupos desfavorecidos como idosos, crianças, deficientes físicos, os doentes terminais, os portadores de HIV, pessoas com problemas crônicos de saúde, os doentes mentais, vítimas de desastres naturais, pessoas vivendo em áreas propensas a desastres, e outros deveriam ser assegurados um patamar de consideração prioritária na esfera habitacional. Leis e políticas habitacionais deveriam levar em conta as necessidades especiais de habitação desses grupos. Internamente, muitos Estados-partes, aumentando o acesso a terra àqueles que não a possuem ou a segmentos empobrecidos da sociedade, deveriam constituir uma meta central de políticas. Obrigações governamentais precisam ser desenvolvidas, objetivando substanciar o direito de todos a um lugar seguro para viver com paz e dignidade, incluindo o acesso ao terreno como um direito reconhecido.

f) **Localização.** A habitação adequada deve estar em uma localização que permita acesso a opções de trabalho, serviços de saúde, escolas, creches e outras facilidades sociais. Isso é válido para grandes cidades, como também para as áreas rurais, em que os custos para chegar ao local de trabalho podem gerar gastos excessivos sobre o orçamento dos lares pobres. Similarmente, habitações não deveriam ser construídas em locais poluídos nem nas proximidades de fontes de poluição que ameacem o direito à saúde dos habitantes.

g) **Adequação cultural.** A maneira como a habitação é construída, os materiais de construção usados e as políticas em que se baseiam devem possibilitar apropriadamente a expressão da identidade e diversidade cultural da habitação. Atividades tomadas a fim do desenvolvimento ou modernização na esfera habitacional deveriam assegurar que as dimensões culturais da habitação não fossem sacrificadas, e que, entre outras, facilidades tecnológicas modernas sejam também asseguradas [...]".

d) **Comentário Geral n. 7 adotado pelo Comitê de Direitos Econômicos, Sociais e Culturais da Organização das Nações Unidas (ONU),** que trata do despejo ou deslocamento forçado, assinalando que, entre as garantias processuais que devem ser aplicadas nesse contexto, estão: i) uma autêntica oportunidade de consulta às pessoas afetadas; ii) um prazo suficiente e razoável de notificação a todas as pessoas afetadas antes da data prevista para a desocupação; iii) facilitar a todos os interessados, num prazo razoável, informação relativa às desocupações previstas e, se necessário, aos fins para os quais serão destinadas as terras ou as habitações; iv) a presença de funcionários do governo ou seus representantes na desocupação, especialmente quando este afete grupo de pessoas; v) identificação exata de todas as pessoas que efetuam a desocupação; vi) não realizar as desocupações quando haja tempo ruim ou à noite, salvo se as pessoas afetadas consentirem; vii) oferecer recursos jurídicos; viii) oferecer assistência jurídica sempre que seja possível às pessoas que necessitem pedir reparação aos tribunais.

Por derradeiro, cabe-nos apontar ao candidato, em forma de temas, os próximos dois julgados do **Supremo Tribunal Federal** pela **não violação ao direito à moradia** nas seguintes hipóteses:

a) **penhora do único imóvel do fiador de contrato de locação** – art. 3º, VII, da Lei n. 8.009/90[549];

b) **penhora do único imóvel do condômino inadimplente** – art. 3º, IV, da Lei n. 8.009/90[550].

■ Direito à segurança

No que tange ao **direito à segurança**, é certo que este é previsto tanto no art. 6º, como também no art. 5º, *caput*, ambos da Constituição brasileira, podendo ser identificado tanto com o direito à segurança física (proteção, pelo Estado, da integridade física e psíquica dos indivíduos, ou seja, a segurança pública[551]), como o direito à segurança jurídica (de modo a obrigar o Estado a assegurar estabilidade às relações jurídicas e à ordem jurídica).

Levando em conta essa primeira acepção (segurança física), o Supremo Tribunal Federal já consignou que incumbe ao Poder Judiciário determinar, diante da omissão estatal, a implementação de políticas públicas pelo Estado relativas à segurança pública, como se vê pelo seguinte julgado:

> O direito a segurança é prerrogativa constitucional indisponível, garantido mediante a implementação de políticas públicas, impondo ao Estado a obrigação de criar condições objetivas que possibilitem o efetivo acesso a tal serviço. É possível ao Poder Judiciário determinar a implementação pelo Estado, quando inadimplente, de políticas públicas constitucionalmente previstas, sem que haja ingerência em questão que envolve o poder discricionário do Poder Executivo[552].

---

[549] Plenário, Recurso Extraordinário 407.688, Rel. Min. Cezar Peluso, j. 8-2-2006, *DJ* 6-10-2006. No mesmo sentido: 1ª Turma, Recurso Extraordinário 608.558, Rel. Min. Ricardo Lewandowski, j. 1º-6-2010, *DJE* 6-8-2010. No mesmo sentido, a Súmula 549 do Superior Tribunal de Justiça, segundo a qual: "É válida a penhora de bem de família pertencente a fiador de contrato de locação". É importante lembrar, porém, que o Supremo Tribunal Federal, em 12-6-2018 e por maioria, entendeu **não ser possível** penhorar o bem de família de fiador na locação comercial (Recurso Extraordinário 605.709. In: Notícias do STF de 15-6-2018. Acesso pelo *site*: <www.stf.jus.br>).

[550] 2ª Turma, Recurso Extraordinário 439.003, Rel. Min. Eros Grau, j. 6-2-2007, *DJ* 2-3-2007.

[551] O tema que envolve a segurança pública foi tratado no ponto 18 deste livro.

[552] 2ª Turma, Recurso Extraordinário 559.646, Rel. Min. Ellen Gracie, j. 7-6-2011, *DJE* 24-6-2011.

Depois de feita a análise dos direitos fundamentais sociais encartados no art. 6º da Constituição brasileira tidos como os mais relevantes para fins de concurso da Defensoria Pública, cabe finalizar o tópico envolvendo os "direitos sociais em espécie" por meio dos seguintes e breves apontamentos:

a) **Direito à (busca da) felicidade:** positivado na Declaração de Direitos do Estado da Virgínia de 1776 e em Constituições de alguns países (como Butão, Japão, França e Coreia do Sul), o direito à felicidade (ou à busca da felicidade) não está previsto expressamente na Constituição brasileira, embora haja o Projeto de Emenda Constitucional (PEC) n. 19/2010, que pretende alterar o texto do art. 6º da Constituição Federal no seguinte sentido: "São direitos sociais, **essenciais à busca da felicidade**, a educação, a saúde, a alimentação, o trabalho, a moradia, o lazer, a segurança, a previdência social, a proteção à maternidade e à infância, a assistência aos desamparados, na forma desta Constituição" (grifos nossos). Segundo o projeto, o objetivo dessa alteração não seria, por evidente, autorizar o indivíduo a exigir do Estado ou de um particular uma providência egoística a pretexto de atender à sua felicidade, mas sim enfatizar a essencialidade dos direitos sociais previstos na referida norma constitucional como forma de propiciar ao indivíduo a busca por sua felicidade. Cabe anotar que um dos fundamentos utilizados pelo **Supremo Tribunal Federal** ao reconhecer a união homoafetiva foi, justamente, o **direito à felicidade** nos seguintes termos: "[...] Óbvio que, nessa altaneira posição de direito fundamental e bem de personalidade, a preferência sexual se põe como direta emanação do princípio da "dignidade da pessoa humana" (inciso III do art. 1º da CF), e, assim, poderoso fator de afirmação e elevação pessoal. De autoestima no mais elevado ponto da consciência. Autoestima, de sua parte, a aplainar o mais abrangente caminho da felicidade, tal como positivamente normada desde a primeira declaração norte-americana de direitos humanos (Declaração de Direitos do Estado da Virgínia, de 16 de junho de 1776) e até hoje perpassante das declarações constitucionais do gênero. Afinal, se as pessoas de preferência heterossexual só podem se realizar ou ser felizes heterosse-

---

No mesmo sentido: 1ª Turma, ARE 654.823, Rel. Min. Dias Toffoli, j. 12-11-2013, *DJE* 5-12-2013.

xualmente, as de preferência homossexual seguem na mesma toada: só podem se realizar ou ser felizes homossexualmente [...]"[553].

b) **Direitos individuais dos trabalhadores:** o art. 7º, *caput* e incisos I a XXXIV e parágrafo único, do texto constitucional prevê os direitos dos trabalhadores urbanos e rurais individualmente considerados, bastando ao candidato, via de regra, uma noção básica acerca dos mesmos, salvo, por evidente, naqueles certames da Defensoria em que se exige o Direito do Trabalho como disciplina autônoma.

c) **Direitos coletivos dos trabalhadores:** o art. 8º, I a VIII e parágrafo único, relaciona-se aos direitos coletivos dos trabalhadores, disciplinando as diretrizes básicas sobre a associação profissional e sindical, devendo o candidato ater-se aos aspectos gerais da matéria, na linha do que foi dito em relação aos direitos individuais dos trabalhadores.

d) **Direito de greve:** tido como um direito fundamental social de nítida feição negativa (vez que é assegurado mediante a proteção contra ingerências externas), o direito de greve também foi alçado pelo constituinte à categoria de direito fundamental social, porém não em caráter absoluto, vez que não deve comprometer o funcionamento de serviços públicos essenciais (art. 9º, § 1º, da Constituição Federal combinado com o art. 10 da Lei n. 7.783/89), nem isentará de responsabilidade aqueles que incorrem em abusos quando do seu exercício (art. 9º, § 2º, da Constituição Federal). Ainda a seu respeito, é oportuno ressaltar a expressa vedação constitucional dos militares quanto à greve e sindicalização (art. 142, IV, da Constituição Federal), bem como a inexistência da lei mencionada pelo inciso VII do art. 37 da Constituição Federal para regular o exercício do direito de greve pelos servidores públicos. Quanto a esse último aspecto, verifica-se alguns acórdãos do Supremo Tribunal Federal no sentido de suprir essa lacuna legislativa por meio da aplicação, no que couber, da Lei n. 7.783/89 dirigida ao regime privado[554].

---

[553] Trecho do voto do Rel. Min. Ayres Britto na Arguição de Descumprimento de Preceito Fundamental 132, j. 5-5-2011, *DJE*-198, divulg. 13-10-2011.

[554] Nesse sentido: Mandado de Injunção 670, Rel. para acórdão Min. Gilmar Mendes; Mandado de Injunção 708, Rel. Min. Gilmar Mendes e Mandado de Injunção 712, Rel. Min. Eros Grau, todos de 25-10-2007.

e) **Direito de participação e representação:** enquanto o art. 10 da Constituição Federal assegura o direito de participação dos trabalhadores e empregadores nos colegiados dos órgãos públicos em que seus interesses profissionais e previdenciários sejam objeto de discussão e deliberação, o art. 11 do mesmo diploma determina que haja a eleição de um representante dos empregados nas empresas com mais de 200 trabalhadores, tendo por fim promover, em nome destes, o entendimento direto com os empregadores.

26. SÃO PAULO O DIREITO AO MÍNIMO EXISTENCIAL: ORIGEM, CONCEITO, FUNDAMENTO E OBJETO

Aponta a doutrina que o primeiro reconhecimento do direito ao **mínimo existencial**[555] (*Existenzminimum*) pela jurisprudência é atribuído à decisão do Tribunal Federal Administrativo da Alemanha (*Bundesverwaltungsgericht*), proferida em 24 de junho de 1954[556], que reconheceu: "um direito subjetivo do indivíduo carente a auxílio material por parte do Estado, argumentando, igualmente com base no postulado da dignidade da pessoa humana, no direito geral de liberdade e no direito à vida, que o indivíduo, na qualidade de pessoa autônoma e responsável, deve ser reconhecido como titular de direitos e obrigações, o que implica principalmente a manutenção de suas condições de existência"[557]. Anos depois, foram proferidas outras decisões no mesmo sentido, agora pelo Tribunal Constitucional da Alemanha, "resultando no reconhecimento definitivo do *status* constitucional da garantia estatal do mínimo existencial"[558].

Dada a variedade de conceitos empregados para designar o direito ao mínimo existencial, entendemos que o candidato, nos certames da Defensoria, possa se valer dos ensinamentos de **Ana Paula de Barcellos** e **Luís Roberto**

---

[555] Trata-se de matéria inserida na "espinha dorsal" do direito constitucional, nos termos em que preconizamos no tópico "conteúdo" do direito constitucional no ponto 1 deste livro.

[556] BVerwGE 1, 159 (p. 161 e s.).

[557] SARLET, Ingo Wolfgang; FIGUEIREDO, Mariana Filchtiner. Reserva do possível, mínimo existencial e direito à saúde: algumas aproximações. In: SARLET, Ingo Wolfgang; TIMM, Luciano Benetti (Org.). *Direitos fundamentais:* orçamento e reserva do possível. Porto Alegre: Livraria do Advogado, 2008, p. 19.

[558] SARLET, Ingo Wolfgang; FIGUEIREDO, Mariana Filchtiner. Reserva do possível, mínimo existencial e direito à saúde: algumas aproximações. In: SARLET, Ingo Wolfgang; TIMM, Luciano Benetti (Org.). *Direitos fundamentais:* orçamento e reserva do possível. Porto Alegre: Livraria do Advogado, 2008, p. 20.

Barroso, adiante analisados, vez que bem desenvolvem o tema, podendo ser considerados verdadeiras referências sobre o assunto no direito brasileiro.

Segundo Barcellos, o direito ao mínimo existencial seria o **núcleo material do princípio da dignidade da pessoa humana**[559], que seria dotado de eficácia positiva, cabendo ao Judiciário, quando invocado, determinar as prestações necessárias à sua satisfação. Já tudo aquilo que fosse considerado fora desse núcleo ficaria reservado à deliberação democrática, cabendo, sobretudo ao Poder Legislativo, decidir, diante das diretrizes genéricas contidas na Constituição, suas formas concretas de implementação[560].

Nessa linha, seria possível falar em dois âmbitos do princípio da dignidade: um deles de natureza **nuclear**, consistindo no consenso a respeito do conteúdo mínimo da dignidade (mínimo existencial) e outro de cunho **periférico**, compreendendo as diferentes concepções do que significaria a dignidade em determinados casos e de como ela deva ser alcançada (deliberação política).

Apesar de a jurista reconhecer que a dignidade abarcaria todos os direitos fundamentais (direitos individuais, políticos e sociais), ela concentra o exame do mínimo existencial no âmbito dos direitos sociais, mais exatamente naquilo que diz respeito às condições materiais mínimas da dignidade humana.

Daí conclui Barcellos no sentido de que o mínimo existencial "**corresponde ao conjunto de situações materiais indispensáveis à existência humana digna**"[561], vale dizer, "um conjunto de prestações materiais mínimas sem as quais se poderá afirmar que o indivíduo se encontra em situação de indignidade"[562].

Nesse sentido, aponta a autora que o mínimo existencial seria um conjunto formado por uma seleção de direitos sociais tidos por essenciais[563], consubstanciado em **quatro elementos** – os três primeiros de natureza **material** e o quarto **instrumental** –, a saber: **a) a educação fundamental; b) a saúde básica; c) a assistência aos desamparados; e d) o acesso à Justiça.**

---

[559] *A eficácia jurídica dos princípios constitucionais. O princípio da dignidade da pessoa humana.* Rio de Janeiro: Renovar, 2002, p. 198.

[560] *A eficácia jurídica dos princípios constitucionais. O princípio da dignidade da pessoa humana.* Rio de Janeiro: Renovar, 2002, p. 233 e 234.

[561] *A eficácia jurídica dos princípios constitucionais. O princípio da dignidade da pessoa humana.* Rio de Janeiro: Renovar, 2002, p. 197.

[562] *A eficácia jurídica dos princípios constitucionais. O princípio da dignidade da pessoa humana.* Rio de Janeiro: Renovar, 2002, p. 305.

[563] *A eficácia jurídica dos princípios constitucionais. O princípio da dignidade da pessoa humana.* Rio de Janeiro: Renovar, 2002, p. 114.

Compartilhando, na essência, com a posição de Ana Paula de Barcellos, leciona Luís Roberto Barroso que o mínimo existencial estaria incluído no âmbito de proteção do princípio da dignidade da pessoa humana e seria identificado como o **"conjunto de bens e utilidades básicas para a subsistência física e indispensável ao desfrute dos direitos em geral. Aquém daquele patamar, ainda quando haja sobrevivência, não há dignidade"**[564].

Após admitir que o elenco das prestações que compõem o mínimo existencial varia conforme a visão subjetiva de quem a elabore, Barroso afirma haver razoável consenso em relação às seguintes: **a) renda mínima, entendida como um mínimo de recursos financeiros destinados à manutenção das necessidades básicas, como alimentação, moradia e vestuário; b) saúde básica; c) educação fundamental; e d) acesso à justiça, este enquanto elemento instrumental indispensável para a exigibilidade e efetivação dos direitos**[565].

Longe de se limitar a uma discussão teórica, o direito ao mínimo existencial apresenta um aspecto prático relevantíssimo para a **efetividade dos direitos fundamentais**, na medida em que, como já tivemos a oportunidade de registrar[566], a jurisprudência, inclusive do Supremo Tribunal Federal, tem se valido desse conceito para **superar uma série de obstáculos** invocados pelo Poder Público para justificar o seu descumprimento, tais como o princípio majoritário, o princípio da separação de Poderes, o princípio (ou cláusula) da reserva do possível, a discricionariedade administrativa, entre outros.

Nessa linha, vale o registro, mais uma vez, de trecho do acórdão que reconheceu a possibilidade de o Poder Judiciário determinar o cumprimento de políticas públicas relativas à criação, implantação e estruturação da Defensoria Pública quando constatada a omissão estatal, nos seguintes termos:

> [...] Controle jurisdicional de legitimidade sobre a omissão do Estado: atividade de fiscalização judicial que se justifica pela necessidade de observância de certos parâmetros constitucionais (proibição de retrocesso social, **proteção ao mínimo existencial**, vedação da proibição insuficiente e proibição de excesso). Doutrina. Precedentes. A função constitucional da De-

---

[564] *Curso de direito constitucional contemporâneo:* os conceitos fundamentais e a construção do novo modelo. São Paulo: Saraiva, 2009, p. 253.

[565] *Curso de direito constitucional contemporâneo:* os conceitos fundamentais e a construção do novo modelo. São Paulo: Saraiva, 2009, p. 253.

[566] Em especial quando examinamos, no ponto 25 deste livro, os tópicos a respeito da "intervenção do Poder Judiciário em tema de implementação de políticas públicas e de direitos sociais" e do "princípio da reserva do possível".

fensoria Pública e a essencialidade dessa instituição da República. *Thema decidendum* que se restringe ao pleito deduzido na inicial, cujo objeto consiste, unicamente, na "criação, implantação e estruturação da Defensoria Pública da Comarca de Apucarana". Recurso de agravo provido, em parte (grifos nossos)[567].

DICA DO AUTOR : Com base nos apontamentos acima, reputamos que o candidato já disponha de elementos suficientes para tratar do assunto nas provas da Defensoria Pública, que poderá ser discorrido, de forma ordenada, segundo as etapas abaixo:

De início, o candidato deve apontar a origem do direito ao mínimo existencial, bem como o conceito que lhe é dado por Ana Paula de Barcellos e Luís Roberto Barroso, tal como acima descrito.

Depois disso, seria interessante apontar o conjunto de elementos ou prestações abrangidos pelo mínimo existencial, na linha dos autores retromencionados.

A seguir e à guisa de uma conclusão, recomenda-se que o candidato atrele o desenvolvimento teórico do direito ao mínimo existencial à realidade fática, ressaltando a sua importância para a efetividade dos direitos fundamentais (em especial aqueles de cunho prestacional) por meio da intervenção do Poder Judiciário, inclusive no que diz respeito às políticas públicas necessárias à consecução de tais direitos.

No caso do candidato ao cargo de defensor público do Estado do Rio de Janeiro e por guardar identidade com o tema ora versado, recomendamos que seja mencionado o comando o art. 8º da Constituição daquele Estado que, ao inaugurar o capítulo destinado aos direitos fundamentais individuais e coletivos estabelece em seu *caput* que "todos têm o direito de viver com dignidade", enquanto consta no seu parágrafo único ser

> dever do Estado garantir a todos uma qualidade de vida compatível com a dignidade da pessoa humana, assegurando a educação, os serviços de saúde, a alimentação, a habitação, o transporte, o saneamento básico, o suprimento energético, a drenagem, o trabalho remunerado, o lazer, as atividades econômicas e a acessibilidade, devendo as dotações orçamentárias contemplar preferencialmente tais atividades, segundo planos e programas de governo.

---

[567] 2ª Turma, Agravo de Instrumento 598.212, Rel. Min. Celso de Mello, j. 25-3-2014, *DJE* 24-4-2014.

27. SÃO PAULO DIREITO DE NACIONALIDADE. CONDIÇÃO JURÍDICA DO ESTRANGEIRO NO BRASIL. PARANÁ DIREITOS DE NACIONALIDADE

Entendida como o vínculo jurídico que liga um indivíduo a um determinado Estado, tornando-o sujeito de direitos e obrigações, a **nacionalidade** comporta **duas espécies:**

a) **originária (ou primária ou de origem):** aquela imposta unilateralmente pelo Estado ao indivíduo, em razão de seu nascimento;

b) **adquirida (ou secundária):** aquela proveniente da solicitação do indivíduo, depois de seu nascimento, ao Estado, que formalizará sua escolha (exemplo: naturalização).

Além disso, há **dois critérios** utilizados para definir a nacionalidade dos indivíduos, a saber:

a) *jus soli* **(origem territorial):** é considerado nacional aquele que nascer no território do país; e

b) *jus sanguinis* **(origem sanguínea):** será nacional o descendente de nacionais.

Uma vez estabelecidas as premissas acima sobre a matéria, podemos identificar no texto constitucional a previsão taxativa de **três hipóteses** de aquisição de nacionalidade **originária** (art. 12, I, *a* a *c*), sendo considerados brasileiros **natos:**

a) os nascidos no Brasil, ainda que de pais estrangeiros, desde que estes não estejam a serviço de seu país **(critério** *jus soli*, **como regra geral de nosso sistema);**

b) os nascidos no estrangeiro, de pai brasileiro ou mãe brasileira, desde que qualquer deles esteja a serviço do Brasil **(critério** *jus sanguinis* + a **serviço do Brasil);**

c) os nascidos no estrangeiro, de pai brasileiro ou mãe brasileira, desde que venham a residir no Brasil e optem, em qualquer tempo, pela nacionalidade brasileira **(critério** *jus sanguinis* + **residência no Brasil + opção confirmativa)**[568].

Em relação à nacionalidade **adquirida,** podemos dividir a naturalização em:

a) **ordinária:** sendo que:

---

[568] Esta última hipótese também é chamada de **nacionalidade potestativa.**

a.1) os **estrangeiros não originários de países de língua portuguesa e os apátridas** naturalizar-se-ão brasileiros conforme os critérios da Lei n. 6.815/80 (art. 12, II, *a*, primeira parte, da Constituição Federal);

a.2) os **originários de países de língua portuguesa** naturalizar-se-ão brasileiros desde que residam no Brasil por um ano ininterrupto e tenham idoneidade moral (art. 12, II, *a*, segunda parte, da Constituição Federal); e

a.3) os **portugueses com residência permanente no Brasil**, se houver reciprocidade em favor de brasileiros, serão considerados brasileiros naturalizados (art. 12, § 1º, da Constituição Federal)[569].

b) **extraordinária:** os estrangeiros de qualquer nacionalidade residentes no Brasil há mais de 15 anos ininterruptos e sem condenação penal, naturalizar-se-ão brasileiros, desde que a requeiram (art. 12, II, *b*, da Constituição Federal).

Além dessas hipóteses de naturalização, a doutrina também admite mais duas:

a) **radicação precoce:** estrangeiro admitido no Brasil até a idade de 5 anos, radicado definitivamente no território nacional, desde que requeira a naturalização até 2 anos após atingir a maioridade; e

b) **conclusão de curso superior:** estrangeiro que tenha vindo residir no Brasil antes de atingida a maioridade e haja feito curso superior em estabelecimento nacional de ensino, se requerida a naturalização até 1 ano depois da formatura.

As duas hipóteses acima, que já eram previstas pela Constituição brasileira anterior, estão positivadas no art. 115, § 2º, I e II, da Lei n. 6.815/80 e teriam sido recepcionadas pelo art. 12, II, *a*, primeira parte, da Constituição de 1988.

Depois de vistas as formas de aquisição de nacionalidade, cabe-nos apontar os casos de **perda** da nacionalidade brasileira, que se dá, conforme o art. 12, § 4º, da Constituição Federal, em relação àquele que:

---

[569] Isso não se dá de forma automática, sendo necessário o pronunciamento aquiescente do Estado brasileiro, além do requerimento do português interessado, uma vez preenchidos os requisitos estipulados pela Convenção sobre Igualdade de Direitos e Deveres entre brasileiros e portugueses (Ext 890, Rel. Min. Celso de Mello, *DJ* 28-10-2004).

a) tiver **cancelada sua naturalização**, por sentença judicial, em virtude de atividade nociva ao interesse nacional;

b) **adquirir outra nacionalidade**, salvo nos casos de:

b.1) reconhecimento de nacionalidade originária pela lei estrangeira;

b.2) imposição de naturalização, pela norma estrangeira, ao brasileiro residente em estado estrangeiro, como condição para permanência em seu território ou para o exercício de direitos civis.

Após a perda da nacionalidade brasileira, ela só poderá ser **readquirida** em dois casos:

a) por meio de ação rescisória, na hipótese de cancelamento da naturalização; e

b) por meio de decreto presidencial, no caso de a perda ter sido ocasionada pela aquisição de outra nacionalidade, sendo preciso que o ex-brasileiro esteja domiciliado no Brasil[570].

O último aspecto importante do ponto em estudo relaciona-se ao **tratamento conferido aos brasileiros natos e naturalizados.** Conforme o comando inserto no art. 12, § 2º, da Constituição da República, nenhuma lei poderá estabelecer distinção entre brasileiros natos e naturalizados, salvo nos casos previstos pelo próprio texto constitucional, os quais constam nas seguintes normas constitucionais:

a) **art. 12, § 3º**: que relaciona os cargos que só podem ser ocupados por brasileiros **natos**, a saber:

a.1) Presidente da República;

a.2) Vice-Presidente da República;

a.3) Presidente da Câmara dos Deputados;

a.4) Presidente do Senado Federal;

a.5) Ministro do Supremo Tribunal Federal;

a.6) Agentes de carreira diplomática[571];

a.7) Oficial das Forças Armadas;

---

[570] Art. 36 da Lei n. 818/49.

[571] Isso não impede que o **Ministro das Relações Exteriores** seja brasileiro **naturalizado**.

a.8) Ministro de Estado da Defesa;

b) **art. 5º, LI**: acerca da impossibilidade de extradição do brasileiro **nato** e da sua possibilidade em relação ao brasileiro **naturalizado**, em duas hipóteses excepcionais nele previstas;

c) **art. 12, § 4º, I**: como vimos acima, somente o brasileiro **naturalizado** poderá perder a nacionalidade em virtude de atividade nociva ao interesse nacional;

d) **art. 89, VII**: que prevê a participação no Conselho da República, dentre outros, de seis brasileiros **natos**, não sendo permitida, no entanto, de brasileiros **naturalizados**;

e) **art. 222, *caput* e §§ 1º e 2º**: em relação às empresas jornalísticas e de radiodifusão sonora e de sons e imagens, o tratamento distinto entre brasileiros natos e naturalizados verifica-se pela exigência, aos últimos, da naturalização há mais de 10 anos.

28. `SÃO PAULO` DIREITO DE CIDADANIA: DIREITOS POLÍTICOS POSITIVOS E NEGATIVOS, PARTIDOS POLÍTICOS. `PARANÁ` DIREITOS POLÍTICOS. PARTIDOS POLÍTICOS

Tratando da participação direta ou indireta do povo na vida pública e na condução dos rumos tomados pelo Estado, os **direitos políticos** (ou "Direito de cidadania", na acepção empregada pelo edital da Defensoria paulista) são normalmente abordados, nos certames da Defensoria Pública, sob a ótica da **democracia direta** (que permite a atuação direta do povo sem intermediadores de sua vontade), a qual é exercida por meio dos seguintes **instrumentos** (art. 14, I a III, da Constituição e Lei n. 9.709/98):

a) **plebiscito**: que consiste na consulta prévia ao povo para, mediante voto, opinar sobre determinado assunto de relevância para o Estado, ao qual ficará condicionado o governante;

b) **referendo**: ocasião em que, já tendo sido feita a decisão política sobre certa matéria, esta será submetida ao povo, que a ratificará ou não[572];

---

[572] Cabe lembrar que tanto o plebiscito como o referendo são convocados por **decreto legislativo**, mediante proposta de 1/3, no mínimo, dos membros que compõe qualquer das Casas do Congres-

c) **iniciativa popular:** que, segundo a doutrina, "consiste em atribuir-se a uma certa parte ou porcentagem do corpo eleitoral o direito de iniciar ou propor a legislação, que deverá ser elaborada pelo Legislativo"[573] e está prevista, nas órbitas federal, estadual e municipal, pelos arts. 61, § 2º; 24, § 1º, e 29, XIII, respectivamente, todos da Constituição Federal.

Além disso, o estudo do candidato deverá se dirigir, basicamente, às **normas constitucionais** que tratam da:

a) **capacidade eleitoral ativa:** que diz respeito ao exercício dos direitos políticos por meio de prévio alistamento e voto (art. 14, §§ 1º e 2º, da Constituição Federal);

b) **capacidade eleitoral passiva:** relativa aos requisitos de elegibilidade (art. 14, §§ 3º e 5º, da Constituição Federal), além dos casos de inelegibilidade, denominados de "**direitos políticos negativos**" (art. 14, §§ 4º, 6º, 7º e 9º, e art. 15, I a V, da Constituição Federal), merecendo destaque, nesse aspecto, o enunciado da **Súmula Vinculante 18 do Supremo Tribunal Federal**: "A dissolução da sociedade ou do vínculo conjugal, no curso do mandato, não afasta a inelegibilidade prevista no § 7º do art. 14 da Constituição Federal";

c) situação do **militar** (art. 14, § 8º, da Constituição Federal) e do **servidor público** (art. 38, I a V, da Constituição Federal) em relação aos direitos políticos;

d) **impugnação de mandato eletivo** (art. 14, §§ 10 e 11, da Constituição Federal);

e) da regra que consagra o **princípio da anterioridade (ou anualidade) eleitoral** (art. 16 da Constituição Federal), lembrando, a respeito, o entendimento do **Supremo Tribunal Federal** de que tal princípio constitui **cláusula pétrea** (Plenário, Ação Direta de Inconstitucionalidade 3.685, Rel. Min. Ellen Gracie, j. 22-3-2006, *DJ* 10-8-2006), além da garantia constitucional do **devido processo legal**, da **igualdade de chances** e das **minorias parlamentares,** naqueles casos em que, por razões de conveniência da maioria, o Poder Legislativo pretenda modi-

---

so Nacional, nos termos do art. 49, XV, da Constituição Federal e art. 3º da Lei n. 9.709/98.

[573] TEIXEIRA, José Horácio Meirelles. *Curso de direito constitucional.* Rev. e atual. por Maria Garcia. Rio de Janeiro: Forense Universitária, 1991, p. 477.

ficar, a qualquer tempo, as regras e critérios que regerão o processo eleitoral (Plenário, Recurso Extraordinário 633.703, Rel. Min. Gilmar Mendes, j. 23-3-2011, *DJE* 18-11-2011, com repercussão geral; e Plenário, Recurso Extraordinário 637.485, Rel. Min. Gilmar Mendes, j. 1º-8-2012, *DJE* 21-5-2013, com repercussão geral).

No que tange aos **partidos políticos**, cujo delineamento básico foi dado pelo constituinte no **art. 17 da Constituição Federal**, destacamos, na forma de temas, os seguintes julgados do **Supremo Tribunal Federal** que devem ser conhecidos pelo candidato para fins de concursos da Defensoria Pública:

a) **reconhecimento da inconstitucionalidade da cláusula de barreira prevista na lei eleitoral**[574];

b) **fixação do dever de fidelidade partidária no sistema eleitoral proporcional (aplicável aos Deputados Federais, Estaduais e Distritais e Vereadores), sob pena de extinção do mandato parlamentar**[575];

c) **reconhecimento da inaplicabilidade do dever de fidelidade partidária no sistema eleitoral majoritário (observado para Presidente, Governadores, Prefeitos e Senadores)**[576].

29. SÃO PAULO TRATADOS INTERNACIONAIS DE DIREITOS HUMANOS E DIREITO INTERNO. DIREITO CONSTITUCIONAL TRANSNACIONAL. SUPRACONSTITUCIONALIDADE. CONSTITUCIONALISMO MULTINÍVEL. PARANÁ DIREITO INTERNACIONAL E DIREITO CONSTITUCIONAL

■ **Tratados internacionais de direitos humanos e direito interno. Direito Internacional e Direito Constitucional**

Este ponto envolve a disciplina de direitos humanos, cobrada de forma autônoma na maioria dos concursos públicos para ingresso na carreira da Defensoria Pública[577].

De toda forma, no âmbito do direito constitucional, podemos dizer que os assuntos acima elencados limitam-se, basicamente, à questão que envolve a

---

[574] Pleno, Ação Direta de Inconstitucionalidade 1.351, Rel. Min. Marco Aurélio, j. 7-12-2006, *DJ* 30-3-2007.

[575] Pleno, Mandado de Segurança 26.602, Rel. Min. Eros Grau, j. 4-10-2007.

[576] Ação Direta de Inconstitucionalidade 5.081, Rel. Min. Roberto Barroso, j. 27-5-2015.

[577] Não obstante, o edital para ingresso na carreira de defensor público do Estado do Ceará publicado no ano de 2014, fugindo à regra, contemplou a disciplina de direitos humanos no bojo do programa relativo ao direito constitucional.

hierarquia dos tratados internacionais de direitos humanos em relação ao direito interno.

Com efeito, a dicção do art. 5º, § 2º, da Constituição brasileira gerou uma discussão a respeito do *status* normativo de tais tratados, passando a existir sobre o assunto **quatro correntes** distintas que conferem a estes, respectivamente, a natureza:

a) **supraconstitucional**: preponderância dos tratados internacionais de direitos humanos em relação às normas constitucionais, de forma que nem mesmo uma emenda constitucional poderia suprimir aqueles (defensor: Celso de Albuquerque Mello[578]);

b) **constitucional**: a conjugação da cláusula aberta do art. 5º, § 2º, com os comandos dos arts. 4º, II, e 5º, § 1º, todos da Constituição brasileira, teria admitido a natureza constitucional das normas previstas em tratados internacionais de direitos humanos, prevalecendo, em caso de conflito com eventual norma prevista no texto constitucional, a norma mais favorável à vítima titular do direito (defensores: Antônio Augusto Cançado Trindade[579] e Flávia Piovesan[580]);

c) **de lei ordinária**: sempre prevaleceu essa corrente na jurisprudência do Supremo Tribunal Federal[581], sob o fundamento de que qualquer tratado internacional (de direitos humanos ou não, levando-se em conta período anterior à Emenda Constitucional n. 45/2004, que acrescentou o § 3º ao art. 5º da Constituição Federal) ingressa no ordenamento jurídico por meio de decreto-legislativo do Congresso Nacional (art. 49, I, da Constituição Federal), cujo quórum, sendo de maioria simples (e não de 3/5 como ocorre com as emendas constitucionais), torna-o equiparado a uma lei ordinária;

d) **supralegal**: embora de natureza infraconstitucional (vez que não pode-

---

[578] O § 2º do art. 5º da Constituição Federal. In: TORRES, Ricardo Lobo (Org.). *Teoria dos direitos fundamentais.* 2. ed. Rio de Janeiro: Renovar, 2001, p. 25.

[579] *A interação entre o direito internacional e o direito interno na proteção dos direitos humanos. Arquivos do Ministério da Justiça*, ano 46, n. 12, jul./dez. 1993.

[580] *A Constituição Brasileira de 1988 e os tratados internacionais de Proteção dos Direitos Humanos. Temas da direitos humanos.* 2. ed. São Paulo: Max Limonad; 2003, p. 44-56.

[581] ADI 1.480-MC, Rel. Min. Celso de Mello, *DJ* 18-5-2001; e RHC 79.785, Rel. Min. Sepúlveda Pertence, *DJ* 22-11-2002.

riam afrontar a supremacia da Constituição), estariam tais normas, dado o seu valor especial em prol dos direitos humanos em comparação aos demais atos normativos internacionais, num patamar de supralegalidade, tese esta que foi encampada pelo Supremo Tribunal Federal no ano de 2008[582].

Diante desse panorama jurisprudencial e do teor do § 3º acrescido ao art. 5º do texto constitucional pela Emenda Constitucional n. 45/2004, temos o seguinte quadro: embora os tratados internacionais em geral (que não tratam de direitos humanos) ainda possuam hierarquia de lei ordinária, no que diz respeito aos **tratados internacionais de direitos humanos**, estes poderão possuir uma das seguintes naturezas:

a) **supralegal:** acaso ratificados antes da Emenda Constitucional n. 45/2004 e/ou não aprovados pelo rito do art. 5º, § 3º, da Constituição Federal; ou

b) **constitucional:** se aprovados pelo rito do art. 5º, § 3º, da Constituição Federal[583].

Sobre os tratados internacionais de direitos humanos, constou em questão de prova objetiva do **Concurso da Defensoria Pública do Estado do Pará, realizado em 2006, pela Unama,** como alternativa **correta** a seguinte: "**podem ser convertidos em norma constitucional por processo legislativo igual àquele de Emenda Constitucional**".

Por derradeiro, registramos que, das considerações acima, exsurge o chamado **controle de convencionalidade,** entendido como o juízo de compatibilidade **entre a lei e o tratado internacional de direitos humanos,** não se con-

---

[582] Pleno, Recurso Extraordinário 466.343, Rel. Min. Cezar Peluso, j. 3-12-2008. A esse respeito, vale lembrar o teor da **Súmula Vinculante 25 do Supremo Tribunal Federal:** "É ilícita a prisão civil de depositário infiel, qualquer que seja a modalidade de depósito".

[583] Até o momento, o único diploma que seguiu esse rito, ostentando natureza constitucional, é a **Convenção Internacional sobre os Direitos das Pessoas com Deficiência e seu respectivo Protocolo Facultativo.** É importante assinalar que a prova objetiva do **V Concurso da Defensoria do Estado de São Paulo, realizado em 2012, pela Fundação Carlos Chagas,** cobrou tal conhecimento do candidato, considerando como correta a afirmação de que "além dos dispositivos esparsos no texto constitucional, a proteção constitucional às pessoas com deficiência foi reforçada pela incorporação, nos termos do artigo 5º, § 3º, da Constituição da República Federativa do Brasil, da Convenção Internacional sobre os Direitos das Pessoas com Deficiência".

fundindo com o controle de constitucionalidade, no qual incide o juízo de compatibilidade entre a lei ou ato normativo em face da Constituição.

■ **Direito Constitucional Transnacional. Supraconstitucionalidade. Constitucionalismo multinível**

Esse ponto foi acrescentado no edital do **VIII Concurso da Defensoria Pública do Estado de São Paulo realizado pela Fundação Carlos Chagas em 2019**.

Segundo Marcelo Neves[584], o Direito Constitucional Transnacional (ou Transconstitucionalismo) diz respeito ao **entrelaçamento entre as diversas ordens jurídicas**, por meio do qual se constrói "pontes de transição" e se promove conversações constitucionais (intercâmbio e aprendizado recíproco) .

A necessidade dessa relação transversal entre as ordens jurídicas decorre da **maior integração da sociedade mundial** e da **incapacidade de solução de problemas por uma única ordem jurídica estatal no respectivo território,** destinando-se, pois, a lidar com **problemas comuns** enfrentados pelas diversas sociedades e ordens jurídicas existentes.

Assim, segundo o jurista, o objetivo do Transconstitucionalismo seria enfrentar os problemas constitucionais mediante a **articulação de observações recíprocas** entre as diversas ordem jurídicas da sociedade mundial (exemplo: diálogo entre o Tribunal Europeu de Direitos Humanos e as cortes nacionais). Esse mecanismo geraria uma **"fertilização constitucional cruzada",** de modo que as cortes constitucionais citam-se reciprocamente, não como um precedente, mas como uma **autoridade persuasiva**).

O autor destaca que alguns países são mais abertos aos influxos da ordem internacional (como a Áustria), enquanto outros menos (como a Alemanha), assim como alguns acolhem com maior frequência a jurisprudência de outros países (como a África do Sul), ao passo que outros, via de regra, relutam em fazê-lo (como os Estados Unidos da América). Também registra Marcelo Neves que o Supremo Tribunal Federal já se utilizou da jurisprudência de outros países em alguns casos relevantes, como na ADI 3.510 (a respeito das células tronco-embrionárias), na ADI 3.112 (que tratou do Estatuto do Desarma-

---

[584] *Transconstitucionalismo.* São Paulo: Editora WWF Martins Fontes, 2009.

mento) e no HC 82.424 (no qual o editor de um livro antissemita foi mantido preso por crime de racismo).

Esse ponto remete ao chamado **Constitucionalismo multinível**, expressão criada pelo professor alemão Ingolf Pernice para identificar a Constituição enquanto um processo de distribuição, divisão e organização progressiva de poderes em diversos níveis de competência e ação, levando em consideração a perspectiva do indivíduo como membro de uma comunidade local, nacional, regional, europeia e global, em diferentes níveis e para diferentes propósitos[585]. Esses diferentes níveis formariam um sistema unitário cuja fonte originária de sua legitimidade seria o indivíduo, não mais se falando em hierarquia entre o direito internacional e o nacional, mas sim em **primazia da norma** a incidir conforme o caso concreto em análise.

Assim como Marcelo Neves, Pernice sustenta que o processo de globalização impõe aos Estados nacionais a necessidade de uma **cooperação global** para superar os problemas comuns enfrentados pelos seus respectivos cidadãos.

30. SÃO PAULO ATO DAS DISPOSIÇÕES CONSTITUCIONAIS TRANSITÓRIAS. PARANÁ DISPOSIÇÕES CONSTITUCIONAIS GERAIS E TRANSITÓRIAS

Como é sabido, o término da redação da Constituição Federal brasileira é seguido por uma espécie de "anexo" denominado **"Ato das Disposições Constitucionais Transitórias"**, no qual se inicia uma nova numeração de artigos que tratam dos mais variados assuntos.

A respeito deste ponto, entendemos que o candidato ao cargo de defensor público deverá concentrar seus estudos no seguinte tripé:

a) **finalidade** do Ato das Disposições Constitucionais Transitórias;

b) **natureza** das normas previstas no Ato das Disposições Constitucionais Transitórias;

c) identificação de **normas pertinentes à Defensoria Pública** que estejam fixadas no Ato das Disposições Constitucionais Transitórias.

No que tange à **finalidade**, a doutrina identifica três objetivos que podem ser buscados pelas disposições constitucionais transitórias, a saber:

---

[585] *La dimensión global del constitucionalismo multinivel: una respuesta global a los desafíos de la globalización.* Madrid: Ceu Ediciones, 2012, p. 17.

a) "operar como direito transitório, regulando situações em caráter provisório e viabilizando a transição de um regime jurídico para outro;

b) excepcionar alguma regra geral do corpo permanente da Constituição;

c) regular temas concretos por prazo determinado, portanto, sem a pretensão de permanência das normas contidas no corpo permanente"[586].

Tratando-se da **natureza** das normas previstas no Ato das Disposições Constitucionais Transitórias, ao contrário do que ocorre com o preâmbulo[587], prevalece no Supremo Tribunal Federal[588] o entendimento de que possuem natureza de **norma constitucional,** a indicar duas consequências básicas: pode servir de parâmetro para eventual controle de constitucionalidade e sua reforma deve se dar por meio de uma emenda constitucional.

Sobre a **Defensoria Pública,** a Emenda Constitucional n. 80/2014 incluiu o art. 98 no Ato das Disposições Constitucionais Transitórias, segundo o qual:

> Art. 98. O número de defensores públicos na unidade jurisdicional será **proporcional à efetiva demanda pelo serviço da Defensoria Pública e à respectiva população.** § 1º No prazo de **8 (oito) anos,** a União, os Estados e o Distrito Federal deverão contar com defensores públicos em **todas as unidades jurisdicionais,** observado o disposto no *caput* deste artigo. § 2º Durante o decurso do prazo previsto no § 1º deste artigo, a lotação dos defensores públicos ocorrerá, **prioritariamente,** atendendo as regiões com **maiores índices de exclusão social e adensamento populacional** (grifos nossos).

Da sua leitura, nota-se a incomensurável importância dessa norma constitucional transitória para a instituição, motivo pelo qual não deve ser olvidada pelo candidato.

Por meio dela, busca-se não apenas fixar um prazo (8 anos) para que os entes federativos (União, Estados e Distrito Federal) contem com defensores públicos em todas as unidades jurisdicionais, atendendo-se a proporcionalidade prevista no *caput* do art. 98 acima transcrito, como também estabelecer um

---

[586] SARLET, Ingo Wolfgang; MARINONI, Luiz Guilherme; MITIDIERO, Daniel. *Curso de direito constitucional.* 3. ed. rev. atual. e ampl. São Paulo: Revista dos Tribunais, 2014, p. 85.

[587] *Vide,* a respeito, o item 4 deste livro, no qual tratamos do preâmbulo da Constituição Federal.

[588] Nesse sentido, os seguintes julgados da Corte: Ação Direta de Inconstitucionalidade n. 829, Rel. Min. Moreira Alves, *DJ* 16-9-1994; Recurso Extraordinário n. 160.486, Rel. Min. Celso de Mello, *DJ* 9-6-1995; e Recurso Extraordinário 215.107-AgR, Rel. Min. Celso de Mello, *DJ* 2-2-2007.

critério de prioridade para a lotação dos defensores ao longo desses 8 anos, qual seja: o atendimento às regiões com maiores índices de exclusão social e adensamento populacional.

É interessante notar que esse critério já havia sido utilizado pela Lei Complementar federal n. 80/94 (Lei Orgânica Nacional da Defensoria Pública), assim como pela Lei Complementar estadual de São Paulo n. 988/2006 (Lei Orgânica da Defensoria do Estado de São Paulo), nos seguintes termos, respectivamente:

a) **Lei Complementar federal n. 80/94:** "Art. 107. A Defensoria Pública do Estado poderá atuar por intermédio de núcleos ou núcleos especializados, **dando-se prioridade, de todo modo, às regiões com maiores índices de exclusão social e adensamento populacional**" (grifos nossos).

b) **Lei Complementar estadual de São Paulo n. 988/2006:** "Art. 45. Às Defensorias Públicas Regionais e à Defensoria Pública da Capital, dirigidas por Defensores Públicos-Coordenadores, competem a implementação e a coordenação administrativa da estrutura material necessária ao efetivo desempenho das atribuições institucionais da Defensoria Pública. § 1º As Defensorias Públicas Regionais e a Defensoria Pública da Capital serão criadas e organizadas pelo Conselho Superior, **assegurada prioridade para as regiões com maiores índices de exclusão social e adensamento populacional**".

Por derradeiro, é conveniente anotar que, em termos semelhantes (apenas não se referindo à exclusão social, que guarda relação direta com a atividade desempenhada pela Defensoria Pública), o **inciso XIII do art. 93 da Constituição Federal** (incluído pela Emenda Constitucional n. 45/2004) prevê que "o número de juízes na unidade jurisdicional será proporcional à efetiva demanda judicial e à respectiva população".

REFERÊNCIAS

ALEXY, Robert. *Teoria dos direitos fundamentais.* Trad. Virgílio Afonso da Silva. São Paulo: Malheiros, 2008.

AMARAL, Gustavo. *Direito, escassez e escolha. Em busca de critérios jurídicos para lidar com a escassez de recursos e as decisões trágicas.* 2. ed. Rio de Janeiro: Lumen Juris, 2009.

ARAUJO, Luiz Alberto David; NUNES JÚNIOR, Vidal Serrano. *Curso de direito constitucional.* 16. ed. São Paulo: Verbatim, 2012.

ARISTÓTELES, *A política.* São Paulo: Edipro, 1995.

BARCELLOS, Ana Paula de. *A eficácia jurídica dos princípios constitucionais. O princípio da dignidade da pessoa humana.* Rio de Janeiro: Renovar, 2002.

BARROS, Marcus Aurélio de Freitas. *Controle jurisdicional de políticas públicas:* parâmetros objetivos e tutela coletiva. Porto Alegre: Sergio Antonio Fabris Editor, 2008.

BARROSO, Luís Roberto. *Jurisdição constitucional:* a tênue fronteira entre o direito e a política. Disponível em: <http://www.migalhas.com.br/arquivos/2014/2/art20140204-06.pdf>. Acesso em: 18-6-2015.

_____. *Curso de direito constitucional contemporâneo:* os conceitos fundamentais e a construção do novo modelo. São Paulo: Saraiva, 2009.

_____. Direito e paixão. *Revista Forense*, v. 328.

_____. *O direito constitucional e a efetividade de suas normas. Limites e possibilidades da constituição brasileira.* 9. ed. rev. e atual. Rio de Janeiro: Renovar, 2009.

BASTOS, Celso Ribeiro. *Curso de direito constitucional.* 18. ed., ampl. e atual. São Paulo: Saraiva, 1997.

BOBBIO, Norberto. *A era dos direitos.* Trad. Carlos Nelson Coutinho. Rio de Janeiro: Campus, 1992.

BONAVIDES, Paulo. *Curso de direito constitucional.* 18. ed. atual. São Paulo: Malheiros, 2006.

BUCCI, Maria Paula Dallari. *Direito administrativo e políticas públicas.* São Paulo: Saraiva, 2002.

CANÇADO TRINDADE, Antônio Augusto. A interação entre o direito internacional e o direito interno na proteção dos direitos humanos. *Arquivos do Ministério da Justiça*, ano 46, n. 12, jul.-dez. 1993.

CANOTILHO, José Joaquim Gomes et. al. *Comentários à Constituição do Brasil*. São Paulo: Saraiva/Almedina, 2013.

_____. *Direito constitucional e teoria da Constituição*. 3. ed. Coimbra: Almedina, 1999.

_____. *Estudos sobre direitos fundamentais*. 1. ed. brasileira, 2. ed. portuguesa. São Paulo: Coimbra Editora e Revista dos Tribunais, 2008.

CAPPELLETTI, Mauro. *Juízes legisladores?* Trad. Carlos Alberto Alvaro de Oliveira. Porto Alegre: Sergio Antonio Fabris Editor, 1993.

CASTILHO, Ricardo. *Justiça social e distributiva:* desafios para concretizar direitos sociais. São Paulo: Saraiva, 2009.

CUNHA JUNIOR, Dirley da. *Controle judicial das omissões do poder público:* em busca de uma dogmática constitucional transformadora à luz do direito fundamental à efetivação da Constituição. 2. ed. rev. e atual. São Paulo: Saraiva, 2008.

DA SILVA, José Afonso. *Aplicabilidade das normas constitucionais*. 8. ed. São Paulo: Malheiros, 2012.

_____. *Comentário contextual à Constituição*. 5. ed. São Paulo: Malheiros, 2008.

_____. *Curso de direito constitucional positivo*. 37. ed. São Paulo: Malheiros, 2014.

DALLARI, Dalmo de Abreu. *Elementos de teoria geral do Estado*. 20. ed. atual. São Paulo: Saraiva, 1998

DWORKIN, Ronald. *Levando os direitos a sério*. Trad. Nelson Boeira. São Paulo: Martins Fontes, 2002.

FERRAZ, Anna Cândida da Cunha. *Processos informais de mudança da Constituição:* mutações constitucionais e mutações inconstitucionais. São Paulo: Max Limonad, 1986.

FERREIRA, Pinto. *Comentários à Constituição brasileira*. São Paulo: Saraiva, 1989, v. 1.

FREIRE JÚNIOR, Américo Bedê. *O controle judicial de políticas públicas*. São Paulo: Revista dos Tribunais, 2005.

GARAVITO, César Rodríguez y FRANCO, Diana Rodríguez. *Juicio a la exclusión: El impacto de los tribunales sobre los derechos sociales en el Sur Global*. 1. ed. Buenos Aires: Siglo Veintiuno Editores, 2015.

GARCIA, Maria. *Desobediência civil. Direito fundamental*. 2. ed. rev. atual. e ampl. São Paulo: Revista dos Tribunais, 2004.

HÄBERLE, Peter. *Hermenêutica constitucional. A sociedade aberta dos intérpretes da Constituição: contribuição para a interpretação pluralista e "procedimental" da Constituição*. Trad. Gilmar Ferreira Mendes. Porto Alegre: Sergio Antonio Fabris Editor, 1997.

HADDAD, Sérgio; GRACIANO, Mariângela (Orgs.). *A educação entre os direitos humanos*. São Paulo: Ação Educativa, 2006.

HESSE, Konrad. *A força normativa da Constituição*. Trad. Gilmar Ferreira Mendes. Porto Alegre: Sergio Antonio Fabris Editor, 1991.

_____. *Elementos de direito constitucional da República Federal da Alemanha*. Trad. (da 20. ed. alemã) de Dr. Luís Afonso Heck. Porto Alegre: Sergio Antonio Fabris Editor, 1998.

HOLMES, Stephen; SUNSTEIN, Cass R. *The cost of Right. Why liberty depends on taxes*. New York: W. W. Norton, 1999.

KANT, Immanuel. *Fundamentação da metafísica dos costumes e outros escritos*. Trad. Leopoldo Holzbach. São Paulo: Martin Claret, 2004.

KRELL, Andreas J. *Direitos sociais e controle judicial no Brasil e na Alemanha. Os (des)caminhos de um direito constitucional "comparado"*. Porto Alegre: Sergio Antonio Fabris Editor, 2002.

LENZA, Pedro. *Direito constitucional esquematizado*. 17. ed. rev. atual. e ampl. São Paulo: Saraiva, 2013.

MARQUES, Franciane de Fátima. *A justiça na Constituição:* conceito e sua efetividade por meio da prática judicial. Dissertação de Mestrado. PUCSP, 2003.

MAXIMILIANO, Carlos. *Hermenêutica e aplicação do direito*. Rio de Janeiro: Forense, 1998.

MELLO, Celso Antonio Bandeira de. *Eficácia das normas constitucionais e direitos sociais*. São Paulo: Malheiros, 2009.

MELLO, Celso D. de Albuquerque. O § 2º do art. 5º da Constituição Federal. In: TORRES, Ricardo Lobo (Org.). *Teoria dos direitos fundamentais*. 2. ed. Rio de Janeiro: Renovar, 2001.

MELLO FILHO, José Celso. *Constituição Federal anotada*. 2. ed. São Paulo: Saraiva, 1986.

MENDES, Gilmar Ferreira; COELHO, Inocêncio Mártires; BRANCO, Paulo Gustavo Gonet. *Curso de direito constitucional*. São Paulo: Saraiva, 2007.

MONTESQUIEU, Charles de Secondat, Baron de. *O espírito das leis*. 2. ed. Trad. Cristina Murachco. São Paulo: Martins Fontes, 2000.

MORAES, Alexandre de. *Direito constitucional*. 29. ed. São Paulo: Atlas, 2013.

MÜLLER, Friedrich. *Métodos de trabalho do direito constitucional*. Rio de Janeiro: Renovar, 2005.

NEVES, Marcelo. *A constitucionalização simbólica*. São Paulo: WMF Martins Fontes, 2007.

_____. *Transconstitucionalismo.* São Paulo: Editora WWF Martins Fontes, 2009.

NUNES, Luiz Antônio Rizzattto. *O princípio constitucional da dignidade da pessoa humana – doutrina e jurisprudência.* 2. ed. rev. e ampl. São Paulo: Saraiva, 2009.

PEREIRA, Jane Reis Gonçalves. *Interpretação constitucional e direitos fundamentais:* uma contribuição ao estudo das restrições aos direitos fundamentais na perspectiva da teoria dos princípios. Rio de Janeiro: Renovar, 2006.

PERNICE, Ingolf. *La dimensión global del constitucionalismo multinivel: una respuesta global a los desafíos de la globalización.* Madrid: Ceu Ediciones, 2012.

PIOVESAN, Flávia. A Constituição brasileira de 1988 e os tratados internacionais de proteção dos direitos humanos. *Temas da direitos humanos.* 2. ed. São Paulo: Max Limonad, 2003.

RODRÍGUEZ, José Julio Fernández. *Los fundamentos del derecho constitucional (Derecho, Estado y Constitución).* Lima: Centro de Estudios Constitucionales del Tribunal Constitucional, 2008 (Serie Teoria Constitucional).

SARLET, Ingo Wolfgang. *A eficácia dos direitos fundamentais.* 9. ed. rev. atual. e ampl. Porto Alegre: Livraria do Advogado, 2008.

_____. *Dignidade da pessoa humana e direitos fundamentais na Constituição Federal de 1988.* 6. ed. rev. e atual. Porto Alegre: Livraria do Advogado, 2008.

_____; TIMM, Luciano Benetti (Org.). *Direitos fundamentais:* orçamento e reserva do possível. Porto Alegre: Livraria do Advogado, 2008.

_____; MARINONI, Luiz Guilherme; MITIDIERO, Daniel. *Curso de direito constitucional.* 3. ed. rev. atual. e ampl. São Paulo: Revista dos Tribunais, 2014.

SOUZA NETO, Cláudio Pereira de; SARMENTO, Daniel. *Direito constitucional:* teoria, história e métodos de trabalho. 2. ed. Belo Horizonte: Fórum, 2014.

TAVARES, André Ramos. *Paradigmas do judicialismo constitucional.* São Paulo: Saraiva, 2012.

TEIXEIRA, José Horácio Meirelles. *Curso de direito constitucional.* Rev. e atual. por Maria Garcia. Rio de Janeiro: Forense Universitária, 1991.

TEMER, Michel. *Elementos de direito constitucional.* 11. ed. rev. e ampl. São Paulo: Malheiros, 1995.

WEIS, Carlos. *Os direitos humanos contemporâneos.* São Paulo: Malheiros, 2006.

WOLKMER, Antonio Carlos e FAGUNDES, Lucas Machado. *Tendências contemporâneas do constitucionalismo latino-americano: Estado plurinacional e pluralismo jurídico.* Disponível em: <https://periodicos.unifor.br/rpen/article/view/2158>. Acesso em: 12-7-2019.